方志學與社區鄉土史
學術研討會論文集

東吳大學歷史學系　主編

臺灣學生書局印行

❶ 東吳大學校長劉源俊先生致開幕辭

❷ 臺灣省政府文化處處長洪孟啓先生開幕辭

❸ 臨溪社區發展協會理事長李燦光先生蒞臨致辭

❹ 東吳大學歷史系系主任黃兆強先生主持開幕典禮致辭

❺ 第一場論文發表〔由左至右，依次爲蔣武雄、吳智和、王德毅、昌彼得、蕭啓慶、邱澎生、朱鴻教授〕

❻ 第二場論文發表〔由左至右，依次爲林美容、張勝彥、黃秀政、賴澤涵、謝國興教授〕

❼ 第三場論文發表〔由左至右，依次爲詹瑋、張中訓、姚誠、徐泓、黃蘭翔、謝秀芬、溫振華教授〕

❽ 第四場專題演講〔陳其南教授〕

❾ 第五場專題座談〔由左至右，依次爲袁孝維、劉聰桂、郭城孟、陳亮全、劉益昌、詹素娟教授〕

❿ 第六場論文發表〔由左至右，依次爲何宛倩（代表葉庭宇宣讀論文）、李聰超、張炎憲、蔡淵絜、吳密察教授〕

⓫ 參觀活動—順益臺灣原住民博物館

⓬ 參觀活動—芝山岩文化史蹟公園

議　程　表

八十六年十二月十九日（星期五）

時　　間	主持人	主講人	題　　目	講評人
09:00～10:00	報到暨茶敘			
10:00～10:30	開幕致辭			
10:30～12:00 第一場	昌彼得	王德毅	景定建康志與至正金陵新志之比較研究	蕭啓慶
		吳智和	明代蘇州文人集團社區鄉土生活史舉隅——以方志文獻為例	邱澎生
		蔣武雄	地方志在中國災荒研究上的價值	朱　鴻
12:00～14:00	午　　餐			
14:00～15:15	黃秀政	張勝彥	編纂地方志之淺見	賴澤涵
		林美容	建立地方志的新傳統——台灣史學的奠基	謝國興
15:15～15:30	茶　　敘			
	徐　泓	姚　誠	一個村落的誕生——富源社區史初探	黃蘭翔
		張中訓	「山水並美、人情味濃」——臨溪社區發展史初探	謝秀芬
		詹　瑋	深坑發展史	溫振華
17:00～18:30 參觀活動	順益臺灣原住民博物館			
18:30～	晚　　餐			

八十六年十二月二十日（星期六）

時間	主持人	主講人	題目	講評人
09:00～10:00 第四場 專題演講	張中訓	陳其南	鄉土學習與地方發展	
10:00～10:15	茶敘			
10:15～11:45 第五場 專題座談	芝山岩文化史蹟公園調查小組（陳亮全、劉聰桂、郭城孟、袁孝維、劉益昌、陳儀深、詹素娟） 另類鄉土史建構的嘗試——以芝山岩文化史蹟公園為例			
11:45～13:15	午餐			
13:15～15:30 參觀活動	芝山　文化史蹟公園			
15:30～15:45	茶敘			
15:45～17:00	張炎憲	李聰超	國民小學鄉土教學的取材與教材編寫	蔡淵絜
		葉庭宇	臺灣鄉土史教育實施現況及面臨課題——建構以臺灣為主體的鄉土史教育	吳密察
17:00～17:30	閉幕			
17:30～	晚餐			

序

黃兆強*

中國方志的編纂，源遠流長，如果《周禮·春官·宗伯》外史所掌的四方之志和《尙書·禹貢篇》算是方志肇始之作的話，那麼方志的編纂至少已有二、三千年的歷史了；歷代迭有發展，至明清而大盛，現存方志八千多種，大部份即爲明清之作，歷代方志有偏重史體的，有偏重地志體的，亦有兼含兩種性質而綜合成爲歷史地理的。總之，面貌殊異，著作繁多。時至今日，方志編纂，仍然大不乏人。據統計，中國大陸八十年代的修志工作者便不下十萬人（參《中國方志大辭典》，朱士嘉先生的〈序文〉，浙江人民出版社，一九八八。）；台灣三百多個鄉鎮亦大多編有地方史志。由此可見方志的編纂，兩岸學者專家皆給予高度的重視。

除方志外，台灣各地區的社區鄉土史之研究及編纂，正如雨後春筍，發展相當蓬勃。這大概是近年台灣史研究廣受注意後之必然副產物。東吳大學歷史學系同仁深感此一現象之勃興及其相關課題，很值得關注重視，因此便延請邀集國內學者專家共同研究探討此一議題。

本次研討會主題所涵蓋之領域相當廣泛。有就中國宋明兩代的

---

* 東吳大學歷史學系系主任

方志撰文研究的，如王德毅、吳智和和蔣武雄三位教授的論文即是。有偏重修志的理論和技術層面立論的，張勝彥、林美容兩位教授之文章即是。有特就台灣個別地區之發展加以伸論的，如姚誠、張中訓、詹瑋三先生之大作即是。有針對一特定文化史蹟而作成報告的，陳亮全、劉聰桂、郭城孟、袁孝維、劉益昌、陳儀深、詹素娟等七位先生之大文即是。更有把地方鄉土發展和教育學習之相互關係加以論述的，陳其南、李聰超、葉庭宇三位先生的報告即是。總之，方志學與社區鄉土史的眾多方面都兼顧到了。

就發表者各人的學術專長來說，很可以看出一點科際交融整合的味道。其中歷史學者固然最多，但研究文化人類學的、地質學的、森林學的、植物的、建築與城鄉研究的，以至究心中文的學者專家也聚首一堂，共同交流研究成果心得，這是一個很可喜的現象。

本次研討會的形式，可說是相當多元化的。學術論文之外，還有專論演講、調查報告，並附有書展及兩次參訪活動。主辦單位企圖藉著多元方式提供一次較全面的知性之旅。

本研討會分兩天進行。首天會議恭請得本校劉源俊校長、協辦單位臨溪社區發展協會理事長李燦光先生及贊助單位之一的台灣省文化處洪孟啓處長致開幕辭。各人語多鼓勵勖勉。主辦單位獲益良多。

會議參加者除各大專院校教授外，地方基層文化工作者，如文史工作室負責人、中小學教師，以至文化史蹟之導覽員、解說員及義工等均熱烈參予，並積極發言。各場次會議之場面均極爲熱絡。其中更有爆滿而晚到者不克入席之情況出現！主辦單位深受感動。

本次研討會的性質不光是純學術的，而可以說是文化的、教育的等方面都兼顧到了。學術研究要走出象牙塔，而必須與基層文化結合，與社會大眾相結合，否則學術研究恐怕最後只會流於少數人的“玩偶”、“寵物”或“專利品”而已。就這個意義來說，本研討會可以說是成功的。會議場中及會議後各與會人士的熱烈迴響大概很可以証明這一點。東吳大學歷史學系盼望在這方面緊隨前賢先進之後，共創美好的未來。

本校劉源俊校長、蔡明哲教務長、張己任生務長、德文系林聰敏主任、系友會首任會長廖忠俊先生及臨溪社區發展協會理事長李燦光先生等均惠贈花籃致慶，會場增光不少。

又本系全體同仁均積極參與投入本次會議之各項活動，其中張中訓教授在籌備工作上出力尤多；助教涂麗娟小姐及秘書溫秀芬小姐承擔一切庶務，任勞任怨。以上各位女士先生們，我都必須致上十二萬分的敬意與謝意。最後更要感謝台灣學生書局及《書目季刊》主編陳仕華先生幫忙出版本論文集。至於教育部顧問室、台灣省政府文化處及文化建設基金管理委員會在經費上的大力贊助，那更是我感激不盡的！又論文發表者及講評人不厭其煩，分別惠允修改潤飾各鴻文及講評稿，我必須代表主辦單位再三致上由衷之敬意與謝意。

——於東吳大學歷史學系辦公室

方志學與社區鄉土史學術研討會論文集

目　錄

景定建康志與至正金陵新志之比較研究

王德毅*

壹、前　言

中國自秦漢以來便已為一個廣土衆民的國家，即使在春秋時代，諸國並立，而稱霸之齊晉秦楚四國的疆土，亦遠過秦漢之郡國。戰國七雄之國土，比以前的諸侯更增廣了。但就周朝天下而言，列國皆是地方政權，至秦漢大一統之後，郡縣只是隸屬於中央的地方行政區域。自此以降，朝代遷革，南北分合，各地區的發展，遂因地理環境、經濟因素、與夫政治變化、文化進程，乃至戶口增減諸種關係，遂產生了一些或大或小的差異。唐代後期，北方時有戰亂，經濟重心迅速南移，加深了黃河流域的落後，南北的差距就逐漸擴大了。既然各地互有不同，定居在這一地方的人民，基於愛護鄉土之心，編錄本地的民情風俗、地理物產，或者古蹟人物，以供鄉人懷思，到魏晉南北朝時代，這類的著述就大量出現了。當然，這類的地方史可以上溯到古代的列國史，因為古代的公侯國亦不過漢代的一郡縣。其國史也只能視作一郡縣之史而已。梁

* 台灣大學歷史系教授

啓超有言：

> 最古之史實爲方志，如孟子所稱「晉乘、楚檮杌、魯春秋」，墨子所稱「周之春秋、宋之春秋、燕之春秋」，莊子所稱「百二十國寶書」，比附今著，則一府州縣志而已！惟封建與郡縣組織既殊，故體例靡得援焉！自漢以降，幅員日恢，而分地記載之著作亦孳乳寖多。❶

在《隋書·經籍志》中，凡著錄圖經、政事紀、人物傳、風俗記、古蹟記、氏族志、物產志、山川志等，皆各自爲書，逮至宋代，薈萃以上各專志而成爲一書，而且更重視人物和藝文，遂開近世方志的先例。現代專治方志的學者朱士嘉就明確的說：

> 宋代方志的體例比較完備，內容比較充實，這是與當時社會經濟的進一步發展，史學、地理學突飛猛進，有密切聯繫的。在體例方面宋志上承《史》、《漢》餘緒，下爲後代方志編輯學打下了良好的基礎。如果說：漢以來修史者無不奉《史》、《漢》爲圭臬，那末，宋以來修志者莫不以宋志爲楷式了。❷

這是肯定宋代學者纂修的地方志體例極完備，爲明代以降修州縣志者所遵奉。吳其昌亦稱許宋代地理學極盛，在地理學之著作中，郡縣志幾乎占了十之七八，北宋時郡志尚少，至南宋而突盛，尤其江浙地區又特多，蓋以當地文化較高，學術進步，經濟繁榮，而又接

---

❶ 見梁啓超《中國近三百年學術史》（台灣中華書局印本）第十四章第七節〈方志學〉，頁二九八。

❷ 見李澤編《朱士嘉方志文集》（一九九一年北京燕山出版社印行）頁二五四頁，〈宋元方志傳記索引序〉。

近行都之故。❸

南宋江浙地區的重要首府，以臨安和建康二府爲最，臨安爲行都，建康爲留都，皆人文薈萃，地方長吏多爲一時名臣，除留心吏治外，亦關懷治所之文獻足徵，倡議修志，前規後隨，或續前志，或重修新志，使此一府州之文獻更形完備。今特以建康府爲例，南宋時代共三次修志，先是在乾道五年（一一六九）集英殿修撰知建康府史正志修《建康志》十卷，至慶元六年（一二〇〇），知府吳琚命郡人朱舜庸修《建康續志》十卷。據周應合撰舜庸小傳云：

> 朱舜庸，建康人也。好古博雅，鄉黨推敬，太守聘爲府學正，皆尊禮之。嘗編金陵事，積二十年，自里巷口傳至仙佛之書，無不研綜，春容大秩（帙），餘數萬言。慶元中，節度使吳公琚來任留守，得其編而契於心，乃爲之訂證銓次，刻梓以傳，目曰《續建康志》。❹

本府的士君子朱舜庸熱心收集資料，編成資料集，上呈給知府吳琚，再由琚加以增訂，重新編次，以與《乾道建康志》相接，故稱《續志》。再到理宗景定二年（一二六一），知府馬光祖命江東安撫司幹官周應合重修新志，不僅在乾道、慶元兩志後增補六十年間事蹟，而且有所創新。合而成之，共五十卷。據應合自述其始末云：

---

❸ 參見吳其昌〈宋代之地理學史〉（載《國學論叢》一卷一期，頁三十七至九十六，民國十六年六月北京清華大學研究院出版）。

❹ 見周應合《景定建康志》（宋元地方志叢書本，民國六十九台北大化書局編印）卷四十九〈朱舜庸傳〉。（以下簡稱《景定志》）

> ……若留都錄四卷，地理圖及地名辨一卷，年表十卷，官守志四卷，儒學志五卷，文籍志五卷，武備志二卷，田賦志二卷，古今人表傳三卷，拾遺一卷，此皆乾道、慶元兩志之所無而創爲之也。若疆域志三卷，山川志三卷，城闕志三卷，祠祀志三卷，因前志之所有者十之四，增其所無者十之六，合爲五十卷，凡一千六百餘板，印褾爲二十四冊，外目錄一冊。❺

據周應合記述：乾道志二百八十板，慶元志二百二十板，但是應合並沒有全部採用，則知其所創增的類目和內容甚爲可觀，前兩志早已失傳，今惟景定志獨存。景定志鏤板後十五年，元朝大將伯顏統兵攻陷建康，宋隨之以亡，到元文宗至順元年（一三三〇），本府士人戚光纂成《集慶續志》，順帝至正三年（一三四三），乃又有張鉉所修的《至正金陵新志》問世。據集慶路總管府移文云：

> 我朝混一迨今六十八年，中間恩命之所加，風化之所被，臺察之設置，州郡之沿革，名宦之政績，人才之賢否，山川之變遷，風俗之移易，與夫忠臣、孝子、義夫、節婦，俱有關於政教甚大，苟不廣其見聞，考之事實，裒集成編，以續前志。歲月既久，漸至湮沉。❻

《金陵新志》共十五卷，修成後即在集慶路刊刻，得以流傳至今。

---

❺ 見《景定志》卷首〈景定修志本末〉。

❻ 見張鉉《至正金陵新志》（宋元地方志叢書本）卷首〈抄錄修志文移〉。（以下簡稱《至正新志》，四庫全書收錄此書，稱爲《至大金陵新志》。）

上述兩志，各有優長，其差異性亦頗大，是值得比較研究的。

貳、景定建康志和至正金陵新志之比較

甲、纂修經過及纂修者

郡志的纂修，現任的郡守最感需要，一則要常常查考各項掌故，於田賦、學校、戶口、風物等要先熟知，以利郡政之推行。二則守郡期間有所建樹，亦思留下紀錄，不僅供繼任人時作參考，或前規後隨，也可流名於後世。《景定建康志》就是江東安撫使兼知建康軍府事馬光祖特別延請幕客周應合纂修的。應合（一二一三～一二八〇）字淳叟，號溪園，江州人。淳祐十年（一二五〇）進士，任江陵府學教授多年，後受光祖徵辟，為江東安撫司幹辦公事兼明道書院山長，終知瑞州，宋亡不仕。其生平事蹟具載袁桷所撰的〈周瑞州神道碑〉。❼光祖深知「應合博物洽聞，學力充贍，舊嘗為《江陵志》，紀載有法。」❽所以可以勝任纂修《建康志》，乃開局於鍾山，相與討論。應合特請求「廣搜訪」、「詳參訂」，均得到光祖的允從。其上言云：

> 纂修既欲其備，搜訪不厭其詳，自幕府以至縣鎮等官，自寓公以至諸鄉士友，自戎帥以至將校，欲從閫府轉牒取會。凡自古及今有一事一物一詩一文得於記聞、當入圖經者，不以

---

❼ 見袁桷《清容居士集》（四部叢刊本）卷二十七〈周瑞州神道碑〉。
❽ 見《景定志》卷首馬光祖〈景定建康志序〉。

> 並早晚，不以多寡，各隨所得，批報本局，以憑類聚考訂增修。其有遠近博物洽聞之士，能記古今事蹟，有他人所不知者，請具述，從學校及諸縣繳申。……切惟諸司幕府、賓僚學富才宏，皆應合所願求教，然望尊職重，有非書局所敢一一屈致者，容應合每卷修成初稿，各以紫袋封傳諸幕，悉求是正。其未當者與未盡者，各請批注行間，以憑刪修。次稿再以紫袋傳呈如初。❾

足見其搜訪史料之範圍甚廣，又得帥憲倉漕諸司幕職官之參訂，故能內容詳實。光祖又撥給兩名局吏，分管書局事務；十名書吏，負責謄寫草稿；四名虞候，專司關借文籍，傳送書稿。上下通力合作，乃能於半歲之間修成五十卷的府志。

元世祖至元十二年（一二七五），元兵下江南，即建康府治設宣撫司，尋改為建康路總管府，至順元年（一三三〇）又改為集慶路。是年，郡士戚光繼周應合後纂修續志，增編景定以後史事，刪去地理及世表、年表，學者頗不以為然，到至正初，江南諸道行御史臺都事索元岱呈文行臺云：「近郡士戚光妄更舊志，率意塗竄，遂使名跡埋沒。」於是推薦光州浮光人張鉉負纂修新志之責。鉉字用鼎，先曾任金陵儒學教授，因事黜為陝西奉元路學古書院山長，「學問老成，詞章典雅。」且鉉自任教金陵起，便與本地縉紳常相往還，淵源頗深，特加禮聘。❿乃於至正三年五月到局，至十一月

---

❾ 同註❺。

❿ 宋濂《宋文憲公全集》（四部備要本）卷三十四〈金陵杜府君墓誌〉云：「儒學教授張鉉以事黜，君出金帛資其行。」是以知其與金陵早有淵源。其所撰

即成書，凡十五卷。鉉所撰修志本末有云：

> 建康自至元丙子歸附，至今至正癸未，六十八年，典章沿革，民俗得失，視他郡宜多可紀。而官府文案，兩經焚燬，故老晨星，無從詢訪。……況士民殊習，朝野異趨，偏辭隅論，故難據依。今自丙子前雜稽史傳，歸附後用戚氏續志及路州司縣報至事跡，附以見聞可徵者，輯爲斯志，信以傳信，疑以傳疑。

是知戚光續志對《金陵新志》之纂修是極有幫助的。志前所列「引用古今書目」，共一百種，而諸家詩文集尚不計。亦有志中實徵引而未列入書目中者，至於本路二州三縣所提供的檔案資料，因非成書，自然也不列入其中。尙有見聞可徵者，或得諸縉紳之彙報，都是信而有徵的。

乙、兩志體例與內容之比較

郡縣志爲地方史，猶如春秋時各國所記之國史。而建康古稱王者之都，三國時孫吳、東晉、南朝時之宋齊梁陳，皆曾都此，五代時南唐亦於此定都，宋高宗南渡後，以曾駐蹕於此，名爲留都，地理形勢、人文均非其他州郡可比。郡士纂修府州，特留意及此，乃創一些變例，以符合本府的特殊性。馬光祖序本志云：

> 昔忠定李公嘗言：天下形勢，關中爲上，建康次之。自楚秦

〈修志本末〉云：「曩因授徒，來往是邦十五餘年。」亦可證明。

> 以來，皆言王氣所在，句踐城之，六朝都之，隋唐而後，爲州、爲府、爲節鎮、爲行臺，五季僭僞眖消，實開吾宋混一之基，南渡中興，此爲根本，章往考來，國志宜詳於它郡。

又周應合所訂凡例云：

> 應合昨修江陵志，爲圖二十，附之以辨，其次爲表、爲志、爲傳、爲拾遺，所載猶不能備。建康又非江陵比也。自吳以來，國都於此，其事固多於江陵。若我朝建隆、開寶之平江南，天禧之爲潛邸，建炎、紹興之建行宮，顯謀承烈，著在留都。……今欲先修留都宮城錄，冠於書首，而建康地圖、年表次之，十志又次之，十傳又次之，傳之後爲拾遺，圖之後爲地名辨。表之緯爲四：曰時、曰地、曰人、曰事，志之中各著事蹟，各爲考證，而古今記詠各附於所爲作之下。

乃是用修史的體例，眞正的成爲一地之史。其中〈留都錄〉是特創的篇名，共四卷，前附的序文爲馬光祖所撰，錄中所記行宮規制、南渡後歷任留守，兩宋賜南唐及建康守臣的詔令，以及御製、御書，皆爲刻石文字。以上所錄，都是極重要的文獻。卷五爲地理圖，舉凡形勢、城郭、疆域、府治以及各屬縣皆有圖，又附以府學、貢院、書院、社壇、先賢堂各圖，使觀者一覽了然。所附之地名辨，頗有考證之功，皆屬地方掌故。以下一世表、九年表共九卷，起自周元王四年（西元前四七二年），迄於景定二年（一二六一），凡一千七百三十三年。然今流傳之府志，年表實止於度宗咸淳五年（一二六九），正是馬光祖第三次知建康府離任之日，當是光祖所增的。年表重在紀事，猶如大事紀，其中以自高宗建炎元年（一一二七）至孝宗乾道三年（一一六七）之四十年間記載最詳，正是宋金和戰最受爭議的時代。表以下爲志，凡三十二卷，析爲〈疆域志〉三卷，〈山川志〉三卷，〈城闕志〉三卷，〈宮守志〉四卷，〈儒學志〉五卷，〈文籍志〉五卷，〈武備志〉二卷，〈田賦志〉二卷，〈風土志〉二卷，〈祠祀志〉三卷，每一志前皆冠一篇小序，說明纂述之旨及所包之內容，其〈文籍志〉最有特色，詳列建康府學御書閣庋藏之書籍目錄，除經史子集外，特列理學書目二十六種，將司馬光的《家範》、《書儀》及《居家雜儀》均列入其中。尙有圖志、類書、字書、法書及醫書之書目。而經部之書雖只列九種，但不同之板本竟達一百七十六種之多，至爲可觀。史部中除十五史外，尙有監本、蜀本和建本之《資治通鑑》；其他《外紀》、《舉要》、《通鑑綱目》、《通鑑紀事本末》等俱備，更有全本及節本之《續資治通鑑長編》，其藏書之富，至爲驚人。實則這已足夠學子習讀的了，竟還有六十八種典籍的書板，大半爲前列之藏書目中所無的，如《禮記集說》便有四千六百板，《景定建康志》一千七百二十八板等，乃是正待印刷出書的。更值得稱道的爲詳載石刻，列目者達四百五十方，有墓碑、廟碑、學記、祠記、題名記、題辭、格言碑等，範圍甚廣，多數有益於教化。所載如馬光祖書寫的格言碑六方，旨在勸善。地方首長將當日易曉、易記的格言刻石立於通衢，確實有助於淳厚風俗。茲引錄其三如下：

願我壽命長，廣行一切善，願我福德盛，普濟一切人。

無益之言勿聽，無益之事勿爲，無益之書勿觀，無益之友勿親。和平福之基，忿躁禍之隨，謙恭德之吉，驕傲身之賊。⑪

這些格言都是放之四海而皆準的。如人人都能牢記，並勉強而行之，便是一個極明禮尙義的社會。

對於人物的載述，有古今人傳。立十個傳目：一曰正學，二曰孝悌，三曰節義，四曰忠勳，五曰直臣，六曰治行，七曰耆舊，八曰隱德，九曰儒雅，十曰貞女，皆爲彙傳。傳之前列古今人表，將生於此、居於此、官於此、葬於此、祠於此和封於此者，自東周至南宋人物一一列入，宋代共八十三人，已列入年表及官守題名者不重錄。諸彙傳所載宋人，記述其事跡最詳，如呂頤浩傳便長達一萬言，鄭俠傳亦有四千五百餘言，皆詳過《宋史》本傳，是很難得的傳記史料。〈正學傳〉只爲程顥、張栻、眞德秀三人立傳，因三人皆曾官於此或居於此，而且又能相繼闡明堯舜禹湯文武周公孔孟之道者。在〈儒學志〉的小序中說：

我宋龍興，聚奎發祥，眞儒輩出，正學大明。河南程子得濂溪周子之傳，上續孔孟之緒，則嘗仕於此。南軒張子傳道五峰者也，則嘗侍親於此。西山眞氏學宗濂洛者也，則嘗持節於此。先後儒宗，壽脈斯文。

以下特別以全卷的篇幅載述明道書院，其本意在尊崇道學。此與理宗時代宗尚濂洛，加封道學諸儒爵位並賜謚是相合的。

《景定建康志》的體例與內容既如上述，茲再對《至正金陵新

---

⑪ 見《景定志》卷三十三。

志》加以介紹，首先言新志的體例。據張鉉說：

> 惟《景定志》五十卷，用史例編纂，事類燦然，今志用爲準式，參以諸志異同之論，間附所聞，折衷其後。至於事文重泛非關義例者，本志既已刊行，不復詳載。
>
> 修《景定志》者用《春秋》、《史記》法述世、年二表，經以帝代，緯以時地人事，開卷瞭然，與《建康實錄》相爲表裏，可謂良史。而戚氏譏其年世徒繁，封畫鮮述，所作續志，悉芟去之。以論他郡邑可也，而非所以言建康。豈惟前代事蹟漫無統紀，亦將使昭代之典，闇而不彰，今不敢從。述世年表，悉依前例。
>
> 除圖考、通紀外，表志諸篇各有敘，敘所以爲作之意，人物志析爲世譜、列傳，皆據前史，纂其名實，鉅細兼談，善惡畢著，傳末例有論贊，不敢僭越。[12]

是知《至正新志》是遵循《景定志》而修的，先列地理圖，次述金陵通紀，再次爲世、年表，以下依次述疆域、山川、官守、田賦、民俗、學校、兵防、祠祀、古蹟、人物共十志，末爲摭遺和論辨各一卷，合十五卷。其中世、年表與人物各分上中下三卷。年表下專記元代事，起自至元十三年（一二七六），迄至正三年（一三四三），所記有關政事甚詳，全是新增的。其十志每志前各冠一小序，志之名稱或因仍舊名，或改易新稱，如將武備改爲兵防，風土易爲民俗。或將舊志之數子目合爲一而創新志名，如所創之〈古蹟志〉，

---

[12] 見《至正新志》卷首〈修志本末〉。

是將城闕、官署、第宅、陵墓、碑碣等不關典章制度的，視爲覽古考勝之資，而統以古蹟名之。至於人物列傳名曰〈人物志〉，傳之前列世譜，將自周至宋之人物姓名分郡姓、遊宦、封爵三類排列，郡姓中偶而添注家族關係，並無事蹟，而且僅至宋而止，元代則缺如。列傳分十目，一曰孝悌，二曰節義，三曰忠勳，四曰治行，五曰儒林，六曰隱逸，七曰耆舊，八曰仙釋，九曰方伎，十曰列女，欲以「觀風教而徵世變」。所令人奇異者，張栻列入忠勳，程顥和眞德秀皆載入治行，均未入儒林。而王安石本爲撫州臨川人，只是晚年寓居金陵，卻也列入耆舊。其他寓賢如崔敦詩、崔敦禮、李處全、潘彙征等亦視同耆舊，而在《景定志》則入儒雅傳。入元的王雲起、楊剛中皆爲儒者，所歷多爲教職，宜入儒林，卻歸入耆舊。⑬而在儒林傳中只載四人，則一爲東晉、餘爲南朝人，自唐至元七百年間竟無一人。這些都是不甚妥當的。又在卷十四摭遺中引述一些掌故，增補遺漏的人物傳十餘人，而宋元之際的人物如文復之、陳鉞、梁楝三人，皆入元不仕，實爲宋之遺民。劉虎、王鑑、阮思聰、吳從龍四人，皆忠於宋，於宋末抗金又抗元，頗著勞績，應入忠義傳，而前述〈人物志〉分目中獨缺，也是美中不足的。最末一卷爲論辨及奏議，多錄自《景定志》，亦略附新的考證。整體上看，新志重在增補理宗景定二年以後的文獻，不僅體例上承襲前志，而且取材上也只是簡約《景定志》的內容，並無多大的特色。

---

⑬ 宋濂等《元史》（鼎文書局影印新校本）卷一九〇〈儒學傳〉即載楊剛中傳。可證此人當列入儒林。

丙、兩志觀點及其政治立場之比較

《景定志》纂修於南宋晚年外患最嚴重的時期，朝野人士都有強烈的夷夏之防觀念。靖康之難以後，金兵再度大舉南侵，在建炎、紹興年間之紀事，都稱金朝爲虜或金虜，延至孝、光、寧宗而不改。金亡以後，與蒙古對峙，干戈迭起，理宗開慶元年（一二五九）記事，即開始稱蒙元爲「韃虜」，後亦簡稱虜。卷十四載：

> （開慶元年）九月乙巳，韃虜自黄州界透渡滸黄州（洲）。甲寅，建康聞報，即調陳萬、郭俊舟師三千人赴援。光祖拜疏自請循視江面。庚申，至池州。被旨：進司江州。……十二月，虜入興壽，江面震動。亟遣蘇才部舟師三千遏賊衝。

顯然是基於民族大義以立言。像這類記事，又不止在年表中一再出現，也見之於卷三十八之〈江防〉一目中，敵我的意識甚強，在國難當頭之日，激勵軍民同仇敵愾是很必要的。當然修志要表彰本地先賢之才德智能，歷任官守之善政，以及本鄉山川風俗之美，人傑地靈，物阜民豐。但更重要的則是宣揚朝廷之盛德，以爭取百性之向心力。如本志卷四十〈田賦志序〉云：

> 天啓我宋划僞除苛，拯民塗炭，蠲無藝之徵，損折變之例，嚴者弛之，重者輕之，而民力紓矣！剖符授節，選用廉平，安富恤貧，損上益下，而仁澤溥矣！今建康，號爲樂國，勤無曠土，富無負租，本根所由固也。

由於宋朝推行仁政，使民得享政治昇平之樂，風俗人情都敦厚了。

游九言曾說：「每愛金陵土風質厚尚氣，前年攝行倅事（時在慶元元年，一一九五），日受訴牒，不過百餘，較劇郡纔十一爾。爲吏、爲兵者頗知自愛，少健狡之風，工商負販亦罕聞巧僞。」（〈風俗志〉引）忠厚誠樸之風，是居民慕仁重義造成的，當然這需要教育的薰陶，宋朝開國之初，就特崇文教，仁宗慶曆四年（一〇四四）詔天下州縣皆建學，並頒賜經籍，嘉惠士子。建康府學於建炎間燬於兵火，紹興九年（一一三九），知府葉夢得重建府學，所撰府學記中強調：「學校固理義之所從出，而斯文之所先也。建康領江左八州之地，於東南爲大都會，異時文獻甲於它方。」又四十多年後，府學之房舍有些破舊，知府劉珙又加修繕，教授黃黼就說：「國家敦崇學校，過於漢唐，所以壽斯文之脈者，養士力也。……修其身以善於其鄉，修其鄉以善其國，人則其傳也。」而且各屬縣皆有縣學，又有明道書院，規模宏偉，凡所以爲養士之用者無不備。（〈見儒學〉志）鄉里多一位忠信之士，就增一分影響，風俗自然而然地就淳美了！從志中記事來看，纂修者崇儒重道之心，宣揚本朝仁恩厚澤，瀰漫字裏行間，確是一位忠君愛國之士。

再回過頭來看看《至正新志》，夷夏的觀念是完全沒有的，甚至忠奸不辨，視呂文煥降元爲當然，還說：「襄樊拒大兵首尾六年，將士以死守，食盡援絕，其降豈得已哉？」⓮力盡而降敵，情非得已是可以原諒的，那麼如何面對爲國捐軀的忠臣義士呢？觀點似乎太偏了。志中敘事及引錄之文獻，均稱宋曰前宋、亡宋或故宋，述及元代則冠以聖朝、昭代，在前引《景定志》年表紀事文字，

⓮ 見《至正新志》卷十三上〈牛富傳〉。

凡稱蒙古曰「韃虜」之處，新志皆改爲「大元兵」、「天兵」或「王師」，這是站在元朝的政治立場而立言的。在紀年方面，宋年表天時一欄雖用宋朝正朔，但在寧宗開禧二年（一二〇六）後即另書「大元太祖皇帝即位」八字，以後太宗、定宗、憲宗之即位亦皆附書。景定元年後書云：「三月，大元世祖皇帝即位。五月，改元中統，大赦。」德祐二年（一二七六）以後，天時已改，用元年號，暗示宋已經亡了。年表中所載政事特詳於滅宋之戰爭，其進展極爲順利，出乎想像。咸淳十年紀事云：

> 大元同知樞密院事伯顏拜中書左丞相，總襄陽兵來伐。面奉旨諭：「以曹彬不嗜殺人，故一舉而定江南，汝其今體朕心，古法彬事，勿使吾赤子橫罹鋒刃。」丞相受命馳至襄陽。……九月，大兵自襄樊沿漢江而下，用宋降人爲向導，呂文煥等舟師出襄陽，劉整等騎兵出淮泗，行樞密院兵出正陽，萬户武顯等前鋒襲郢州。

這一則頌揚元朝的仁德，二則說明宋朝早已上下解體，有其自取滅亡之道。又在〈民俗志總敘〉云：

> 我世祖皇帝初命丞相淮安忠武王統師南伐，嘗戒以當效曹彬勿妄有誅殺，故金陵之降，市不易肆。休養生息幾及百年，生齒日繁，而儒術駸駸進用，禮樂興矣！金陵在江左風氣特爲淳厚，士民交際衣服飲食多中原遺俗。

金陵風俗淳厚雖是自宋朝保存下來的，但平江南時不妄殺百姓，廣收人心，保留元氣，使社會經濟和文化能繼續發展，於是興學養士，崇儒重道，不改南宋之舊。如所說：

> 我朝初有中夏，首用許文正公（衡）開設國學，示天下以禮樂之端，承平百年，自公府州縣以及閭巷、士庶，咸得宗祀先聖先師，設學以教，士習蓋彬彬焉！而集慶董以行台，官守恪勤，他郡莫及。（〈學校志總序〉）
>
> 建康路自至元十二年歸附，因前宋府學差官主教，尋設教授，又設江東道儒學提舉司。至元三十一年詔：學校之設，所以作成人材，仰各處正官教官欽依先皇帝（元世祖正月崩，成宗四月即位。）已降聖旨主領敦勸，嚴加訓誨，務要成材，以備擢用。仍仰中書省議行貢舉之法，其無學田去處，量撥荒閑地土給贍生徒。所司常與存恤。（〈崇學校〉條）

這儼然是宋代德政的延續。張鉉還特別引錄路學記、州縣學記、孔子廟碑記諸文，以強調「皇元渡江平宋，四海混一，欽惟聖天子體道御曆，以人文化天下，屢頒明詔，崇賁孔祀，興學養士，太平之風，超越前皇。」其頌揚元代之心蹟是很明顯的。甚至還說：今天下一統，內地不需駐兵，城郭溝池都不再需要了，均可轉給農民耕種，宋朝養兵設險又有何用呢？⑮顯見大元較亡宋更爲愛民，那不啻有天淵之別了。

---

⑮ 見《至正新志》卷十〈兵防志總敘〉云：「及天兵下襄樊，沿江諸將或降或遁，不數月，而宗社爲墟。曩之治險畜兵，其勝安在？今天下一統，城郭溝池悉廢爲耕蓺。」在兩相比較之下，眞太懸殊了！

參、結　論

上述《景定建康志》和《至正金陵新志》之比較，確有一些差異，後人所修的同一州郡志書，自然要因襲前人，而且由古述至今，抄襲節錄前志記述文字，是難以避免的。同一朝代人所修之郡志，其是非善惡忠奸之辨是一致的，但是不同朝代所修者，其觀點就大相逕庭了。因爲各有不同的政治背景，朝代間有傳承的關係，後一個朝代對前朝總不免有一些微詞，有時前朝的叛國賊，卻是本朝的功臣，就不便多加貶責。前朝的德政，本朝可能繼續推行，卻只頌揚本朝聖君賢相的仁民愛物。甚至專述一些前朝的缺失，以增強本朝弔伐的公信力。

這兩部志書都有極高的史料價值，《景定志》的〈留都錄〉，收錄兩宋詔令御書，〈官守志〉詳載各級地方官守之秩名、職掌，歷任官員姓名及其到任、任滿之日期，南宋以後特別詳備。〈儒學志〉中特詳記明道書院之規模、規程，以及十數位曾擔任山長者之開堂講義。對於府縣學也有詳明之記述，連祠祀、貢院和府學贐送規約、進士題名都詳載了，這是宋代地方教育最珍貴的史料。在〈城闕志〉中，將建康府內的倉廩一一列舉，詳載糴糶米之規定。又載居養院、安樂廬、慈幼局、實濟院、及幼局各種社會福利設施，使老有所養所終，幼有所育所長，以見宋代之深仁厚澤。其他各志不再細述。特別要提的是：馬光祖曾三度知建康府，主導修本志，志中有關光祖之蒞任政績、事跡、文錄最多，可以補史傳之不足。志中所引錄的南宋諸名儒，如汪藻、胡銓、韓元吉、朱熹、袁燮、游九言等所撰之序跋記銘等文，用以校對今尚傳世的諸人文集，多有失收，可以藉本志輯佚，即使已收入文集中者，也有校勘、訂補的價值。⑯則知其有功於文獻是多方面的。清代史學大家錢大昕極稱許周應合爲宋季豪傑之士，本志義例亦善。大昕說：

> 建康思陵駐蹕之所，守臣例兼行宮留守，故首列〈留都錄〉四卷。又六朝、南唐都會之地，興廢攸係。宋世列爲大藩，南宋尤稱重鎭，故特爲年表十卷，經緯其事，此義例之善者。古今人表傳意在扶正學、獎功勳，不專爲一郡而作，故與它志之例略殊。⑰

元代所修的地方志至今仍傳世的僅有十四種，皆收入大化書局所編印的宋元地方志叢書初、續編中，卷帙都不甚大，最詳備的還只有《至正新志》。時元平宋已六十多年，海內尚稱安定，文教方面理應有些建設。建康路的儒學本來興盛，只要能繼續維持不變就很可觀了。〈學校志〉中所記述本路學校、書院和儒籍極詳實，是《元史》卷八十一〈學校〉門所不載的。〈官守志〉於元朝官制及官守題名逐一詳列，就連五個所屬州縣亦不漏，是很難得的史料。〈年表〉所記元史事尤可貴，所以本志對研究元史是極有貢獻的。在〈人物志〉中也增補了宋代人物的傳記，如魏良臣、吳柔勝入耆舊，秦鉅（檜曾孫）入節義，陸子遹（游子）入治行等，都是《景定志》所

---

⑯ 《景定志》卷三十一〈明道先生祠記〉中有：「既而府學教授孫君蕭、沈君宗說亦以書來申致公意」之句，今查《朱文公文集》（四部叢刊本）卷七十八所載此記，則作孫君某，沈君某」，據本志則可以補其缺。

⑰ 見錢大昕《潛研堂文集》（四部叢刊本）卷二十九〈跋景定建康志〉。

無的。秦鉅爲建康人，於嘉定十四年（一二二一）任蘄州通判，金兵來犯，城陷，與知州李誠之一同壯烈殉國，似不應因爲鉅爲檜之曾孫而不爲立傳。至於魏、陸、吳三人亦不可缺，補之誠是。續增的馬光祖、趙淮、牛富、汪立信等人傳極重要，而汪立信傳較元修《宋史》本傳爲尤優。本志沒有奸臣傳，卻將秦檜簡短生平載入耆舊傳中，則忠奸之辨太模糊了。陸心源評云：

> 其體多本《景定志》，而刪留都、文籍兩門，改儒學爲學校，武衛爲兵防，風土爲風俗，城闕爲古蹟，尚無關於出入。惟書既不名續志，〈官守志〉宋以前職官題名不應改爲遊宦，別爲〈世譜〉。卷二所載數條，〈疆域志〉歷代沿革足以該之。不應別爲〈通紀〉。卷十三〈世譜〉一門分郡姓、封爵、遊宦三類，尤乖紀述之體。耆舊增入秦檜，尤失是非之公，是皆體例之可議者。鉉本北人，素無文名，不及《景定志》遠矣！惟考元代金陵事跡者，捨是無所資耳！⑱

兩者相較，其是非優劣已判然分明了。然若考元代金陵事跡，則此志絕不可缺少。清修《四庫金書》收錄此志，提要中雖譏其「體例殊自相予盾」，然仍稱許鉉「學問博雅，故薈粹損益，本末燦然，無後來地志家附會叢雜之病。」⑲也是值得肯定的。

---

⑱ 見陸心源《儀顧堂續跋》（廣文書局印行）卷八〈元槧至正金陵志跋〉。

⑲ 見紀昀等撰《四庫全書總目提要》（臺灣商務印書館影印武英殿本）卷六十八。

評　論

蕭啓慶*

王教授此文的宗旨：透過南京地區兩部方志來說明宋元兩代在方志發展史上的意義並顯示同一地區在不同朝代所修方志的承襲與更革之關係。

宋元兩代在方志發展史上是一重要時期。在宋朝，簡單的圖經演變爲包羅廣泛的方志，地方志書始告定型。而元朝修志之風極盛，鞏固了宋代所發展的方志之型態。王教授對宋元方志所作的個案研究應該甚富意義。

此文對宋、元二代在方志發展史上的地位、兩部方志的纂修者及纂修經過、體例與內容的異同，尤其是所持的觀點及政治立場，皆有明晰的分析，對二書的史料價值亦有正確的判斷。文中精義甚多，令人佩服。

王教授提出一個很好的觀點：「同一朝代人所修之郡志，其是非、善惡、忠奸之辨是一致的，但是不同朝代所修者，其觀點就大相逕庭了。因爲各有不同的政治背景，朝代間有傳承關係，後一個朝代對前朝總不免有一些微詞，有時前代的叛國賊，卻是本朝的功

---

* 清華大學歷史研究所教授

臣，就不便多加貶責。前朝的德政，本朝可能繼續推行，卻只頌揚本朝聖君賢相的仁民愛物。甚至專述一些前朝的缺失，以增強本朝弔代的公信力」（頁17）。這一段話值得今日編修鄉土史的學者借鑑。我覺得地方史與國史不同，國史不可避免政治化，誰取得政權，誰便有寫史權，政治的褒貶勢乃必然。地方史應該以傳承鄉土文化傳統及營造和諧社區爲目的，不應作政治判斷，更不應由於黨同伐異而亂扣帽子。否則在台灣地方政權頻頻「變天」的今日，地方史將會淪爲政客的工具，每次選舉之後皆需改寫一次。

王教授認爲《至正金陵新志》作者張鉉的資格與成績皆不及周應合及其《景定建康志》。他引用陸心源《儀顧堂續跋》所言：「鉉本北人，素無文名，不及《景定志》遠矣」（頁19），因而說：「兩者相較，是非優劣已判然分別了」（頁19）。張鉉事蹟見之於記載者不多。但就現知事實而言，他與周應合相較，並不遜色。張氏爲浮光人，即河南光州，而非陝西。張氏在《新志》〈修志本末〉中自述：「因授徒往來是邦十五餘年，嘗從縉紳先生遊覽商略，得其大概」，可見他與金陵淵源很深。據宋濂說，他曾任「儒學教授」，應爲集慶路（即金陵）教授，與周應合資格相當。陸心源所說張鉉「素無文名」，亦有疑問。張鉉與當代文學名家虞集及以詩文馳譽的集慶高僧大訢皆曾唱和。虞集與他唱和詩中有「淮南淮北誦君詩」之句，可見他頗有詩名。

在體例方面，至正志亦未必遜色於景定志。陸心源所舉出的一些體例上的問題皆不是以顯示至正志不如景定志。陸氏所說最重要的一點爲「耆舊增入秦檜，尤失是非之公」，王教授亦認爲「將秦檜簡短生平載入耆舊傳中，則忠奸之辨太模糊了」（頁19）。但是，一方面，秦檜是忠是奸爲一爭議性極高的問題，聚訟紛紜，至今猶無定論。另一方面，自方志編纂開始以來，「隱惡揚善」爲一通病。張鉉認爲方志人物傳應該是「鉅細兼該，善惡畢著」，是一種改革舊習的論點。從現代史學觀點看來，這種態度比「隱惡揚善」更爲健康。

總之，王教授此文中精義甚多。我與他爭論之處則爲枝節問題。而這些爭論之引起或許由於宋史學者與元史學者看法之不同。

明代蘇州社區鄉土生活史舉隅——以文人集團為例

吳智和*

明代江南六府（蘇、松、常、嘉、湖、杭）不僅是文化、經濟薈萃之區，更是生活的典範之地，其中尤以蘇州一府最具有代表性。明初以來，蘇州一府得天獨厚，人物並起，瓜瓞綿延不替，形成每一時期的核心人物；而此核心人物又團構出周邊的文人，又形成蘇州文苑特有文風，所謂的區域文化的特色。

就區域文化的特色而言，有文人，斯有文人之文；有文人之文，斯有文化之特徵。而文化的特徵，在以日常生活爲題材，抒寫性靈，歌唱情感，不復以世用攖懷。明代蘇州一府之所以形成特有的生活文風，就在於集體性的出現一批「不復以世用攖懷」的居鄉不仕的隱逸文人，以及不得於世用的寄懷文人。我們從不少記載明代蘇州人物生活的冊籍，如文震孟《姑蘇名賢小紀》、錢穀《吳都文粹續集》、龔立本《煙艇永懷》、李延罡《南吳舊話錄》、姜紹書《無聲詩史》、褚亨奭《姑蘇名賢後紀》以及府、州、縣志等這些記載蘇州文人生活的實錄，就不難看出一代人物風采照映一時的情形。

* 中國文化大學史學系教授

一個地方的方志也好，社區鄉土史也好，一時人物的並起與結集，創造那個時期特有的生活文化，才有足記可載的事蹟。如果說方志學、鄉土史的精彩在於人物，則明代蘇州一時並起的人物，正好可以作爲研討會討論的命題與範本。

壹、蘇州文人集團的社區結社活動

傳統中國的文人結社，源遠流長，而傳統中國的文人生活又極其豐富，結社往來遂成爲日常生活中詩酒風流、書畫析賞、器物挲摩的媒介。明代文人，大都風流自賞，重在文藝切磋而不重在學術研究。易言之，即大都是「清客相」而不是「學者相」。因此，借以文會友的題目，而集團生活卻只是文酒之宴，聲伎之好；品書評畫，此唱彼酬，成爲一時風氣。何況，更有許多達官貴人，也喜歡附庸風雅，於退休里居之餘，以高年碩德爲文壇祭酒，怡老崇雅，兼而有之，似乎也是人生一種樂趣，於是九老十老耆英之會也相繼以起。所以，由明人的生活態度言，是文人集團發達的一個原因❶。

明代中葉以降，隨著承平日久，物力漸舒，由人文薈萃的蘇州府，掀起一股風雅優致閑適相尚的流習。「有明中葉，天下承平，士大夫以儒雅相尚。若評書、品畫、瀹茗、焚香、彈琴、選石等事，無一不精。而當時騷人墨客，亦皆工鑒別、善品題。玉敦珠

---

❶ 郭紹虞，〈明代的文人集團〉（《照隅室古典文學論集》，台北·丹青圖書有限公司，一九八五年十月台一版），頁三五〇～三五一；陳寶良，《中國的社與會》（杭州·浙江人民出版社，一九九六年三月第一版），頁二七九～二九一，〈明代詩文社的源流〉。

盤，輝映壇坫❷」。

蘇州文人集團領袖人物之一文徵明的後代文震亨所記載的這一段話，實際上就是點出蘇州文苑之所以能領導一時風尙的主因。也是蘇州文人集團結社往來的契機，也印證吳晗的通評，事有典出❸。一個時代的社區鄉土史的建構，往往就是當代人士好事造勢的結果，特別是有集團性質的文人結社活動。明代文人若有企圖在社會、藝文上立有一足之地，就必然加入一個集團之中以立名於當時，並取得認同，因此文人集團結社於焉成立。

當一位文人將自己視爲某集團的成員之時，他就會更關心集團的命運，以及堅定不移地執行他的集團所作出的各種決定。並且在一特定的時期中，集團的成員會建立其共同的「集團目標」，並且設想出方法以實現這一目標。明代文人集團在中晚葉時期，普遍性的崇尙自然山水、園居景境的生活情趣。這種作「園亭自恣」，成爲此期文人集團的一般需求，也成爲推展社區結社極爲有力的助力。而明代的文人又好山水、友朋，文人相聚，必然是志同道契，即所謂的「必合道藝之志」。一旦優遊林下，「擇山水之勝，感景光之邁，寄琴爵之樂，爰寓諸篇，而詩作焉❹」。龔立本

---

❷ 明·文震亨，《長物志》（《硯雲甲乙編》本），〈跋〉，頁一上～下。

❸ 吳晗遺稿，〈明代的新仕宦階級社會的政治的文化的關係及其生活〉（《明史研究論叢》第五輯，江蘇古籍出版社，一九九一年五月第一版），頁四二：「雅致一點或附庸風雅的更提倡玩古董、講版刻、組文會、究音律。這一階級人的生活風趣影響了文學、美術、建築學、金石學、戲曲、版本學……等部門，使之具有特殊的時代的面目」。

❹ 明·方九敘，《西湖八社詩帖·序》（《武林掌故叢編》本，台北·台聯國風出版社、華文書局，一九六七年五月初版），頁一上。

《煙艇永懷》中記載趙宧光的事蹟，說趙氏饒於財，卜築吳郡寒山之麓，疏泉架壑，儼如圖畫。一時勝流，靡不造廬談讌。龔氏「造訪之初，在萬曆辰巳間。見其疏鑿泉石，魚鳥翳然，素饌清尊，名流雲集。君氣韻蒼雅，似圖畫中人，善作古篆，運筆如飛。予每尋天池諸峰，必先憩青霞榭，君有興則籃輿與偕。自凡夫〔宧光字〕謝世，而山靈寂寞，併遊屐亦稀矣❺」。這一則記事說明人物在則結社往來存，人物喪則結社生活也隨之而亡，人物牽動一時的鄉土生活史的進展，不言可喻。實際上《煙艇永懷》就是一部鄉土結社生活史的縮影。

同樣清代姜紹書《無聲詩史》中人物，也是一部鄉土結社生活史的實錄，記載不少明代吳中赫赫一時的人物，而這些人物也都是社中人士。如長洲陸師道，「自世宗朝，執政者好拔其黨據津要以相翼庇，而輕於棄名士大夫；士大夫亦醜之，莫肯爲用，而吳中爲最盛。前先生者，有王參議庭、陸給事粲、袁僉事袠皆里居與先生善。而先生所取友如王太學寵、彭徵士年，張先輩鳳翼兄弟，多往來文先生〔徵明〕家❻」。陸氏之女博雅工詩，適趙宧光爲婦，而文徵明玄孫女文俶，又歸趙宧光子均爲婦，寫草蟲花卉，爲世所珍。文、陸、趙三家姻親，不僅說明三家子孫結社往來頻繁，更是姻緣不絕。明代蘇州一府鄉土生活史的開展，最值得注意之處，就在於里居人物皆一時之選，又淡於仕途。如此甘於守死一地的里居人物，也正是蘇州文苑在《蘇州府志》中最精彩之焦點所在。時人

❺ 明·龔立本，《煙艇永懷》（《明代傳記叢刊》本，台北·明文書局，一九九一年十月初版），卷二，頁二〇下。

❻ 清·姜紹書，《無聲詩史》（《明代傳記叢刊》本），卷二，〈陸師道〉，頁三五。

說：「吳尚清逸，代有風雅，爲世所慕❼」。如長洲人士朱性甫〔存理字〕其人事蹟，據載：

> 居葑城之隅，頗攻詩有隱操。嘗爲荻扁王氏塾師，與主人夜酌罷，適月上，得句云：「萬事不如杯在手，一年幾見月當頭。」喜極發狂大叫，叩扉呼主人起，主人亦大加激賞，旦日遍請吳中善詩者賞之。前輩風流，固宛然照人也❽。

荻扁王氏，即王錡家族。「王錡字元禹，家世力農，吳人因其地稱荻扁王氏。錡好學，尤熟于史，善談辨，性尤剛直。平生有所見聞即筆之，爲《寓圃雜記》❾。晚益韜晦不出，遂隱終身❿」。「宅臨湖，彌望皆田園，而堂宇靜深，間以嘉樹，窈如也。性不飲酒，客至必款曲，時出諧語以爲樂。或於扁舟出沒汀煙渚月間，往往賦詩寄興⓫」。其子洓，克紹其裘，也以隱逸終。「三吳縉紳，咸與交遊。宅鄰於湖中，畜圖書萬卷，竹爐茶竈，日與白石翁〔沈周〕、祝京兆〔祝允明〕諸名流詠吟其中。」「或放舟湖上，嘯傲

---

❼ 《崇禎・吳縣志》（《天一閣藏明代方志選刊續編》本），卷四七，〈人物・風雅〉，頁三五上。

❽ 《隆慶・長洲縣志》（《天一閣藏明代方志選刊續編》本），卷一四，〈人物・朱性甫〉，頁二六上～下。

❾ 明・王錡，《寓圃雜記》（北京・中華書局，一九八四年六月第一版），多載吳中故實，如頁四二，〈吳中近年之盛〉中載：「吳中素號繁華」，「以至于今，愈益繁盛」，「人性益巧而物產益多。至於人材輩出，尤爲冠絕。作者專尚古文，書必篆隸，駸駸兩漢之域，下逮唐、宋未之或先。此固氣運使然，實由朝廷休養生息之恩也。人生見此，亦可幸哉」。

❿ 同前引書卷，頁二三下。

⓫ 前引書，頁九四，〈附錄二・王葦菴處士墓表〉。

煙波間，時時賦詩繪圖寄興。」「晚益韜晦，不入城市，遂隱終身⓬」。朱性甫、王錡父子，皆爲吳中隱逸之士，皆於沈周、文徵明兩代主盟吳中之時的社中著名人物。這種以久居一地的隱逸人物爲中心的社區結社活動，最足以團造出一時的社區意識來。也印證前引士大夫醜朝廷，人才回歸鄉里，才是再造鄉土生活的契機之一。

明代蘇州一府的人才不出鄉邦，甘心守死一地，已不是一時一地的時代現象；也不是少數士人的情懷，而是具有時代的特性與背景⓭。這種足不出戶，迹不入城與學不入仕，實質上就是明代隱逸文人內造性靈生活的普世現象。如長洲邢量，隱居葑門，「性狷介不娶，與人無將迎，足跡不出里門⓮。」量族孫邢參，「誅茅附城之野，每自杜門⓯。」至於學不入仕的學風，更是推展社區文化的重要環節。錢穀「少孤能自勵讀書。家貧無所得書，游先太史〔文徵明〕門，日取架上編讀之且遍。復以其餘，能習繪事，心通神解，超入逸品，於是聲日益起，戶屨時時滿。」「其嗜讀書日益甚，手錄古文金石書幾千卷，校至丙夜不休，所纂集書有《三國文類抄》、《南北史摭言》、《隱逸集》、《長洲志》、《三刺史詩》及《續吳都文粹》」，「吳中故實，將無踰此⓰」。錢府「絕意仕進，益發憤汎覽諸集，盡出先人所藏，日夜讀不輟」。「聞人有書，必多

⓬ 《文徵明集》（上海古籍出版社，一九八七年十月第一版），補輯，卷二九，〈王隱君墓志〉，頁一五〇三～一五〇四。

⓭ 詳見拙著《明人飲茶生活文化》（宜蘭·明史研究小組，一九九六年七月初版）。

⓮ 《隆慶·長洲縣志》，卷一四，〈人物〉，頁二三上。

⓯ 前引書卷，頁二三下。

⓰ 明·文震孟，《姑蘇名賢小記》（《明代傳記叢刊》本）卷下，〈錢叔寶陸叔平兩先生〉，頁二二上。

方覓致，或手鈔成帙，凡古今制度、典章、事類、人物、山川、風俗，隨叩響應，若儲以備預問者。故縉紳先生、騷人墨客，舟車道吳門，每停留延訪⑰」。社集人物在推展社區生活文化中的媒介作用，不僅僅是催化社區文化的主力，更是促進社區生活的助力。當一時一地的社區人物，不再以科舉出仕爲羨談，而以久居一地爲美事，這就是社區鄉土生活史得以團造形成之時，則明代蘇州一府，有足多值得借鑑之處。

貳、蘇州文人集團的社區生活文化

如果說文人集團的社區結社，是文人集團社區生活的外延，則社區生活的主體——居家的靜態生活，無疑地是文人集團鄉土生活的核心所在。因爲居家生活是文人集團成員中的安身立命的處所，也是性靈寄託的藥方之一。明人勇於居鄉，甘於守貧，原因之一不外是最基本有一「誅茅可居」，「家有小圃」，差以自足。一地文化的形成發展，與一地文人生活的自足多閒，是成對比之勢，由文化團造的本質而言，卻也是如此在進展。如明人袁翼，「晚益骯髒，深藏不出，讀書樹藝自娛而已。闢小圃種菊數百本，嘗曰：『吾於世萬事可捐，惟積書藝菊不能忘情。或時饘爨不繼，回視所有，欣欣自樂，不復知吾貧也』。優游六十餘年而卒⑱」。這是貧士居家生活的常態行爲之一。至於居家生活有園林可適，有亭館

---

⑰ 清・褚亨奭，《姑蘇名賢後記》（《明代傳記叢刊》本），〈錢少室先生〉，頁五上～下。

⑱ 《姑蘇名賢小記》，卷下，〈袁飛卿先生〉，頁三上。

可憩的富士，其居家生活則呈現另一種格局。吳中名士沈石田周，「生于天順，長於成、弘，老于正德初。當國家昌明敦龐、重熙累洽之世，其高曾祖父，爲文士，爲隱君子，既富方穀，涵養百年，而石田乃含章挺生。其產則中吳，文物士風清嘉之地；其居則相城，有水有竹，菰蘆蝦菜之鄉；其所事則宗臣元老，周文襄、王端毅之倫；其師友則偉望碩儒，東原、完菴、欽謨、原博、明古之屬；其風流弘長，則文人名士，伯虎、昌國、徵明之徒⑲」。蘇州文風素來鼎盛厚實，所謂：「吳故文藪，凡學擅青緗，著述行世，並足流輝簡冊矣⑳」。人才的蔚興，與一時一地的生活文化大環境有相對的關聯；固然生活、文化的大環境，能不斷地孕育人才；而人才又可適時的厚實一時一地的生活文化。前引文續載沈周的一生，已足以說明如此：

> 有三吳、西浙、新安佳山水以供其游覽，有圖書子史充棟溢杍以資其誦讀，有金石彝鼎法書名畫以博其見聞，有春花秋月名香佳茗以陶寫其神情。煙雲月露，鶯花魚鳥，攬結吞吐於毫素行墨之間，聲而爲詩歌，繪而爲圖畫，經營揮灑，匠心獨妙。其高情遠性，和風雅韻，使天下士大夫望而就之者，一以爲靈山異人，不可梯接；一以爲景星卿雲，咸可目覩㉑。

明代中葉蘇州文人集團，以沈周等名士居家園林的生活文化模

---

⑲ 清·錢謙益，《牧齋初學集》（上海古籍出版社，一九八五年九月第一版），卷四〇，〈石田詩鈔序〉，頁一〇七六～一〇七七。

⑳ 《崇禎·吳縣志》，卷四八，〈人物·文苑〉，頁一上。

㉑ 同註⑲，頁一〇七七。

式爲典範，成爲一時文人集團競相模仿的風尙。如自稱「江南才子」的桑悅，其父琳的居家生活，也是近似沈氏的人物。「性恬澹，讀書好古耽吟詠」。「結廬虞山下，山光湖色，日映几席間。視其中，薰爐、茶鼎、蒲團、麈尾，種種瀟灑，有客過從，則打漁鼓、吹紫竹，笑語相應，出入於青松白石間，大都白玉蟾之流也㉒」。不論是城居或山居，居家生活恆爲隱居子視爲安身立命的歸宿之地。

有異於居家靜態的生活方式，攬勝的動態生活，則是另一類的生活選擇。所謂的明人居家生活，並不是經年家居，而是以家居爲主體，間一出遊；而攬勝生活則反是。明人雖稱好遊，然多擇家山近水，而吳中又素稱「山水窟」，因而吳中人物多屬居家間一淺遊性質。這種往來社區環近山水的生涯，也是蘇州一府社區生活的特色。如徐應雷，「生平絕無他好，獨喜登臨，遇佳山水，窮歷人所不到，悠然亡倦。所居斗室，必植修篁於庭，雜蒔花卉，薜蘿緣牆，蒼翠爲侶。經歲杜門，親朋希面㉓」。史言：「吳賢修品立身潔而恬於仕進，人可望而不可攀也㉔」。徐氏等吳賢如此，文徵明亦復如此。「先生暇則出一遊近地佳山水，所至奉迎恐後。居間客過從，焚香煮茗，談古書畫彝鼎，品水石，道吳中耆舊，使人忘返，如是者餘三十年，年九十而卒㉕」。文氏繼沈周之後，主盟吳中，一時羽翼過從的文人成爲一時之盛。這種文人集團

㉒ 明·徐復祚，《花當閣叢談》（台北·廣文書局，一九六九年一月初版），卷四，〈桑先生〉，頁一一上。

㉓ 《崇禎·吳縣志》，卷四八，〈人物·文苑〉，頁六二上。

㉔ 前引書，卷四七，〈人物·清恬〉，頁一上。

㉕ 《無聲詩史》，卷二，〈文徵明〉，頁二八。

成員之間的居家園林、藝文流連、器物玩賞、山水攬勝的性靈生活，境隨意轉，興來則出遊，興盡則家居。

傳統文人的生活重趣促興，山水攬勝成爲性命之一環。而蘇州周沿都是峰泖湖山景盛的地域，感時流連，友朋過從，倡和以遊，晚明名士陳子龍在〈楊邢二子洞庭倡和集序〉中提到：

> 吳之巨浸曰具區，其廣五百里，浮水而爲山者七十有二，其大者爲洞庭。…富商大賈居焉。綺樓華屋，平疇鱗次，若與人世絕者。…夫，古之遊者，陸則攀蘿懸絚，駕空而升；水則渡溟渤犯鯨鯢，老而不返。何況畫舫不竟日可達，而其中爲主人者，或能具酒漿、飾亭館，使賓至如歸耶！我友楊龍友、邢孟貞，以九月爲洞庭之游，盡一月返。蓋洞庭之勝，秋爲最，以水落饒奇石，而霜林果熟，山若增而麗也。二子既歸，出所謂倡和之詩示余㉖。

引文中，值得注意的有幾點：㈠名勝之地，華屋名墅，燦然鱗次，說明晚明商品經濟的繁榮盛況；㈡主人好客㉗，或能具酒漿、飾亭館，使賓至有如歸之感，說明晚明富商大賈頗好事；㈢楊、邢二位晚明文人，爲洞庭之游，盡一月而返，有倡和集，說明文人好遊的習性，正是推動一代文化主導的知識力。從序文末「既遊而

㉖ 明・陳子龍，《陳子龍文集》（上海・華東師範大學出版社，一九八八年十一月第一版），《陳臥子先生安雅堂稿》，卷二，頁四上～下。

㉗ 明・馮夢禎，《快雪堂集》（臺北・國家圖書館藏明善本），卷一四，〈處士懷耕許君墓誌銘〉，頁七下：「吳中最勝處，爲洞庭兩山，其人民淳朴，習賈而好客，賈亦遍天下，而遊屐亦來四方。」

歸，其色充然，若有所得」，「眞有得於性情之際矣㉘」！依文意推斷，二人精神生活的滿足，是藉助於「皆好遊」的文人習性。而此好遊，正是本文所要探討的。

晚明文人以山水、友朋爲性命。性近自然山水，皆有其歷史背景因素在。如不滿於政治，許多人頹放其用世之心，往尋山林之樂；如工商起步，城鎮市民逐漸形成旅遊風氣；如良知之學的傳播，教人體認鳶飛魚躍，鳥鳴花落的景象亦是天理流行的境界；這些都縮短人與山的距離。文人在風氣中，既與自然山水有形距上的親近，復有心靈上的交感應接㉙，於是記錄下來一些有關遊記的素材。

晚明社會，商品經濟繁榮，促進旅遊事業的開展。自來文人皆好遊，不論遊有幾難㉚，山水攬勝總是強烈地吸引文人名士的襟懷與素志。而晚明文人集團旅遊行程，目標多指向江南、東南地區，特別是吳中山水窟㉛。一則這一帶山水，名山勝跡，目不暇接，心情暢舒；一則名山大寺有茶、泉可供，滿足癖好；更何況此區爲顯宦巨卿、名士賢達的聚集之地。淺遊、近遊，訪友、酬酢皆便。

㉘ 同註㉖，頁四下。

㉙ 曹淑娟，《晚明性靈小品研究》（臺北·文津出版社，一九八八年七月初版），頁二〇六。

㉚ 明·王思任，《游喚》（《百部叢書集成·寶顏堂秘笈》，臺北·藝文印書館版），頁一下～二上：「予嘗謂：官游不韻，士游不服，富游不都，窮游不澤，老游不前，稚游不解，閑游不思，孤游不語，託游不榮，便游不敬，忙游不慊，套游不情，掛游不樂，勢游不甘，買游不達，賒游不償，燥游不別，趨游不我，幫游不目，苦游不繼，膚游不賞，限游不逍，浪游不律。而予之所謂游，則酌衷於數者之間，避所忌而趨所吉……嗟乎！游何容易也，而亦容易告語人也。」

㉛ 《李太僕恬致堂集》，卷二五，頁九上，〈沈津里先生傳〉：「吳號山水窟，靈奇秀異，幽討不盡。」

明代文人集團的生活文化，大體上有以下四類範疇：居家園林的生活，是屬於靜態類型的生活；山水攬勝的生活，則是屬於動態類型的生活；器物玩賞的生活，是屬於鑒賞類型的生活；而藝文流連的生活，則是屬於創作類型的生活。當然這種類型的範疇，是爲說明方便而劃分的，並不代表有絕對分際的意義在。生活原本可以依四個範疇獨立存在，也可以匯通爲一。何況文人集團皆嚮往性靈生活，因爲性靈是文人創作的源泉，也是不得志於現世，或退守隱居的安身立命藥方之一。而講求閒適、眞趣、清賞的生活態度，也是文人集團意識的一種精神追求方式。

參、蘇州文人集團的社區鄉土情懷

社區意識的團構方式之一，就是鄉土情懷的確立。明代蘇州文人集團之所以成爲集團，而且在當時頗具名望，自然與蘇州文風有關。史稱：「砥行修名，吳所矜尚㉜」。王錡也認爲：「吾蘇學宮，制度宏壯，爲天下第一。人材輩出，歲奪魁首。近來尤尚古文，非他郡可及㉝」。「吳中人文淵藪」，也幾成爲蘇州一府的定評。而「蘇州文苑」也成爲一個地域的文化特色，有別於其他地域的文人集團。蘇州文人集團的凝聚，自與鄉土情懷有關，擬從數端分析之。

㉜ 《崇禎·吳縣志》，卷四七，〈人物·卓行〉，頁二一上。

㉝ 《寓圃雜記》，卷五，〈蘇學之盛〉，頁四二。有關蘇學之盛，《正德·姑蘇志》（《天一閣藏明代方志選刊續編》本），卷二四，〈學校〉，頁一上載：「今天下言學校必首蘇，蓋有范文正、胡安定之風焉。其中島池亭榭，尚多吳越元潦之遺，其勝亦他郡之所鮮也。況人才往往爲天下先乎」。

一、重視鄉邦文獻：蘇州文人自來重文獻，因此有「文獻之邦」美譽。而蘇州文人，「大都號能詩文，若書若畫[34]」才兼四絕的人物。何良俊說：「蘇州士風，大率前輩喜汲引後進，而後輩亦皆推重先達。有一善，則褒崇贊述無不備至，故其文獻足徵[35]」。何氏這一段話，就是說明蘇州傳承文獻的原因所在。如文徵明繼吳寬、王鏊、沈周之後爲吳中領袖，主持風雅三十年。子孫繩武，蜚聲藝苑，風流宏長，奕奕海內垂十世[36]。其文集本身就是一部吳中故實淵藪，其中所載文獻遍及當代知名人物，也蒐羅沉隱之士，更涉入當代掌故事類。

錢穀輯有《吳都文粹續集》五十六卷、補遺二卷，「倣虎臣文粹，輯成續編，聞有三百卷，其子功甫繼之，吳中文獻藉以不墜」。「自說部、類家、詩編、文稿以至遺碑斷碣，無不甄羅。其採輯之富，視鄭書幾增至十倍，吳中文獻多藉是以有徵，亦未可以蕪雜棄也[37]」。其他吳中掌故，如：文震孟《姑蘇名賢小記》二卷，「是書大意，以當世目吳人爲輕柔浮靡，而不知清修苦節之士可爲矜式者不少，故擇長洲、吳縣人物卓絕者，各爲之傳而系以贊，首高啓終王敬臣，凡五十人。蓋既以表前賢，又以勵後進也[38]」。續後有：

---

[34] 明·徐應雷，〈讀弇州山人集〉（《明文海》，《四庫全書》本，卷二五三），頁二下。

[35] 明·何良俊，《四友齋叢說》（北京·中華書局，一九五九年四月第一版），卷一六，〈史一二〉，頁一三四。

[36] 《文徵明集》，〈輯校說明〉，頁一～二。

[37] 《四庫全書總目提要》（台北·台灣商務印書館，一九八三年十月初版），卷一八九，〈集部·總集類四〉，頁三〇下～三一上。

[38] 前引書，卷六二，〈史部·傳記類存目四〉，頁二九上。

明·徐晟《續名賢小紀》一卷、明·文秉《姑蘇名賢續紀》一卷、明·劉鳳《續吳先賢讚》一五卷，以及張大復《吳郡人物志》不分卷、《崑山人物傳》一〇卷。張大復，崑山人，與歸有光同時，「先是方鵬有《崑山人物志》六卷，此則斷自明代起洪武至萬曆，得三百餘人。其間父子祖孫，以類附傳，略如史體㊴」。張氏另有《梅花草堂筆談》一四卷、《二談》六卷，筆談「所記皆同社酬答之語，間及鄉里瑣事㊵」。吳中故實掌故著述繁碩，不贅㊶。這種重視記錄吳中聞見，類編吳中掌故的風氣，使得蘇州文獻有徵。誠如前引文所說：「表前賢，勵後進」。

二、傳承獎掖習尚：文人階層在明代士庶等階分際頗嚴的社會組織中，由庶民的布衣或處士，一無社會的位階，要晉身於士人階層（如集團的成員），就必須具有異乎庶民的超凡才藝，在此是指詩文書畫的素養而言。蘇州文苑的興起，與劃破社會等階的限制，一以才學爲取向是頗有關聯性的。從文人集團中不乏布衣人士，甚至領袖主盟一時文風可瞭然。這種取才不端視階層的優質風尚，才眞正是社會文化進展的動因之一。也是呈顯出具有時代格的文人雅俗自我定位的自覺性，已超乎當時社會僵化的等階規範。從明代士人

㊴ 前引書，卷六一，〈史部·傳記類存目三〉，頁四一下。

㊵ 前引書，卷一二八，〈子部·雜家類存目五〉，頁二下。是書上海古籍出版社，於一九八六年十二月第一版有景印本，末附謝國楨《梅花草堂筆談》跋，可資參考。

㊶ 有關蘇州文人著述可參考：張慧劍，《明清江蘇文人年表》（上海古籍出版社，一九八六年十二月第一版）、清·潘介祉，《明詩人小傳稿》（台北·國立中央圖書館，一九八六年）、《明人傳記資料索引》（台北·國立中央圖書館，一九七八年元月再版）等工具書。

以外的各階層，不少棄賈、農爲儒士的時代現象，隨處流露出超俗入雅的文人氣息而極盛一時，流風且及於晚明。又從文人集團的成員出身更可印證出，中晚明居野的文人集團生活文化，已經凌越唐、宋時代。而文人形成集團，更豐富當代文人的休閒生活品味。

文人分布地域，以江南六府最爲集中，而以蘇州一府爲冠冕。吳郡祝肇的《金石契》中所載：朱存理、史經、朱凱、楊循吉、王淶、都穆、李詢、邢參、吳烜、劉棄等十人⑫，都是當代著名的蘇州文人。其他並時或前輩的人物，如宣德以還的杜瓊、陳寬、徐有貞、劉珏等是沈周的師輩。而景泰、天順、成化三朝盛熙太平之世，並起的蘇州文人集團，如長洲李應禎（一四三一～一四九三）、長洲王錡（一四三二～一四九九）、吳江史鑑（一四三四～一四九六）、長洲吳寬（一四三五～一五〇四）、長洲朱存理（一四四四～一五一三）、長洲文林（一四四五～一四九九）等，則是沈周的同輩執友。成化末至弘治、正德以後的蘇州人物，如：吳縣王鏊（一四五〇～一五二四）、吳縣楊循吉（一四五八～一五四六）、長洲王淶（一四五九～一五二八）、吳縣都穆（一四五九～一五二五）、長洲吳一鵬（一四六〇～一五四二）、長洲祝允明（一四六一～一五二七）、長洲文徵明（一四七〇～一五五九）、吳縣唐寅（一四七〇～一五二三）、長洲錢同愛（一四七五～一五四九）、長洲湯珍（一四八七～一五五二）、長洲陸粲（一四九四～一五五一）、吳縣王寵（一四九四～一五三三）、吳縣蔡羽（？～一五四一）等已是沈周的晚輩後起之秀。

這批三代承傳，蘇州文苑中的文人，很明顯地以杜瓊爲首的隱君子，除徐、劉二氏曾出仕外，尚未形成吳中特有的風尚。至沈周、吳

---

⑫ 明·祝肇，《金石契》（《廣百川學海》本），頁二下～六上。

寬出，結合史鑑、李應禎、朱存理，以及稍晚出而具奕奕才華者，如：王鏊、楊循吉等以下一干不樂仕進與不得志的人士，往來頻繁密切，漸至鼓動一代的風氣。這種先進獎掖後輩的風氣，使蘇州文苑人材輩出，傳承有序。

明代推行於全國各地的同質性府、州、縣、衛學，至中晚葉造就大量的生員與監生㊸。而每三年開科的鄉試與會試，所錄取的名額有限，促使科場士子游離、失志於民間。明代爲數不少的文人，都是從科場中敗退的失意者，如王寵八次，文徵明九次，蔡羽十四次皆挫。三人後雖以貢生、監生爲當道除任官職，但時受委曲，漸覺仕途有如嚼臘，不數年又紛然賦歸以去，甘心於田園的隱居生活，如此的史例，不勝枚舉。

明代的官場，習氣素重，派閥鬥爭由來已久。廉介自持，傲岸敢言者，多不見容於當時，進士出身猶不能免，舉人以下各途出身更不必俱論。這批灰心於科場、官場的人士，在當代有些是赫赫有名的博物君子，其中不乏以詩文書畫、器物玩賞、山水攬勝等，作爲餘生的生涯規劃。他們在當代不僅負譽一世，同時也帶動一個時代生活文化的典範人物。

三、甘心隱居不仕：隱居是傳統士人一種恬退自適的生涯選擇方式，明代的文人集團成員，其中頗多是以布衣的隱君子著稱。士人隱居是代表自我完成型的生命追尋態度，也是一種澹泊世俗名利的高自標舉行爲。他們在當代是以才藝、人品表率一時，甚至獨領

㊸ 詳見拙著《明代的儒學教官》（臺北·臺灣學生書局，一九九一年三月初版），頁一九～三二，〈教官的出身〉。

一時一地的風騷人物。如沈周三代隱居不仕，居家有園林之勝，結集蘇州一時並起的隱君子，而形成特有的「蘇州文苑」[44]。蘇州文人集團，主要成員是以布衣的隱逸文人爲主體，結合仕宦退歸的寄懷文人，而鼓動具有時代格調的生活文化。

後人往往反諷訾議明人的生活文化，孰不知今世反不如古昔。明代文人創造那個時代的生活品質，固然也有矯情諱世之嫌；但是，生活的優品質、文化的高品味，有足多値得借鑑之處。《醉古堂劍掃》中載：「淨几明窗，一軸畫、一囊琴、一隻鶴、一甌茶、一爐香、一部法帖；小園幽徑，幾叢花、幾群鳥、幾區亭、幾拳石、幾池水、幾片閒雲」。又載：「垂柳小橋，紙窗竹屋，焚香燕坐，手握道書一卷。客來則尋常茶具，本色清言，日暮乃歸，不知馬蹄爲何物[45]。」這是何等的生活意境與文化品味！

二則生活的記事，並不是明人文學中虛構幻境，而是實際生活文化的反射作用。居家、山水生活，不論是咿唔、靜攝或商略、賞玩，都有默契與共識，說明文人生活文化的品質、品味，在當時確有一種生活化的普遍性的時代文化現象。這種有益身心，豐富而多彩的生活導向，是文人集團在當代實踐力行的結果與影響。傳統文人的文化涵養與造詣，一般多才兼四藝，甚至博極群籍，明代的文人集團人士，尤其有此特色傾向。不論是蘇州文苑，或是嘉興、杭

---

[44] 詳見簡錦松，《明代文學批評研究》（臺北・臺灣學生書局，一九八九年二月初版），頁八五～一八三，〈蘇州文苑〉；另參林琦妙，《明代蘇州文學與繪畫藝術之交流》（台北・國立政治大學中國文學研究所碩士論文，一九九一年七月），頁二〇四～二一五，〈講究市隱文人的趣味〉。

[45] 《醉古堂劍掃》，卷五，頁六三；卷六，頁七六。

州、閩粵、湖廣文人，他們的生活文化，重心是安置於詩文書畫、讀書商略的藝文活動上。詩文書畫，則可以博取名利，可以吟詠娛悅，兼有入世與超俗的文化作用。而文人集團又擅於將四藝、讀書的文化涵養與生活日課相結合，形成一個時代的性靈生活特色。由此延伸其生活文化的領域，而涵蓋居家、山水、器物、交游等休閒、攬勝、鑑賞、過從的活動。

《醉古堂劍掃》載：「余嘗淨一室，置一几，陳幾種快意書，放一本舊法帖。古鼎焚香，素麈揮塵，意思小倦，暫休竹榻。餉時而起，則啜苦茗，信手寫漢書幾行，隨意觀古畫數幅。心目間覺灑空靈，面上塵當亦撲去三寸[46]」。燕居、讀書、休憩、鑑賞、焚香、啜茗的生活情趣，契合無間，空靈無礙，增添人生在世的快意與閒適。明人重視獨居清賞之樂，藉以安頓心靈志意。這種流傳於文人集團之間的普世生活文化，實際上就是蘇州文人集團中的隱逸生活文化鍛鍊出來的。文震孟說：「姑蘇故多君子，無論郡諸屬邑，即闔閭城周四十五里，其中賢士大夫未易更僕數也。而當世語蘇人則薄之，至用相排調，一切輕薄浮靡之習，咸笑指為蘇意[47]」。「蘇意」一詞是在偶然因素下，轉相傳播的結果，究其實質乃頗有創新之意。而『蘇意』也與『蘇樣』[48]成為外地人反諷蘇人的代名詞。

---

[46] 前引書卷，頁五八。

[47] 《姑蘇名賢小記》，文震孟〈小序〉，頁一。明·薛岡，《天爵堂筆錄》（《明史研究論叢》第五輯），頁三二六：「蘇意非美談，前無此語。丙申歲，有甫官于杭者，笞窄襪淺鞋人，枷號示眾，難于書封，即書曰蘇意犯人」，人以為笑柄。轉相傳播，今遂一概希奇鮮見，動稱『蘇意』，而極力效法，北人尤甚」。

[48] 詳見陳萬益，《晚明小品與明季文人生活》（台北·大安出版社，一九八八年

文氏不平說：「見有稍自立者，輒陽驚曰：『此子亦蘇之人耶』！即告以往昔之賢達，亦僅謂風流文采，雍容便辟甚都而已。於所稱行己大節，經緯文武之概，蔑如也。余每不平斯言㊾」。

就社會心理而言，大衆文化（俗文化）與文士文化（雅文化），本應區隔分別，固然二者之間有可能互爲影響，但就一定的時期而言，二者也有可能分衍。以明代而言，蘇州文人集團成員之間，固然有眞假山人之辨，但本文所採取的史料，比較側重於眞恬淡的士人。就猶如文震孟在前引文所不平的這段話一般，不能將「蘇意」、「蘇樣」反諷的流俗成見，生硬套在蘇州文人集團之上。但從另一角度而言，「蘇意」、「蘇樣」實際已成爲雅致創新的代稱㊿，本不必一概視之爲做作虛僞的負面批判。

蘇州文人集團的重視鄉邦文獻，傳承獎掖習尙以及甘心隱居不仕的三個進程，使蘇州文人的鄉土情懷至爲濃郁混沌，而文人之間相互觀摩影響，「蘇意」、「蘇樣」遂由文士文化迴響於大衆文化之中，成爲明人倣效的對象。

五月初版），頁六四～八二；另參見范金民、夏維中，《蘇州地區社會經濟史·明清卷》（南京大學出版社，一九九三年年十一月第一版），頁三三四～三四八，〈社會生活中的新變化〉。

㊾ 同註㊼。

㊿ 明·沈弘宇，《嫖賭機關》（明刻本）卷上，〈覷姐妹之十全〉，第十項〈蘇樣〉：「房子葺理精致，几上陳列玩好，多蓄異香，廣貯細茶。遇清客，一爐煙，一壺茶，坐談笑語，窮日徹夜。並不以鄙事縈心，亦不以俗話出口。這段高雅風味，不啻桃源形境」。（轉引自註㊽，頁六七，註51）將以上蘇妓生活，代換爲蘇士生活，人變室景不換，卻也是頗爲雅致，一如蘇州文士一般。

肆、小　結

本文不擬探討地方志、鄉土史的體例問題，而是試從一個範例——明代財賦之淵的蘇州府中七縣（吳、長洲、吳江、崑山、常熟、嘉定、崇明）、一州（太倉）的文人集團社區鄉土生活史的角度，探討這些「不復以世用櫻懷」久居一地的文人成員，如何在地守死一生。文化的生成、發展與衰微，恆與一地人物相關繫。吳中以風流蘊藉稱者，首推吳寬、沈周及王鏊，其後文徵明繼之，最後則范允臨承之，已是風流趨泯，說明人物在主導鄉土史的進展中具有重要的位階。蘇州文人集團對後世的影響與借鑑之處，約有以下數端：

一、文人久居一地是推展鄉土文化的中堅：鄉土文化的開展與厚實，必須有世代久居一地的典範文人家族。流動的文人對文化雖有促進交流的動因，如地方志中的〈名宦〉、〈流寓〉，但地方志中的〈文苑〉、〈隱逸〉更顯重要。後者人物的多寡，實質上就是測候一地文化品味的指標，也是評量生活品質的依準。長洲沈周世代隱居，文徵明十世奕奕，其他蘇州文人集團如崑山歸有光家族等不一而足，其交流活動幾成網狀在發展[51]。對鄉土文化而言，一時志同道契之士的結聚，可以說就是鄉土生活文化啓動的契機。

二、文人集團的形成是生活文化的再造：一時一地文人的輩出，進而演化爲集團意識，則推展一代生活文化的社區特色，如水就下，事半功倍。「蘇意」、「蘇樣」，就本質上而言，實爲雅文化俗的一個流程。明代衆多著述，如：文震亨《長物志》、吳從先

---

[51] 《明代蘇州文學與繪畫藝術之交流》末附〈明代蘇州文藝創作者交流活動表〉。

《小窗清紀》、高濂《遵生八箋》、張大復《梅花草堂筆談》、費元祿《轉情集》、陸紹珩《醉古堂劍掃》等，書中所記載有關文人生活的記事，與〈觀姐妹之十全・蘇樣〉無從區別文士、蘇妓二者的生活形態有何差異！

三、文人集團的才藝是促進文化的動因：蘇州文人集團之所以創造那個時代的文化特色，與蘇州文苑博學好事的風尙有必然的關聯。文人必具備才藝的素養，才能結社往來不替；好事才能促進文化的進展，就如文震亨《長物志》中的跋文所言一般[52]。蘇州文人好事，才有「希奇鮮見動稱蘇意」。如沈周子維時，「特好古遺器物書畫，遇名品，摩拊諦玩，喜見顏色，往往傾橐購之」。「縹囊緗帙，爛然充室，而襲藏惟謹[53]」。蘇士耽溺才藝、器物以儒雅相尙，對生活文化的影響不言可喻。

久居鄉里、集團意識、好事造勢三端，雖不足以概括明代蘇州文人集團生活文化的全貌；但對研究鄉土生活史而言，還是有値得參考與借鑑之處。

---

[52] 同註[2]。

[53] 《文徵明集》，卷二九，〈沈維時墓志銘〉，頁六七三。

評　論

邱澎生*

本文以「久居鄉里、集團意識、好事造勢」三者（頁43），概括所欲討論的「明代蘇州文人集團」的「社區鄉土生活」，也的確抓到「明代蘇州文人」的某些重要特徵。然而，這些只能說是作者有興趣研究的「部份明代蘇州文人」的重要生活特徵，不能說是「明代蘇州文人」的共同生活特徵，同時，以人數而論，作者所強調的「文人」其實是少數；多數的「文人」大概還是很難以作者標舉的三大特徵來形容的。

以簡錦松先生討論的「蘇州文苑」而論（《明代文學批評研究》，台北：台灣學生書局，1989年，頁85－183），他的重點放在詩文創作的體裁風格，突出蘇州一些重要文人詩文體裁與「台閣、復古」等派別的差異，借以說明「蘇州文苑」的風格。由簡先生的著作中，也清楚地看到，以祝允明、文徵明爲代表的「蘇州文苑」風格，事實上是「非主流」，文人興趣的「主流」仍是「科舉時文」或是「理學」（頁92－93）。吳先生要突出的則是生活風格（特別是「社區生活」）的集性（作者所謂的「集團性」）差異，然而，由生活風格來對照，吳先

＊　中央研究院歷史語言研究所助研究員

體生所標出的「明代蘇州文人」特徵，在人數上又要比「詩文體裁風格」上的「蘇州文苑」人數更少。（想想謝國楨先生研究的晚明「復社、幾社」等文人結社盛況，以及《儒林外史》對醉心科舉的眾多士人的諷刺描寫）。

所以，雖然作者或許也知道本文描寫的「明代蘇州文人」生活風格三大特徵，在人數上確屬少數，吳先生在文章主標題裏用了「舉隅」兩字，在行文中，也曾在一處交待過「本文所採取的史料，比較側重於眞恬淡的士人」（頁41），但是，爲讓讀者清楚地知道「歷史社會」的實況，不只是要讀者接受作者所欲宣揚的歷史上曾經出現過的「理想社區生活」，本文似宜在文章開頭先做更清楚的說明，讓讀者知道本文所描寫的，是「一種」明代蘇州文人的生活風格，而且是「非主流的」生活風格。當然，歷史社會中的「非主流」絕對不一定就是人文價值觀中的「非主流」，此點，只要看作者引用《醉古堂劍掃》中蘇州名士生活之雅緻（頁39引文），甚至《嫖賭機關》中蘇州名妓生活之「高雅風味」（頁41註50引文）等生動描寫，即可領會作者讚嘆那些蘇州文人「何等的生活意境與文化品味」（頁39）的理由。

也許是行文的感覺，好像作者比較偏重描寫這些蘇州文人的生活「雅緻」層面以及他們的「不復以世用瑩懷」性格，這便容易給人一個片面的不正確印象，好像他們不知民間疾苦與軍國大政。事實上，他們對社會政治局勢也是關心的。以沈周爲例，成化元年，作〈低田婦〉記湖民疲於排澇，謂「田家不悔苦生涯，生女還復嫁田家」，同年作〈水鄉孥子〉，傷農家小兒（張慧劍《明清江蘇文人年表》，上海：上海古籍出版社，1986年，頁90）；成化十一年，「韃靼繼續擾邊」，作〈從軍行〉（同上書，頁100）。正德五年，祝允明以「吳中大水」，作〈九愍〉詩（同上書，頁149）。要之，在吳先生描述的「雅文化俗」社區生活風格之外，這些蘇州文人也很留意本地民間疾苦以及當代政治良窳，這應是全盤理解「明代蘇州文人集團社區鄉土生活史」時，所不能忽略的重要層面。

同時「隱逸」與「出仕」也並非一定分屬兩批不同「文人集團」的「社區生活」；實際上更常發生的情形，反而是「隱逸」與「出仕」做爲個人兩個不同生活階段的承續。沈周固然終生不仕，但「文徵明九次、王寵八次、蔡羽十四次」的科場失意（頁38），屢試屢挫，屢挫屢試，這種可做爲懷才不遇、惺惺相惜的共同人生經驗，其實有助於這些蘇州文人的自我認同和相互交往，對於他們形成一種特殊「社區生活」風格是有重要作用的。不能只特別強調他們的隱逸，而忽略了出仕願望在其不同人生階段與彼此相互交往方面的重要意義。

總之，類似沈周、文徵明、祝允明等一批明代蘇州文人的「社區生活」經驗，的確留給我們後代一些可以省思的問題。這些蘇州文人身處當時全國市場經濟最發達、都會性格最明顯的江南地區，周遭環境與當時其他地區不同，不僅一般民衆的物質生活條件較富裕，外來人口與隨之而來的其他各省區地方文化也更爲複雜。因此，儘管吳先生筆下的這些蘇州文人雅好山林田園之趣，但卻是生活在商業繁盛的都市街巷之中。這是這群蘇州文人形塑特殊社區文化的整體生活環境，我們不能不留意。

更可注意的是，這群蘇州文人以一種政治社會上的「非主流」地位，但卻在身後爲中國的精緻文化與生活品味留下一種「主流」典範，我們今天視爲充滿精緻品味的明代傢俱、庭園設計、繪畫、品茗、盆栽插花等等「既藝術又生活」的文化成就，幾乎都和吳先生筆下的這些明代蘇州文人有密切關係。這眞是個有趣的問題，爲何一群在政治上既非顯赫高官，也不是當紅學術權威的「非主流」人物，在政治社會上幾乎不掌握任何權勢和聲望，然而，隨著時間的流轉，他們卻日漸成爲中國文化生活上的一種「主流」典範？其至在建築、傢俱等方面，這些文化遺產還可能成爲我們創造自己獨特風格的寶貴憑藉。誠如吳先生指出的，這些蘇州文人的確創造出一種獨特的「社區鄉土生活」，但是這種「社區鄉土生活」在日後的影響力卻絕非只限於社區鄉土之中，箇中道理何在？仍値得我們繼續探究深思。

地方志在中國災荒研究上的價值

蔣武雄*

摘　要

中國地方志的內容往往涵蓋該地各方面的情形與沿革，因此頗有參考的價值，而在研究中國災荒方面也不例外，學者、專家們可從地方志中有關災異的記載，來了解當時災荒的情況。

筆者在幾年前研究明代災荒與救濟政策，曾經參閱許多明代的地方志，因此對於地方志在中國災荒研究上的價值，有深切的體認。今天即是在此種背景之下，以〈地方志在中國災荒研究上的價值〉爲題，除了前言與結論之外，分別以「地方志對中國古代災荒的記載——以明代爲例」、「今人利用地方志研究中國古代災荒舉例」，來強調地方志在研究中國古代災荒的價值和重要性。

* 東吳大學歷史系副教授

壹、前 言

地方志是中國歷史文化遺產的重要組成部分，也具有悠久的歷史傳統，它的內容包括地方上的建置、沿革、疆域、山川、形勢、城池、關隘、塘堰、坊巷、市鎮、橋梁、驛鋪、古跡、名勝、寺觀、物產、戶口、田賦、徭役、災異、賊亂、風俗、職官、人物、選舉、學校、書院、社學、金石、藝文等方面的記載，可說內涵相當豐富、廣泛，等於是該地區的一部百科全書。而且常常有「若干資料每爲正史各志、列傳所未載，或雖載而不詳者，亦有爲文集、筆記所未收者，且有可正正史之謬誤者」。❶因此「它不僅一直是研究我國歷史、研究地方史的重要資料，而且對於社會經濟建設、國防建設和科學研究，都有極爲重要的參考價值」。❷

同樣的，地方志對於研究中國古代災荒也有很高的參考價值。筆者幾年以前研究明代災荒與救濟政策時，曾經參閱許多明代的地方志，因此對於地方志在中國災荒研究上的價值，有深切的體認。黃葦《方志學》，也說：

> 明代地方志中記自然災害內容也很豐富，多集中于災異、祥異、雜記門，如汪舜民纂弘治《徽州府志》，記有宋淳熙中祁門縣發大水，成化時歙縣、休寧、祁門、績溪旱災；李默

❶ 宋師晞，〈論地方志在史料學上的地位〉，《方志學研究論叢》，頁一四，台灣商務印書館，民國七十九年九月。

❷ 劉緯毅，〈中國方志史初探〉，王國良、王秋桂合編，《中國圖書文獻學論集》，頁八八九，明文書局，民國七十五年十一月。

纂嘉靖《寧國府志》，載宣城弘治十四年大水、嘉靖十年蝗災；程嗣功纂修萬歷《應天府志》，記建文元年京師地震等。❸

可見如要研究中國古代的災荒，我們確實可以從地方志中找到許多有關的記載。

今本文除了前言與結論之外，另分別就「地方志對中國古代災荒的記載——以明代爲例」、「今人利用地方志研究中國古代災荒舉例」，來說明地方志在中國災荒研究上的價值。

貳、地方志對中國古代災荒的記載——以明代為例

中國古代的災荒，除去人禍之外，屬於自然災害的約有水災、旱災、蝗災、震災、火災、饑荒、疫災、雹災等，而在地方志中大多記載了這些災荒發生的地區、時間，以及人命、財物的損失情形，因此我們可從地方志查閱這一方面的資料。茲舉明代地方志有關災荒的記載如下：

一、水　災

水災的形成有時是因豪雨成災，以致於淹沒田禾，毀壞房屋，溺死民衆，汪舜民《安徽徽州府志》對此情形，說：

> （成祖永樂七年，一四〇九）閏四月甲子，祁門大雨，洪水入城，至晡已落，咸謂水不再作。是夜一鼓，濃雲四合，震雷交作，驟

❸ 黃葦，《方志學》，頁一九三，復旦大學出版社，一九九三年六月。

雨露露，俄傾水湧迅奔而起，直夜昏黑，人無所之，舉皆登屋，三鼓時盈城，民庶悉隨屋漂，譙樓前水高丈餘，至黎明方殺，民廬十去其九，溺死男婦六十餘人，凡漂官民房屋三百五十餘間，卷籍學糧俱渰浸。❹

中國有許多江河常因下流河床淤澱，渲洩不暢，因此一旦連日豪雨，江河暴漲，沖毀堤防，兩岸居民即遭水患。余鍧《安徽宿州志》，說：

（孝宗）弘治二年（一四八九），河決原武，汎濫於宿之符離，禾盡沒，民溺死甚眾。❺

另外尤麒《山東武城縣志》也提到：

（世宗）嘉靖九年（一五三〇）庚寅秋，河決，沒禾，平地水深丈餘，濤聲若雷，溺死者數百十人。❻

中國東南沿海地區於夏、秋兩季，常遭颱風侵襲，在風大雨急的情況下，拔樹摧屋，江河暴漲，尤其是如果引起海潮，泛濫成巨災，人命的死亡更是多得嚇人，據林雲程《江蘇通州志》，說：

（太祖）洪武二十三年（一三九〇）七月，海溢，壞捍海隄，溺死呂四等場鹽丁三萬餘口。……（世宗）嘉靖……十八年（一

---

❹ 汪舜民，《安徽徽州府志》（明弘治年間刻本，十二卷），　卷十，頁七四。

❺ 余鍧，《安徽宿州志》（嘉靖十六年刻本，八卷），卷八，頁雜三。

❻ 尤麒，《山東武城縣志》（嘉靖二十八年刻本，十卷），卷九，頁六九。

五三九）七月，通州、海門各塭場海溢高二丈餘，溺死民竈男婦二萬九千餘口，漂沒官民廬舍畜產不可勝計。❼

袁應祺《浙江黃巖縣志》，則說：

（世宗）嘉靖……二十年（一五四一）七月十八日，颶風掣屋，發石拔木，大雨如注，洪潮暴漲，平地水數丈，死者無算。❽

二、旱　災

中國自古以農立國，依天而食，每年亟須適當的雨量，五穀才能順利成長。但是在明代，其旱災卻很頻繁，造成田禾枯萎而死，經常歉收，因此明代地方志對於此類災情多有描述，鄭慶雲《福建延平府志》，說：

（憲宗）成化……十二年（一四七六），（福建延平府順昌縣）自四月至于十二月不雨，赤地彌望，原田圻裂，深或至一丈餘，闊一、二尺，無稼無收，人民艱食，其圻裂處經三年始復。❾

又例如吳宗器《山東莘縣志》，說：

（憲宗）成化二十一年（一四八五），亢陽不雨，夏麥秋禾偏地赤野，富者猶可庶幾，貧者何以存活。……（孝宗）弘治五年（一四九二），山東大旱，自春徂夏，亢陽不雨，焦禾殺稼，

---

❼ 林雲程，《江蘇通州志》（萬曆六年刻本，八卷），卷二，頁六～七。

❽ 袁應祺，《浙江黃巖縣志》（萬曆七年刻本，七卷），卷七，頁二一。

❾ 鄭慶雲，《福建延平府志》（嘉靖四年刻本，二三卷），卷二二，頁七。

井涸樹枯。本縣是時逃竄他方者甚眾，而父子兄弟有離散不能相保者。❿

三、蝗　災

旱災發生後，農作物多遭枯損，而蝗災也常隨之而起，動輒成群以萬計，隔離天日，其所至之處，田禾蕩然無存。據沈紹慶《河南光山縣志》記載，說：

> （世宗）嘉靖八年（一五二九）八月，飛蝗蔽天，稻田竹葉凡草木可食者，遭之頃刻皆盡，如火焚去其杪，老稚莫不駭懼，蓋前此未之見也。⓫

另據余鍧《安徽宿州志》，說：

> 蝗之爲災，甚於水旱，凡所過處，草枯地赤，六畜無以爲飼，不惟傷禾稼而已。……（武宗）正德四年（一五〇九）夏，大旱，蝗飛蔽日，歲大飢，人相食。……嘉靖六年（一五二七）春，雨暘失時，二麥少種，夏復苦旱，至於五月乃雨，六月復有飛蝗入境，來自徐邳，時久旱之餘，地土乾竭，所遺子種，從裂地深縫中生長小蝻，厚且數寸，遍地而起。八年至十二年（一五二九～一五三三）連歲蝗旱，民多處遯。……十三年（一五三四）六月，飛蝗從東北入境，延蔓不絕，至七月始西

❿ 吳宗器，《山東莘縣志》（正德十年刻本，一〇卷），卷六，頁三二～三三。

⓫ 沈紹慶，《河南光山縣志》（嘉靖三十五年刻本，九卷），卷九，頁四。

去，秋稼無收。十四、十五年（一五三五、一五三六），連歲飛蝗遍野。⓬

四、震　災

明代地震災害的次數很多，其中造成死傷最多者，莫過於明世宗嘉靖三十四年（一五五五）十二月十二日在山西、陝西、河南所發生的大地震。據《明世宗實錄》，說：

> 是日，山西、陝西、河南同時地震，聲如雷，雞犬鳴吠，……或地裂泉湧，中有魚物，或城墎、房屋陷入池中，或平地突成山阜，或一日連震數次，或累日震不止。河、渭泛漲，華岳、終南山鳴，河清數日，壓死官吏軍民奏報有名者八十三萬有奇。……其不知名未經奏報者，復不可數計。⓭

可見是一次非常慘重、駭人的震災，因此祝徽《山西通志》記載，說：

> （世宗）嘉靖三十四年十二月，平陽地大震，有聲如雷，時十二月十二日子時，震聲如雷沖天，吐氣轟轟，自西北來，地裂泉涌，汾河岸崩，井泉外溢，諸州縣城郭、祠宇、官民廬舍一時大頃（傾），壓傷人口、六畜甚眾，而蒲州尤甚。山陰王白分守州官并家眷人口暨居民盡皆壓死。嗣是頻震不止，民

⓬ 余鍧，前引書，頁雜四～六。

⓭ 《明世宗實錄》，卷四三〇，嘉靖三十四年十二月壬寅條，頁三，中央研究院歷史語言研究所校勘印行，民國五十七年影印二版。

天寒露處，搶掠大起，死也枕藉。……其地震至次年正月方息，亦宇宙一大變也。⓮

郭實《陝西朝邑縣志》，說：

（世宗）嘉靖乙卯十二月十二日子刻地大震，聲如轟雷，勢如簸蕩，一時廬落盡圮，死者無慮數萬，卑濕之處地裂泉出高丈餘，因而井竭，洛渭可涉。泉出有魚、有炭、有積薪，水溫可浴。一晝夜動二十餘次，大樹忽仆忽起，人人自危，面無生氣，至己未震猶不止。⓯

另外，李可久《陝西華州志》也記載當時地震的情形，說：

（世宗嘉靖三十四年，一五五五）十二月十二日晡時，覺地旋運，因而頭暈，天昏慘，及夜半，月益無光，地反立，苑樹如數撲地，忽西南如萬車驚突，又如雷自地出，民驚潰，起者臥者皆失措，而垣屋無聲皆倒塌矣。忽又見西南天裂，閃閃有光，忽又合之，而地在在皆陷裂，裂之大者，水出火出，怪不可狀。人有墜于水穴而復出者，有墜于水穴之下地復合，他日掘一丈得之者。原阜旋移，地高下盡改故跡；後計壓傷者數萬人，自古記兵燹災傷，無如此慘也。⓰

⓮ 祝徽，《山西通志》（萬曆三十年刻本，二六卷），卷二六，頁一二。
⓯ 郭實，《陝西朝邑縣志》（萬曆十二年刻本，八卷），卷八，頁九。
⓰ 李可久，《陝西華州志》（隆慶六年刻本，一〇卷），卷一〇，頁五。

五、火　災

星星之火可以燎原，尤其是中國古代官民房舍多屬木造，而且沒有完善的消防組織和設備，因此一旦發生火災，即延燒成百成千的房屋，造成大禍。例如汪舜民《安徽徽州府志》，說：

> （惠帝建文二年，一四〇〇）春月朔，祁門災，由洗馬巷口延至舊美俗坊，凡燒民居千餘家。（憲宗成化九年，一四七三）九月災，從養濟院至一都止，燒燬民居八百餘家及儒學徵輸庫。⓱

另據鄭慶雲《福建延平府志》，說：

> （憲宗）成化……二十三年（一四八七）八月甲戌夜，火延燬四鶴、西水二城門樓，并公署民廬、佛寺凡千餘區。……（孝宗）弘治十一年（一四九八）七月望，南平縣吏舍火，延燬縣治及儒學、城隍廟、民居，直抵四鶴門止，計千餘區。……（武宗）正德四年（一五〇九）八月，民居弗戒於火，延燒燬公署、民舍、佛廬凡七百餘區。十二年（一五一七）九月，火延燒衛署城樓軍民屋宇，自通衢以及軍營凡九千五百餘區。⓲

孫文龍《湖廣承天府志》則記載，說：

> （成祖）永樂二年（一四〇四），府城外火，延燬數百家。……（神宗）萬曆元年（一五七三）四月，潛江大火數發，市民露宿

⓱ 汪舜民，前引書，頁七四～七五。

⓲ 鄭慶雲，前引書，頁三～四。

以避。……二十八年（一六〇〇）冬己亥，潛江大火，西北城樓燬。二十九年（一六〇一）正月初一，沔陽大火，官舍民房燬以千計。⑲

六、飢　荒

天災發生後，穀物受損，飢荒常隨之形成，使百姓飢餓，無以爲生，大量死亡。而存活者也多食草根樹皮，或相食人肉，或流爲盜賊，民亂四起。據汪心《河南尉氏志》，說：

（憲宗）成化二十年（一四八四），尉氏大飢，至人相食。……（世宗）嘉靖十八年（一五三九），尉氏大飢，死屍相枕藉于城外，人有刲其肉以食者。⑳

姚卿《河南魯山縣志》則記載，說：

（世宗）嘉靖七年、八年（一五二八、一五二九），相繼旱荒無收，民餓死者太半，活者相食，間有父子、夫妻相殘而不忍覯者。……嘉靖十八年（一五三九）春大旱，秋大蝗尤熾，……野無遺禾，黎民相食者甚多，餓莩者枕藉道路。……二十四年（一五四五），秋雨過多，禾未成收田野之間，十室九空，而米麥每斗價錢至百五十文，民皆採草木皮葉以充飢，而餓莩相枕者眾矣。㉑

---

⑲ 孫文龍，《湖廣承天府志》（萬曆三十年刻本，二十卷），卷十九，頁七～八。
⑳ 汪心，《河南尉氏縣志》（嘉靖二十七年刻本，五卷），卷四，頁四四～四五。
㉑ 姚卿，《河南魯山縣志》（嘉靖年間刻本，十卷），卷十，頁二～三。

七、疫　災

中國古代水、旱災和飢荒發生之後，常有百姓大量死亡，暴屍野地，引發疾病的傳染，而古代醫學、衛生又不完備，因此癘疫蔓延迅速、遼闊，造成更多病死者。據陸以載《福建福安縣志》，說：

> （武宗）正德五年（一五一〇）秋冬月大疫，十室九仆。（世宗）嘉靖元年、二年（一五二二、一五二三），小兒痘疹大作，瘞坎相望。三十八年（一五五九），倭後屍骸枕籍，積瘴癘，死者幾二千人。㉒

八、雹　災

明代是中國歷史上的第四個冷期，因此寒冷乾旱是當時氣候的特徵，經常有雪、雹、霜等災害，今僅以雹災爲例，其來去雖然短暫，但是下降速度很快，對於禾稼、人畜、房屋均會造成損傷。據王崇慶《河南開州志》，說：

> （武宗）正德……九年（一五一四）五月，雨雹如卵、如拳、如碗，二麥蕩然一空，人畜死傷者甚眾。㉓

另外，楊芳《廣西通志》也提到：

> （世宗）嘉靖三十六年（一五五七）春，橫州大雨雹，是日未時，

㉒ 陸以載，《福建福安縣志》（萬曆二十五年刻本，九卷），卷九，頁一一。

㉓ 王崇慶，《河南開州志》（嘉靖十三年刻本，一〇卷），卷八，頁六。

州北三十里，交椅、銀水、六村、長寨等地，忽震雷暴風雨雹，大者如米升，小者如雞卵，有柄、有三角、有七、八角者，傷死村民牧豎十餘，牲畜禽獸無算。[24]

參、今人利用地方志研究中國古代災荒舉例

從以上明代地方志對當時各種災荒的敘述，可知在地方志中確實有許多關於中國古代災荒的史料，是我們研究中國災荒史的重要依據，尤其是如能再以科際整合的方式，運用各種不同的研究方法，將可使讀者更易了解中國古代祖先們遭遇災荒的情形，以及中國古代災荒對社會、經濟等方面的影響。例如國際知名的地理學家陳正祥先生即是充分運用此種方式，而獲得了相當傑出的研究成果，在其所撰《中國文化地理》〈方志的地理學價值〉一文中，有多處提到他運用此種研究方式的情形，他說：

方志中有關雹的記錄，不但可用以編製雹災的分佈地圖，尚能求出各地降雹的頻率和年中降雹的季節。……如果能按照這個步驟，並選擇記錄比較詳細的縣志，求出三、五百縣的降雹頻率，便可製作中國雹災的頻率地圖。……將歷史記錄和地理科學連貫起來，作出創造性的研究和貢獻。同樣的方法，也可以應用於以往中國水災、旱災和風災等的研究。[25]

---

[24] 楊芳，《廣西通志》（萬曆年間刻本，四二卷），卷四〇，雜記四，頁一六。

[25] 陳正祥，〈方志的地理學價值〉，《中國文化地理》，頁三七～三八、四一，木鐸出版社，民國七十一年七月。

> 此外，方志中還有許多關於生命統計和疾病地理的資料，可用以繪製全國性的分佈圖，研究其發生的季節，以及和氣候之間的關係。就流行性的時疫說，又可求出其發生的頻率。只要看《上海縣續志·雜記》(卷二八)中的若干記錄，便可相信此項研究完全可能，而我認爲這正是社會地理學研究的新園地。㉖
>
> 利用原始資料來創造地圖，便是現代地理學研究的主要精神，也是地理學家對地理學所可能作的最好貢獻，而方志中正充滿著可用以創製地圖的原料。㉗
>
> 蝗災的爆發在地方上是大事情，方志必然會逐一加以記錄，不敢馬虎，因此都是可靠的，我們利用這些編年的記錄，尚可求出各地蝗災發生的季節及頻率。㉘

另外，近三、四十年來，中共政府機構有關的專家、學者們也曾經多次利用中國古代災荒的記錄，尤其是地方志中有關的記載，再配合其他地球科學以及氣候、地質、地形等各方面的理論和研究方法，完成多項詳細的中國古代某項災荒記錄，做爲中共政府防災的參考。例如來新夏《中國地方志》，說：

> 安徽省文史研究館曾據安徽省歷代的方志，將安徽歷史上近千年的自然災害資料進行系統整理，輯成《安徽地區地震歷

㉖ 書同前，頁五〇。

㉗ 書同前，頁五三。

㉘ 書同前，頁五四。

> 史記載初步整理》、《安徽地區歷代旱災情況》、《安徽地區蝗災歷史記載初步整理》、《安徽地區雹雪霜災害初步整理》等四種材料。山東省農業科學院情報資料室編成了《山東歷代自然災害志》。湖北省也編寫了《湖北省近五百年歷史氣候資料》。許多縣級單位也克服人手少、經費緊的困難，編輯成一批有關自然災害情況的資料匯編，如浙江省蕭山縣編成《蕭山歷代自然災害表》。象山、義烏、海鹽等縣志辦公室也匯編了《歷代自然災害資料》。這些資料匯編主要可爲防備自然災害作參考。㉙

關於這一類的研究工作，中共所獲得的成果，尤其顯現在中國古代震災資料的匯編方面。例如《中國地方志》，說：

> 河南省地震局等單位從本省方志中查出大量地震資料，成爲《河南省地震歷史資料》一書的重要組成部分，對研究河南及其鄰省的地震史作出了顯著貢獻。……廣西省地震局主要從大量方志中整理了公元二二二至一九七八年間地震記錄三百二十五例，編成《廣西地震志》，對於該地區地震趨勢研究和基本建設規劃都有重要的參考價值。㉚

而由中共中央政府推動的地震史料匯編，其成就更大，除了編有一九六〇年版、一九七〇年版、一九八三年版、一九八四年版的《中

㉙ 來新夏，《中國地方志》，頁一七九～一八〇，台灣商務印書館，民國八十四年九月。

㉚ 書同前，頁一六六。

國地震目錄》，以及一九七七年《中國地震簡目》[31]之外，更值得重視的是《中國地震資料年表》和《中國地震歷史資料匯編》二書。

《中國地震資料年表》是由中國科學院地震工作委員會歷史組負責匯編，在「一九五六年十二月由科學出版社出版，分上、下兩冊，共二五三六萬字，按原資料記載的年月排序，并按全國二十三省、二自治區、一地方行政區劃（北京、天津包括在河北省內）製表，每次地震都分時間（公曆、舊曆、朝代、年號）、地點（當時地名和今名）、地震情況和來源，並加附註。……該書收有資料一五〇〇〇餘條，涉及地震八〇〇〇餘次，其中記有破壞者達八五〇餘次。該書的出版，第一次爲中國地震史的研究提供了豐富的資料」。[32]至於《中國地震歷史資料匯編》「是在一九五六年出版的《中國地震資料年表》的基礎上增補改編的。……自一九七八年開始，迄一九八二年，歷時五年，得以完成，定名爲《中國地震歷史資料匯編》，一九八三年由科學出版社出版。該書資料的搜集是由總編室與各省、市、自治區的地震歷史資料小組、各協作單位分工進行的。總編室著重整理研究歷代正史、實錄各種基本文獻，各省、市、自治區負責查閱歷代地方志，包括《年表》未及利用的善本和抄本。此外，還提供了各地區的特藏文獻和石刻、題記等實物資料。……可以說，《中國地震歷史資料匯編》所收集的資料比原來的《年表》豐富得多」。[33]

---

[31] 陳國達編，《中國地學大事典》，頁三五八，山東科學技術出版社，一九九二年八月。

[32] 書同前，頁三五七～三五八。

[33] 同註[31]。另見中國地震歷史資料編輯委員會總編室編，《中國地震歷史資料匯編》第二卷，序言，頁一，科學出版社，一九八五年十二月。

另外根據該書的〈編輯例言〉，說：

> 本書所收地震歷史資料，起自遠古，止于一九八〇年，分編爲五卷。第一卷遠古至元（公元前約二十三世紀至公元一三六七年），第二卷明代（公元一三六八年至公元一六四四年），第三卷清代（公元一六四四年至公元一九一一年），第四卷中華民國時期（公元一九一二年至公元一九四八年），第五卷中華人民共和國成立至公元一九八〇年。第一卷至第三卷是歷史文獻的有關記載。第四卷包括文獻紀錄和地震台站觀測資料。第五卷包括地震台站觀測資料和宏觀調查資料。[34]

可見中共有關機構對於中國地震史料曾進行既廣泛又深入的匯編與整理，因此獲得相當豐碩的研究成果。至於其他災荒資料的搜集、整理與研究，有一書也值得一提，即是由中共水利電力部暴雨洪水分析計算協調小組辦公室和南京水文水資源研究所負責編成的《中國歷史大洪水》，據該書〈前言〉，說：

> 我國擁有極爲豐富的文化典籍，在浩如煙海的歷史文獻中，有大量關于水旱災害的文字記載，尤其是十五世紀以來，各地大量撰寫地方志書，史料更爲豐富。當歷史上出現一次異常洪水時，當地居民常留下最高洪水位的位置及洪水發生年份日期的碑記或題刻，這些碑記或題刻是近幾百年來歷史最高洪水位的寶貴資料。通過歷史文獻資料的整理分析和野外

---

[34] 《中國地震歷史資料匯編》第二卷，編輯例言，頁三。

實地調查，可以了解到歷史時期各次大洪水發生的時間、地點和洪峰流量。……分別匯編全國各地約六〇〇〇個主要河段調查洪水資料和九一場大洪水資料。[35]

肆、結　論

綜合以上所舉有關中國地方志對古代各種災荒的記載，以及今人利用地方志對古代災荒研究的成果，使我們更加體認地方志不僅涵蓋許多各方面的史料，也確實對研究中國災荒史有相當重要的參考價值。因此陳正祥先生在《中國文化地理》〈方志的地理學價值〉，說：

方志是一種記敘地方的綜合著作，包括許多和地理學有關的部門。例如建置沿革、山川形勢、自然災害、土地開發、水利設施、交通、物產、人口、都邑，乃至所附的地圖，都很明顯的構成地理事項。並且事實上，方志中還有許多比較間接的或隱蔽的地理記錄，例如八腊廟之連繫蝗蟲災害等等。[36]

顯然地方志中關於古代災荒的史料，值得我們予以注意，同時尚有許多間接或隱蔽的記載，有待於我們努力去發掘。關於此種情形，陳正祥先生更語重心長的說：

---

[35] 水利電力部暴雨洪水分析計算協調小組辦公室、南京水文水資源研究所編，《中國歷史大洪水》，前言，中國書店，一九九二年三月。

[36] 陳正祥，前引書，頁二三。

> 蘊藏在方志裏的地理學資料是很豐富的。換言之，也便是方志的地理學價值是很高的，尤其是在中國文化地理和中國歷史地理的研究方面。但過去中國的地理學界，對於方志並未加以應有的重視，更談不到有計劃的利用或研究。就我個人而言，將樂於利用我剩餘的時間和生命努力去發掘此一文化寶藏，利用從方志中挖出來的原始資料，來研究中國文化地理。[37]

他這種積極想充分利用地方志史料來進行研究的精神，令我們非常敬佩。也使我們更加感覺到地方志就如同一座礦藏豐富的寶山一樣，它不僅儲藏著災荒方面的史料，也儲藏很多其他方面的史料；它不僅有助於地理學的研究，同樣的，在研究中國歷史、政治、社會、經濟，甚至於氣候、地質等方面也都具有很高的參考價值。

---

[37] 陳正祥，前引書，頁五八。

評　論

朱　鴻*

蔣教授爲研究明代災荒問題的知名學者，攻讀博士學位時嘗遍覽明代地方志，由他來論述地方志在中國災荒研究上的價值，實爲不二人選。拜讀了蔣教授的鴻文，想從兩方面來談。首先談本文的寫作目的。蔣教授將本文撰寫的旨意定位在：說明地方志對研究中國災荒問題有其重要的價值。就此而言，本文列舉了明代方志中有許多關於災荒的記載，說明地方志的內容可補官方史書，或私史野史的不足，爲研究中國災荒問題提供了寶貴的史料。又介紹今人利用地方志研究古代中國災荒的成果，以實例說明運用地方志從事災荒研究的可行。透過本文內容，毫無疑問，蔣教授已經達到他撰寫此文的基本目的。

然而，本文之作應有更高一層的旨意。個人以爲本文論述的內容，應是一篇屬於方法學範疇的文章。先就地方志災荒史料加以分析，指出其類別（涉及的範圍）及資料的特性。尤其重要的是，使用此類資料應注意的事項，及資料的局限性。

史料的相關問題闡明後，再論如何運用。以蔣先生所舉陳正祥

* 台灣師範大學歷史系教授

先生的研究爲例，重點不在於單純的介紹研究成果，應論及陳先生使用何種方法，繪出蝗神廟的分佈圖，並計算出明代北方蝗災的頻率。再者，蔣教授不宜藏私，應將其個人研究災荒史的方法與心得，提供學界共享。

最後就蔣教授論文第五十五頁註十三的引文集註釋，提供個人的意見供爲參考。引文之中有兩段刪除未引，所刪除的內容，或有關地震最嚴重的地區，或是指出退休官員有死於地震者，都極爲珍貴，似不宜刪除。註十三的卷數有誤，應爲卷四三〇。如果能註明頁次，會便於讀者查索。

以上管見，請蔣教授參考指教，謝謝。

編纂地方志之淺見

張勝彥*

壹

台灣近二十年來，編纂地方志成為一股風潮，然究竟如何編好一本地方志也成為人們思索和探討的課題。於此本人願就個人編纂地方志的經驗，對此一課題提出一些淺見。

在談個人編纂地方志之經驗前，本人擬先就個人對「地方志」下一界說，即先就「何謂地方志」這一問題提出個人的看法。首先吾等知悉「志」即「誌」也，「誌」者「記」也，則地方志顧名思義即為一地方之記錄。地方所需記錄的不外是事與物。事即人事，人事即人間的活動；物即物產，物包括動物、植物和礦物。人事和物產都與地理環境息息相關，即與地形、地質和氣候相關。因此地方志所記述的內容理應包括人事、物產和地理環境，即舉凡一地之地形、地質、氣候、物產、政治、經濟、社會和文化等都為地方志所需記述的，於此可見地方志可說是一地的地理和社會百科全書。惟地方志對一地之事、物的記述與一般之自然、社會科學和人文學科之書籍的記述方式不同，蓋地方志對每一事、物都做貫穿古今之

* 中央大學歷史所所長

縱的記述，不僅止於對一地之當代事、物的記述而已，此爲地方志的最大特質，職是之故，地方志並非一般之地理和社會百科全書，而是具有史書性質的地理和社會百科全書。如此看來，則地方志應該也是一般百姓吸取知識的來源之一，同時是地方政府之基層行政人員的行政指南，也可供作一地的史地和社會學科之教師手冊。

如前所述，地方志是以史法來寫的百科全書，具有強烈的地方史書性質。就因爲如此，則編纂地方志的工作即成爲極爲重要而具極高之價值了。蓋人類之特性很多，如能靈活使用工具、有文字、願意把成果與他人共享、願與他人合作解決困難等等，此外尙有一極其重要的特性，就是具有強烈的「歷史意識」，有了強烈的「歷史意識」，則了解歷史遂成爲人類的強烈慾望之一，史書就成爲了解人類歷史的重要媒介，如是則編纂地方志遂成爲極爲重要而具極高價值的工作了。

中國地方志的起源甚早，最遲可以說是始於東漢，不過東漢及其以後的一段時期之地方志，大體可大別爲兩大類，一類是記載地方上古今人事的作品，屬史書性質的地方史書，另一類是記載當代地方風土的地方地理書。到了唐末五代地方史和地方地理才開始合流，北宋以降各地方所編的所謂「圖經」之類的書籍，大多具有地方史書和地理書的性質，而後來之元、明、清的地方志即是在圖經的基礎上發展出來的。台灣之編纂地方志是由清代傳進來的，此後地方志之編纂也就成爲台灣學術活動中重要的一環，不論是清代、

---

❶ 台灣歷代志書的相關事項，可參閱下列各篇文章。

陳捷先，〈論清代台灣地區方志的義例〉，《漢學研究》，第3卷第2期（台北，

日治時代或戰後，台灣都編了不少的地方志，也都出現過好的地方志❶。

貳

地方志的內容和功用既如前述，那麼編纂地方志時，就應從事各時期文獻資料的蒐集、歸納、演繹、分析和解釋等項工作。現在本人就編纂地方志所從事各項工作時所面臨到的若干困難和問題介紹如下：

一、文獻資料取得困難：

如前所述，地方志是具史書性質的地理和社會百科全書，所有的論述不可憑空杜撰，必須有所根據，因此編纂地方志最重要的一件事是資料的取得。如果資料取得困難，則地方志之編纂工作勢將滯礙難行。然而今天從事編纂地方志者，往往會面臨到資料取得困難的窘境，其所以如此可能由於以下的一些因素所造成。

㈠、由於一般大眾，不了解地方志是具史書性質的地理和社

漢學研究資料及服務中心，民國74年12月），頁157－232。

尹章義，〈清修台灣方志與近卅年所修台灣方志之比較研究〉，《漢學研究》，第3卷第2期（台北，漢學研究資料及服務中心，民國74年12月），頁233－269。

王世慶，〈日據時期台灣官撰地方史志的探討〉，《漢學研究》，第3卷第2期（台北，漢學研究資料及服務中心，民國74年12月），頁317－350。

高志彬，〈四十年來台灣方志纂修成果評介〉，《台灣史田野研究通訊》，第二十期（台北，中央研究院，民國80年9月），頁32－36。

會百科全書，也就不重視地方志。即使人們了解地方志爲以史法寫成的具歷史性質的地理和社會百科全書，但又不認識歷史書的重要性，即使認識史書的重要性，但又不了解文獻資料對研究歷史的必要性，因此一般人對史料的保存有限。

㈡、政府機關對史料不夠重視：目前台灣社會處於如前述所說一般大衆不了解史書的重要性，也不懂得保存史料的情形下，政府機關自然就呈現出不懂得重視文獻資料的狀況，政府機關就未能好好的保存、整理文獻資料，當然也就很少去調查或蒐集資料，因此各個政府機關所能提供過去的資料實在相當有限。不過偶爾也會碰到有些政府機關存留若干資料，但不懂得重視之，而未加好好的整理和保管，因之也就難以取用了。

㈢、有些政府機關不提供資料：政府機關不提供資料的原因至少有三：其一是如前述所說有些政府機關沒有存留資料，或有資料但未經整理，則自然無法提供資料；其二是有些機關雖然有資料且已整理，但因其職員基於不願增加自己的工作量，乃以無資料作爲搪塞推辭的藉口；有些機關有資料，甚至於資料已經整理，但由於執事者觀念保守，總是把資料視爲密件，不願讓其外流，以致令編纂地方志者，無法取得該等機關的資料。

二、地方政府人力有限：

就一般而言，台灣各地方政府平時既不重視檔案文書資料的保存，政府又無專事檔案文書管理的專責單位，國家對檔案文書管理亦未立法（有些機關雖設有檔案室，但對檔案大都未能善加保管整理），政府對檔案文書之保管和整理的工作自然付諸闕如。在此情況下，例如各縣、市政府雖然在民政局內設有禮俗文獻課負責編纂地方志之工作，但目前各縣、市政府之禮俗文獻課的人力有限（課長之外，僅設兩、三名辦事員），工作內容繁雜，工作量又重，禮俗文獻課即使全課動員，天天辦公十六小時，時時刻刻用於文獻資料的蒐集與整理，也無法蒐集到或整理成多少可供作編纂地方志的資料。因此以目前縣、市政府禮俗文獻課的有限人力、繁雜工作內容和沈重的工作量，要求其自力編出一部好的地方志，簡直是不盡人情的苛求，不符實際的奢望，甚至可說是緣木求魚的夢想。縣、市政府人力都如此有限，則鄉鎮市區公所之人力更有限了。

三、沒有經費或經費不足：

各地方政府一般而言，都未編列文獻資料蒐集、整理、保管、田野調查和方志編纂等項經費，即使編上編纂方志經費，但其金額也極爲有限。

四、編纂方志之主事者不僅爲非專業人員且調動頻繁：

以目前縣、市政府禮俗文獻課爲例，辦事人員大多爲非受過文獻編纂工作訓練者，加上經常調動，編纂地方志書之工作當然無法順利推動。

五、地方志審查制度欠妥：

依照民國七十二年四月十八日內政部發布之「地方志書纂修辦法」第八條規定：「各省（市）志書編纂完成，應將志稿送請內政部審定；各縣（市）志書編纂完成，應將志稿送請各該省文獻委員會審查後，由省政府函請內政部審定。省文獻委員會爲審查縣（市）地方志書，得組織審查委員會辦理之。」；今年（八十六年）九月十七日內政部才修正發布的「地方志書纂修辦法」第九條之內容與民國七十二年發布的第八條規定幾乎相同，此外並增第十一條，規定鄉（鎮、市、區）公所得視需要纂修鄉（鎮、市、區）志，志書編纂完成，應將志稿送縣（市）政府審查後，由縣（市）政府函請省（市）文獻主管機關審定之。因此台灣目前除各縣市政府主修之地方志書，其完稿後需送請省文獻委員會審查，其後再由省政府函請內政部審定外，連鄉、鎮、市、區公所主修之地方志書，其完稿後也需送縣市政府審查後，再由縣市政府函請省文獻機關審定之。此一審查程序，其過程如果順利的話，以本人的了解，一篇志稿送審，由送審到審查完成，至少費時三個月。此種由上級行政單位負責審定地方志稿的制度，由於行政單位與學術界的立場和理念不盡相同，因此彼此對地方志的內容和對問題之詮釋的角度，常有出入，以致志書審查過程，總會有不順利的現象出現，相當耗時，審定的結果又不見得能提升志書的水準。這種不妥善的審查制度，實爲編纂地方志時所面臨到的一大困境。

參

緊接著藉此機會，對各縣、市政府推動編纂地方志工作之前需預籌及注意事項，提出若干個人的看法。茲分述如下：

一、積極呼籲重視資料之保存與整理：

平時積極籲請府內各級單位、附屬單位及鄉鎮市區公所等，作好檔案文書資料之保管與整理等工作。

二、成立縣市檔案文書資料中心：

除籲請縣、市政府各單位積極保管並整理檔案文書資料外，各縣、市政府應成立檔案文書資料中心，令此類中心於平時即負責檔案的保存整理，其他文獻資料的蒐集與整理，並有計劃的從事田野調查工作。如能如此，則將來於編纂地方志時，才不致有資料雜亂無緒或匱乏之虞。

三、愼選合作對象：

由於目前各縣、市政府，負責編纂地方志的單位爲民政局禮俗文獻課，其人力極爲有限，無法自行編纂志書，在此情況下，非委請縣、市政府以外的學者專家或學術機關參與編纂工作不可。然而一部地方志書編得順利、好壞與否，與總編纂有著極密切的關係，因此愼選一稱職的總編纂遂成爲地方縣、市政府，編纂地方志時之首宗要務。最好能找一位學養豐富、頗富衆望、有編纂地方志書經驗、充滿責任心的歷史學者專家，來擔任總編纂。如是之總編纂，必能督率衆多具有學術水準和富責任心之學者專家，參與地方志編纂工作，如此只要檔案文書資料充分，加上積極從事田野調查，則必能編出一部具水準的地方志。

四、以任務編組方式設置下列各委員會：

㈠、**編纂委員會：**

編纂委員會之成員包括總編纂、編纂和撰稿人，即由縣、市長出面敦聘一位有學養、有經驗、富衆望、具責任心之歷史學者，擔任總編纂，再由總編纂負責推荐學者專家擔任編纂和撰稿人員。

㈡、**執行編纂委員會**：

執行編纂委員會由總編纂和各志之編纂組成，總編纂擔任召集人，定期召開會議討論議決地方志之編輯相關事項。

㈢、**協編委員會**：

協編委員會由縣市政府之一級單位主管、縣市議會正副議長、縣市政府所屬機關首長、縣市轄內之鄉鎮市區長、民間重要社團負責人、民間熱心文化事業人士等人員組成。此等人員之參與，將有助於撰稿人易於取得地方志之相關文獻資料，並有助於經費之籌措。

㈣、**庶務支援委員會**：

此委員會由縣、市政府民政局禮俗文獻課和其他局、課、室之熱心人士組成，負責對編纂委員會和執行編纂委員會提供行政及其他雜務上之支援。

㈤、**審查委員會**：

此委員會係由縣、市政府聘請未參與編纂委員會之學者專家組成，負責審定由編纂委員會交出之地方志稿件，如是既可有效控制地方志的水準，又可縮短審查過程所耗費的時間，俾有意編纂地方志之縣、市長，能於其任期內完成地方志之編纂工作。

五、籌措足夠的經費：

大多數之地方政府都未編列編纂地方志之經費，即使有所編列，其編列之經費亦極爲有限。於此一傳統背景下，欲突破經費短缺，其要領之一是分期分年分項編列預算，較易爲議事機關所接受。此外可向民間企業或基金會籌募款項，如是亦可解除經費不足的困境。

六、縣、市政府編纂地方志以採外委包辦式進行爲便：

各縣、市政府由於負責文獻工作之民政局禮俗文獻課人力有限，無法自力編纂地方志，則可委請專家學者或學術機關從事之。縣、市政府外委專家學者或學術機關編纂地方志時，其進行方式最好採包辦方式，即縣、市政府只付稿費、編纂費、總纂費和特別調查費，將助理費和文具、器材、抄寫、交通、住宿、膳食等雜項費用內含於稿費中，如此可減少縣、市政府的行政業務負擔，節省撰稿者和編纂人員的時間和精力。

肆

於茲再就如何編一部理想的地方志，提出個人的看法。個人以爲要編一部理想的地方志，則首先需克服或解決上述所提的困難和問題。換言之，需首先改善編纂地方志的客觀環境，諸如讓撰稿者容易取得資料、地方政府寬列編纂地方志之經費、增加地方政府的文獻工作專業人員、於地方政府內設立負責編纂地方志的專責單位、更張地方志審查制度等，則將可提供編纂地方志更佳的客觀環境。

要編出一部理想的地方志，除改善編纂地方志的客觀環境外，尙需注意和辦到下列事項：

一、編纂地方志者應先意識到自己所要編纂的是地方志，而非地方志以外的書籍，有了此一前提之後，才能著手訂定編纂之綱目。

二、地方志的綱目內容需具當代性。所謂地方志的綱目內容需具當代性是指地方志綱目內容需隨時代的演進和變遷而有所調整。換言之，當代人編地方志不可拘泥於傳統方志的綱目形式和內容，而應讓綱目之形式和內容能反應當代人的生活內涵和面貌，蓋地方志的功用之一是供當代的當地人，藉由地方志去了解其歷史和去認識提供其創造歷史的舞台之當地自然環境，然而每個時代的人所關心的歷史課題和自然環境是有所差異的。

三、地方志既爲具史書性質的一地之地理和社會百科全書，則其保存的資料必需是事物兼具、古今兼備，其立論必定是有所憑據而客觀。

四、各個門類的編纂者最好是兼具史學涵養之各該門類的專家學者，不然至少必需是兼具史學涵養之具有各該門類學養或訓練者。

以上是個人多年來參與地方志編纂工作之經驗所得的淺見，於此提出來供有志從事地方志編纂工作者之參考，並期盼諸位先進前輩不吝指教。

評　論

賴澤涵*

張勝彥所長爲台灣早期就研究台灣史的學者之一，除研究外，他主持或參與過不少地方志的編纂工作，據我所知他是台中縣志和目前台北縣志的總纂，也參與鹿港鎮志和其他志書的編纂。所以以他的背景來寫編纂台灣地方志的問題，應是最爲恰當的人選。

台灣過去地方志的編修因受限於經費，大概除省，及台北市外，其他的縣市偶而編過但並未隨時代的發展而再續編或改編，即使目前台灣經濟比以前好得很多，可是還有不少的縣或鄉鎮無志的情形，更不要談到其他寺廟、名山和學校的修志了。所以說漢人(中國人)雖是重歷史的民族，可是社會發展歧形，以致忽略歷史，不僅台灣如此，大陸大概也不例外，其至目前大學院校的歷史課也遲早會面臨選修的命運。

張教授這篇文章不是很長，寫得很清楚，可說是他的經驗之談，可做爲各縣市鄉鎮或其他各名山寺廟學校機關未來編纂志書的參攷。不過作爲評論人，我想請教張教授幾個問題。

⑴題目——我們贊成他剛才所講的“論編纂地方志”較合學術

* 中央大學歷史研究所教授兼文學院院長

研討會的規格。

⑵台灣過去所出志書可說不少，我認爲張教授是不是可以以過來人的經驗將過去這些方志的優缺點加以批判一下，然後找出其優劣點，並建議今後台灣縣市鄉鎮志在編寫時應增或刪那些，才合台灣或未來的變遷。

⑶第三，過去經費少時，參與編纂的人無不抱著戰戰兢兢的精神來撰寫，希望能夠傳世，所以我們常聽到「某××稿」比「×××志」修得好的批評，台灣目前經濟社會條件比起以前可說進步很大很多，比以前更爲開放，社會也沒有什麼禁忌，可是截至目前爲止，修志的縣市鄉鎮已不少，他們的成果如何？尤其我們目前編志經費至少千百萬元以上，可是我們的學者外務太多，很少集中心力的，以至找研究生來寫，最負責的參與人會再修改一下，不負責的撰稿人就把學生寫的據爲己有，引起不少學生敢怒不敢言的情況，我偶而得些批評，張教授知道比我們多，是否請您舉出近年來修志是最認眞的幾部供大家參考？

⑷第四，修志過去一般人都認爲是在編書，換言之，把新的資料加進去重新編一下就可以了，因此在學術上，不算著作，張教授您認爲志書的工作如何提升到學術著作的層面，而讓學術界能接受方志也是一種學術著作呢？

以上幾點請教張教授！

確立地方志的新傳統
——兼談台灣史學的奠基

林美容[*]

一、前　言

過去台灣地方志的編纂大多是在史學的傳統與史學的架構下進行，雖然參與的人未必全是史學家，但仍以歷史研究者佔大多數。在台灣史研究的熱潮下，一些有關台灣人文社會的研究概括在台灣史的名下，也是客觀存在的事實。當然，並不是所有關於台灣人文社會的研究都等同於台灣史的研究，但是史學的主導地位卻是可見的事實（林美容1995a：47）。呈現在地方志的編纂上亦是如此，以縣志爲例，大都是由歷史學家主纂，譬如「台中縣志」由中央大學歷史系張勝彥教授主纂（1989年完成出版），「續修高雄市志」由成大歷史系黃耀能教授主纂（1995年完成出版），「新竹市志」由清大歷史所張永堂教授主纂（1996年出版，尚有部份未出版）；正在進行中的「宜蘭縣史」由中研院社科所張炎憲教授主纂，「南投縣志」由成大歷史系黃耀能教授主纂，「台北縣志」由中央大學歷史所張勝彥教授主纂。凡此，皆可見地方志的史學傳統。僅有的兩個例外是「高雄縣文獻叢書」，由中研院民族所林美容教授主纂（1994完成，1997出版），

* 中央研究院民族學研究所研究員兼行爲組主任

以及正在進行中的「台東縣史」，由師大地理系施添福教授主纂。但是即使由人類學者或是地理學者主纂的縣志，國內學界仍然視之爲台灣史的工作。地方志的史學傳統是不言而喻的。

本文以學術史的視野檢視地方志發展的歷史，重點放在論述一九九〇年代以來最近這一波的縣市志編纂中，台灣史學界如何群策群力，藉由田野調查工作的展開，以及與不同學科的團隊合作，尋求對台灣史研究的共同關注與共識，積極從事台灣史的奠基工作。筆者認爲這樣的奠基工作，有助於台灣史研究之特色的建立。很顯然地，台灣地方志之新傳統正在建立當中，而這個新傳統如何得到學界的確認，以進一步思考台灣史學的特色，即是本文所關注的課題。

二 台灣地方志簡史

台灣地方志的撰寫有其歷史的傳統。清代台灣的地方志，大多由地方官員編修撰寫，撰述範圍以行政區域爲主，或一府，或一縣，或一廳，大都爲了統治的目的與行政的便利之考量，而進行地方志的編寫。以下引述《百年見聞肚皮集》的記載，頗能顯示地方志的纂修爲統治者服務之本質。書中言及清代台灣第一進士鄭用錫自北京歸台省親時，其宗師穆宗阿命他

> 『在台灣采訪土地人民政事，凡有關於台灣行政上有關必要事，不論瑣屑，盡量具收並蓄，應備作將來行省籌備參考酌量考案。至於人文事務風尚土俗美惡良否，墾地撫蕃種種情形，以及治安保衛、沿海防備、駐防守備要務，詳細搜集，

繕寫疊成帙頁』（怪我氏著，林美容點校1996：30）。

日治時期，這個纂修地方志的傳統並未中斷，但日本殖民政府熱衷於全島性的調查，並未在官修方志上致力，不過期間還是出了幾本官修方志，如：大正八年的《台北廳志》，昭和九年的《南部台灣志》，明治三十年的《新竹縣志初稿》。日治時期最具突破性的是鄉鎮性志書的出版，如明治三十年的《苑裡志》、明治三十一年的《樹杞林志》、昭和八年的《大園庄志》（台灣省文獻會整理組1981：102-103，黃耀東 1981），此類鄉鎮範圍之志書是清朝時代所沒有的❶。

戰後，官修方志的傳統很快就恢復了。一九五〇、六〇年代，一波編纂縣市志稿、縣市志，或是縣市文獻叢輯的地方文獻工作，紛紛在全台各地展開來，並由各縣市的文獻委員會主其事。《台灣省通志稿》（1951-1965）的編纂工作也是在同一時期進行。其中有少數縣市志甚至延續到一九七〇年代才完成（如花蓮縣）。《台灣省通志》也是在1968-71年完成出版。

一九七〇年代，由於各縣市的文獻委員會遭裁撤，各縣市志的編纂或重修工作遂由縣市政府主其事，此時各地也開始有了零星的鄉鎮志的編纂，但是比較起來，這個時期地方志的產量卻很少。一直到一九八〇年代以後，才開始有較多的鄉鎮公所展開編輯鄉鎮志的工作，而戰後成長的新一代的學者也陸續受邀參與鄉鎮志的編纂，我個人便是在此時參與洪敏麟主編的《草屯鎮志》（1986）。

---

❶ 《苑裡誌》和《樹杞林誌》都是以辦務署爲單位而編成的地方志，範圍較今之鄉鎮爲大。

一九九〇年代，則湧起另一波地方志的風潮，學界人士大量投入編纂縣市志的行列，取代以往由文獻界主導的趨勢。特別值得一提的是由在野的民進黨主政的縣市，其所編修的縣市志開始在體例上做了顛覆性的突破，甚至書名也不再沿稱作「志」了，其用意即在於迴避層層的上報和上審。其中，開先河的是「高雄縣文獻叢書系列」，共十四冊，於今年（1997）正式出刊，繼起編纂的「宜蘭縣史系列」，也已經出版了第一冊書（見表一李壬癸）。而同樣是不遵從官修方志體例的「台東縣史系列」，也即將出版第一冊書❷。

三　人類學者參與之地方志工作

在戰後地方志的工作中，人類學的參與無疑是注入新成分的原因之一，特別是一九九〇年代起，人類學的參與明顯的增多。表一臚列了人類學者所參與的地方志工作及其成果。❸

表一　人類學者所參與的地方志工作

姓名	志書名	工作性質	工作成果
劉枝萬	埔里鄉土志稿	撰述	臺灣埔里鄉土志稿（1952）
	南投縣文獻叢輯	撰述	南投縣沿革志（1958）
	南投縣文獻叢輯	撰述	南投縣革命志（1959）
	南投縣文獻叢輯	撰述	南投縣教育志（1960）

❷ 本節內容改寫自筆者〈地方文化權倡議〉（林美容1997a）一文部份內容。

❸ 《重修台灣省通志宗教篇》一書並未列出撰述者姓名，張珣小姐之資料承她本人賜告，謹此致謝。

	南投縣文獻叢輯	撰述	南投縣風俗志宗教篇（1961）
	南投縣文獻叢輯	撰述	南投縣人物志（1962）
莊英章	頭城鎮志	纂修	頭城鎮志（1985）*
	新竹市志	撰述	新竹市志宗教篇
	鹿港鎮志	撰述	鹿港鎮志氏族篇（1998）
林美容	霧台鄉志	撰述	霧台鄉志（1985）**
	草屯鎮志	撰述	草屯鎮志第三篇開拓史（1986）
	高雄縣文獻叢書	總編纂	全套共十四冊（1997）
	高雄縣文獻叢書	編纂、撰述	高雄縣民間信仰（1997）***
	高雄縣文獻叢書	編纂、撰述	高雄縣教派宗教（1997）
	宜蘭縣史	編纂、撰述	宜蘭縣民衆生活史（1998）****
	南投縣志	撰述	南投縣志氏族篇（宗祠、宗親會）、社會組織篇（人民團體）
	台東縣史	編纂、撰述	台東縣史漢族篇
劉益昌	台中縣志	撰述	卷一土地志第五篇勝蹟第三章史前遺址（1989）
	新竹市志	撰述	土地志史前遺址（1996）
	重修台灣省通志	撰述	卷尾贍錄史前考古第二、三章（1996）
	高雄縣文獻叢書	編纂、撰述	高雄縣史前歷史與遺址（1997）
	宜蘭縣史	編纂、撰述	宜蘭縣史前史
	台東縣史	編纂、撰述	台東縣史史前篇
曾振名	台中縣志	撰述	卷二住民志 第一冊人口篇、氏族篇（1989） 第二冊語言篇、宗教篇（1989） 第三冊禮俗篇、同冑篇（1989）
宋光宇	續修高雄市志	編纂	卷八社會志宗教篇（1993）
阮昌銳	重修台灣省通志	編纂、撰述	卷三住民志生活篇禮俗篇（1993）

李壬癸	重修台灣省通志	編纂、撰述	卷三住民志同胄篇（1995）
	宜蘭縣史	編纂、撰述	宜蘭縣南島民族與語言（1996）
	高雄縣文獻叢書	編纂、撰述	高雄縣南島語言（1997）
許木柱	重修台灣省通志	編纂、撰述	卷三住民志同胄篇第一、二、九章（1995）
潘英海	重修台灣省通志	編纂、撰述	卷三住民志同胄篇第十一章（1995）
	台東縣史	撰述	台東縣史平埔族篇*****
臧振華	重修台灣省通志	撰述	卷尾膽錄史前考古第一、五、六章（1996）
邱敏勇	重修台灣省通志	撰述	卷尾膽錄史前考古第四章（1996）
徐正光	高雄縣文獻叢書	編纂	高雄縣客家社會與文化（1997）
	六堆鄉土志	總纂	六堆鄉土志
謝繼昌	高雄縣文獻叢書	編纂、撰述	高雄縣原住民社會與文化
陳茂泰	宜蘭縣史	撰述	宜蘭縣泰雅族社會文化
黃應貴	台東縣史	編纂、撰述	台東縣史布農族篇
黃宣衛	台東縣史	撰述	台東縣史阿美族篇
陳文德	台東縣史	撰述	台東縣史卑南族篇
陳玉美	台東縣史	撰述	台東縣史雅美族篇
許功明	台東縣史	撰述	台東縣史魯凱族篇
蔣斌	三地門鄉志	撰述	三地門鄉志

*與吳文星合撰

**王長華協助撰稿，完稿未出版

***與周益民、王見川合撰

****與鄧淑慧、江寶月合撰

*****與林清財合撰

這裡所說的人類學者是指廣義的人類學研究者而言，除了文化人類學，還包括考古學、語言學。至於體質人類學，由於國內學者屈指可數，且並未參與地方志的工作，就不算在內。表一中有幾位原來並非專攻人類學，因長期在人類學研究機構任職，或過去曾攻讀人類學，也把他們算在裡面。

表一可說是台灣人類學者爲地方志工作所交出的一張差強人意的成績單。其中，劉枝萬先生的地方志工作更是典範之作。他的《台灣埔里鄉土誌稿》（1952），在四十五年前，就立下本鄉之人寫本鄉之誌的典範，他自己用鋼板刻印發行，更開了地方志不一定要官修的先河。劉枝萬先生自承，撰寫此書的動機多少受到日本鄉土史研究之傳統的影響，在這個意義上，劉枝萬先生也可以說是鄉土研究的開創者與奠基者。他的史學的背景訓練❹，以及民俗學的專長，表現在「南投縣志稿」諸多豐富的著作，至今吾輩學人仍是難望其向背。

由表一可見，八〇年代除了莊英章、林美容、劉益昌少數幾位從事漢族田野及考古田野的研究者參與地方志的工作之外，人類學者參與地方志的工作是在九〇年代才蔚成風潮。不但，「高雄縣文獻叢書」的工作由人類學者主導，而且研究原住民的人類學者也在最近幾年參與了地方志的工作，也更突顯出以往地方志偏向以漢人爲中心的缺失。在這一點上，「高雄縣文獻叢書」首開其例，對於縣內的原住民族、客家族群與平埔族各有一冊專書呈現；正在進行中的「宜蘭縣史」與「台東縣史」，對縣內每一原住民族（含平埔族），

---

❹ 劉枝萬先生曾就讀早稻田大學文學部史學科，1977年獲東京教育大學博士學位（林美容 1995b：635-636）。

也都將有一冊專史或民族誌來呈現。這可說是破天荒的創舉，也符應了此一時期整個社會對原住民歷史、文化與權益的關注。

四、地方志工作之個人經驗談

在歷史學這個學門裡，地方史或鄉土史的研究是一個可以接受的領域，但是在人類學這個學門裡，卻是毫無地位，完全被視為不相干的領域。人類學可以寫民族誌，無論是部落民族誌或是村庄民族誌，或是以某一專題為主的民族誌，如宗教民族誌或經濟民族誌之類都可以，但是對於地方志就很難接受了❺。儘管民族誌的資料日久之後，也是地方史料，今日的部落民族誌是明日的部落史，昨日的村庄民族誌是今日的村庄史（林美容1995c），地方史研究仍然不是人類學的研究領域，更遑論地方志？在一些人類學者的眼中，地方志根本就不算是什麼研究。

那為什麼在這樣同行不看好的情況下，我還參加了那麼多的地方志工作呢？從表一可以看得出來，在戰後出生的人類學者當中，大概我和考古學家劉益昌先生參與了最多的地方志工作，而且我開始得相當早，差不多是與我人類學專業的研究工作同時展開的。自一九八四年起參加《霧台鄉志》的編寫以來，我參與的鄉鎮志或縣市志的工作不勝枚舉，至今仍無法脫身。回想起來，有幾分因緣際

❺ 這其實也是很奇怪的，為某一民族、某一部落立誌可以，為某一地方立誌，就不可以，然而民族、族群，豈不也有它所屬的地方，村庄、部落有它的獨立性，但也可能屬於某一個更大的地方，如鄉鎮或縣市。這也是為什麼我認為民族誌與地方志也許有學科傳統與學科偏好的不同，但兩者其實可以沒有高下之分。

會，有幾分不得不與無奈，甚至還有幾分悵惘，但也不得不承認那是我學術工作的一大宗。

我參加《霧台鄉志》的工作，起因於劉斌雄先生的鼓勵，想嘗試在自己的文化之外，建立對於一個異文化的深刻理解。也是因著劉益昌先生的牽線，本來預備要和他一起做霧台鄉的民族學與考古學調查，但是與霧台鄉公所簽約之後，霧台鄉長驟逝，經費被刪減，導致考古學部份停擺，完稿的鄉志也未能出版，成爲那個時代典型的人亡政息的犧牲品。但是，《霧台鄉志》是我的地方志作品中同行索閱、借閱最多的，不能順利出版，多少有些遺憾。而我尚有很多關於霧台鄉魯凱族的田野資料（沒有寫在鄉志的），其中只有關於生育習俗的部份已經撰文發表，而未能寫出更多論文發表，其實更令我惋惜。

至於參加《草屯鎮志》，則是欣然以赴。草屯鎮是我的家鄉，那時我正在調查簡姓和林姓的血緣聚落，因鄉親的介紹而加入鎮志的工作，負責開拓史的部份。那時我就想過地方志書寫的問題，我覺得地方志不應該只是敘述性的，它也可以包含觀點、理論，因此，便決定以聚落發展史的觀點來寫開拓史。但是稿子交出去後，主編有很大的權力，印出來的內容還是以敘述性爲主，觀點的呈現就變得比較不明顯❻。草屯鎮後來成爲我發展祭祀圈理論的研究地點，接續發表了好幾篇相關的論文。學術研究仍然是我的重心，撰寫方志其實只是搭便車而已。

---

❻ 後來我把有關聚落發展史的觀點與論述，發表在〈草屯鎮之聚落發展與宗族發展〉（林1989b）一文，稍解鎮志不能充分論述的缺憾。

接下來主纂「高雄縣文獻叢書」，並且負責《高雄縣民間信仰》與《高雄縣教派宗教》二書的編纂，自己也實際進行了地方公廟的調查工作，做爲《高雄縣民間信仰》的主要敘述內容，這當然受到我個人研究興趣的影響。我的祭祀圈與信仰圈的研究，強調以庄社爲基本的分析單位，對於地方公廟自然就很重視，因爲它不只可以把庄社單位明確的區辨出來，也可以把庄社、聯庄、鄉鎮之不同地域層次的民間信仰活動與組織呈現出來。書名應該叫「高雄縣地方公廟」才對，但已經沒辦法改了。累積了龐大的地方公廟的調查資料，可以讓我寫好幾篇論文，目前只寫了一篇有關媽祖廟的分析之論文（林美容1997b）。

高雄縣的方志工作雖然自己投注了相當的心力，說起來卻有點不堪回首（林美容 1994），現在整個系列十四冊書已經出版，可算大功告成，但是還有一冊書完稿尚未出版，以及兩冊書不能順利交稿，也算不得圓滿。故此，後來台東縣政府找我負責台東縣志時，連忙推卻，一則是怕了，一則是台灣史學界人才濟濟，台灣才幾個縣市，一個人就負責兩個縣市的話，未免有「捨我其誰」的自大，因此就請他們找了施添福教授來負責。

「高雄縣文獻叢書」是第一個打破官修方志體例，而具縣志性質的叢書，這事由民進黨執政的縣市起頭，別具意義。光是打破方志的形式體例，沒有什麼特別，我想要打破的是一般人對方志的概念。官修方志也不一定要用卷一卷二，什麼志什麼篇的格式體例，更重要的是地方政府修的方志，也沒有送上級行政單位審查通過才能出版的道理。「高雄縣文獻叢書」之所以不叫「高雄縣志」，也就是爲了迴避若是「縣志」必須送內政部審查的規定。在以往衆多官修的縣志、省志中，日治時期的紀年都寫成民前幾年或民國幾年，彷彿台灣從來不曾給日本統治過，彷彿方志的編寫只不過是爲服膺中華民國的統治，這也是很荒謬的、不肯正視歷史的做法（林美容1994：182）。

參與「宜蘭縣史」擔任編纂，並且負責其中《宜蘭縣民眾生活史》一書的經驗算是很不錯的。擔任編纂雖然要看很多稿，但我要看的六七冊書大半尚未完稿，而開編纂會議相當輕鬆，游縣長又對我們很禮遇，整個宜蘭縣「文化治縣」的意圖頗爲明顯，爲這樣的縣市編纂地方志感覺比較暢快，也就更感慨在編「高雄縣文獻叢書」時，高雄縣政府所提供的行政支援與物質條件的不足。

參與「南投縣志」的工作純粹只是因爲自己是南投人，推卻不了，還好撰述的份量不多，但要交卷也要費一番工夫。

五、地方志與田野調查

過去地方志的編纂由於沿用史學的傳統，相當重視史料的重要性，所以地方志的寫作自然偏重在史料的蒐集、引用和分析。但由於史料有限，特別是在小地方的層次上，史料更是有限，因此過去的方志，史料傳抄或是輾轉傳抄的情形，可說不勝枚舉。

八〇年代田野調查研究蔚成風潮，與人類學者的推波助瀾不無關係（林美容1989a）。先是濁大計劃參與者陳其南所掀起的土著化的論辯，對史學界產生一定的影響。一九八六年，中央研究院在張光直先生的領導下，推展「台灣史田野研究計劃」，在一九八八年成立「台灣史田野研究室」，標榜以田野工作的方式蒐集一手資料，以研究台灣史的發展方向。至此，台灣史學界認識到走出研究室發掘新史料，以調查研究方式採取一手資料的重要性。從此奔波於台灣田野之途的，不再只有人類學者，歷史學者也是明顯可見的族群。甚至，廣義的台灣史研究者或台灣研究者，也都非常熱絡的展開田野工作。

此一田野調查研究的風潮自然反映到九〇年代地方志的工作上來。「高雄縣文獻叢書」之計劃的名稱就叫做是「高雄縣文獻叢書調查編纂計劃」。九〇年代很多鄉鎮志或縣市志的編修，都有編列田野調查費用。可見由田野調查發掘新史料、蒐集有關地方發展與現況的資料，已成編修方志的通例。

田野調查豐富了地方志的資料，也提供了對地方上深刻如實的認識，改善了以往地方志史料傳抄的弊病，增加了對地方現況的瞭解，使地方志更像地方志，而不是偏向地方史的層面。當然，歷史與現況之比重的拿捏，需視蒐集的資料情況而定，難有定準。

六、地方志與科際合作

地方可志之事多矣！要完成一個地方的志書，往往要結合不同學科專長的人一起合作，才能成就其事，特別是地方志在一九九〇年代由學界主導之後，這個趨勢便更加明顯。加上學科分科越細，學者越來越注重專業領域，不太願意對自己不太熟悉、不太有興趣的領域或課題花費時間。再加上地方志在學界多認為只是敘述性的篇章，非研究論述，學術性偏低，在人文學科的領域也許被接受的情況稍好，但在社會科學的領域中，則不被認為是學術性的研究成果，學者即使花再多的時間也不能拿來作爲升等之用。因此，能夠有更多的學科的人來參與，以共同分擔地方志這樣不得不完成的工作，也就成爲勢在必行了。反過來說，要找到一個人從頭到尾負責地方志的編纂、撰述，大概也不太可能。像五〇、六〇年代劉枝萬先生那樣，一個人針對一個縣市撰述數冊不同課題的縣志稿的情形，既是空前，更是絕後了。說起來，不能不讓人再度嘆服劉枝萬先生在地方志工作的志業與貢獻。

現在我們所看到的地方志，有的是由一群同行的人共同編纂和撰述，這種情形大多是歷史學者，如《北斗鎮志》是政大歷史系師生所編。不過也不一定如此，看接案子的人而定，像《烏來鄉志》是由社會學家文崇一、蕭新煌編著。大多數的情形則是由一群不同學科的人共同編輯完成，特別是縣市志，好像非得這樣不可，這是當今的潮流。然而回溯歷史，以前也不一定這樣做法。

由於地方志的史學傳統，參與地方志的學者大致以歷史學門佔多數，頂多只及於人文社會學科。但是一地的自然生態、地質、氣候等，仍須靠自然科學方面的學者來敘述，然而，自然科學方面能做的只有這些嗎？自然科學與地方的關係僅止於此嗎？自然史的寫作爲什麼很少成爲地方志的重要內容呢？這裡確實有不少問題值得我們去思考。

七、結論：地方志與台灣史學的奠基

如果我們定義台灣史學是研究台灣歷史的一門學問，那麼一直在史學傳統之下的進行的台灣地方志工作，在台灣史學佔有什麼樣的地位？對於台灣史學具有什麼樣的意義與作用呢？特別是在目前台灣史研究的風潮之下，那麼多的歷史研究者投入了地方志的工作，而人類學研究者也不遑多讓，在九〇年代積極的投入地方志的工作，這代表的是怎樣的現象與意義呢？這裡我願意以一個多年來花了很多時間在地方志工作上的人類學者的身份，發表一些個人的看法，也算是對這幾年來在這方面的研究工作之意義的詮釋。

台灣是一個有「地方」的國家（林美容1997a：9-1, 9-7），但是長期以來，統治台灣的國民黨政府，不認爲台灣是一個國家，在中華民國體制下，整個台灣被地方化，「地方」之下的地方，自然就更被忽略了。尤有甚者，相對於菁英領導的中央，地方更被邊緣化與惡質化，由於政權合法性遭致質疑，統治集團縱容黑金勢力的發展，導致一般民衆在提到所謂的地方的時候，不是想到地方角頭、樁腳之類的賄選利益分贓者，就是地方山頭、派系之類的惡質地方政治生態。台灣的「地方」眞是這樣的「地方」嗎？

現在隨著政治情勢的轉變，島內各族群長久的共同生活經驗的累積，以及面對外來干預與威逼的共同處境與危機，所產生的命運共同體的感情，逐漸形塑了台灣人意識與台灣主體意識。在這樣的背景下，認識鄉土、瞭解地方的需求大大提高了。當然，我們不能否認這樣的需求，與民進黨的崛起，國民黨的因應時勢，鄉土教學的需求，文史學界的大力鼓吹，與地方文史工作團體的興起，有很大的關係。九〇年代地方志工作的勃興，大致上也是在這樣的社會轉變的背景，與上述諸現象同起同生。

無論學界人士願與不願，總之，學者被捲入了地方志的各項工程當中。我常常認爲台灣雖然有地方志的傳統，但過去這個傳統是一個官方的傳統，與行政官僚體系有較密切的關係，並不是民間自動自發、自然形成的傳統。台灣不像日本那樣有鄉土史的傳統，學者可以不太管地方史的工作，因爲地方上大多有鄉土史家，就近進行鄉土史的工作，即使小小的村落，也能發現當地的鄉土史家，蒐集相當份量的鄉土史料，撰述了內容豐富的鄉土史。所以日本學者可以專心的從事學術性的研究工作，但是台灣學者卻必須做一些類似日本的鄉土史家那樣的工作。再說，地方志也只是其中較大較醒目的名目而已，還有其他地方性的調查研究❼或是鄉土教材的工作，應該也是屬於鄉土史或地方史的範疇。

這一切說起來好像是台灣學者的命運，但是就某方面來說，我輩汲汲於台灣的田野工作的人，其實也是藉著地方志的工作，在從事著個人專長領域內的奠基工作，無論是基本資料的累積，或是從田野工作中得到研究問題的啓發，或是對台灣的某些人文社會的現象累積更全面性的理解，學者都可以從地方志工作中得到莫大的助益。考古學家劉益昌先生曾說，他的田野就是台灣，是整個的台灣❽。唯有這樣的氣魄，才能由地方史（當然史前史也包含於其內）推進到台灣史的研究，而且是有根有據，由下而上的的台灣史研究。我也是同樣的認知到，在某一個課題上以全台灣爲研究範圍進行人類學研究，並且有實際的田野調查研究，並非不可能。我目前正在進行的齋堂的研究，便是以全台灣的齋堂爲調查研究的對象。

我的意思是說，台灣社會在借重（或者「榨取」）學者之力，

---

❼ 譬如我對彰化縣曲館與武館之調查研究，其研究報告《彰化縣曲館與武館》一書（共兩冊），正在出版中。

❽ 與劉益昌私下交談。

來進行地方志工作，但是學者有自己的研究興趣和自主性，如果要勉強自己照以往的方式來編寫傳統的地方志，實在是很辛苦的事。因此，九〇年代學者所主導的地方志，與以往的地方志有了明顯的不同，比如說他們(一)打破了傳統地方志的體例，在題材上更多樣，在撰寫方式上也有更大的彈性；(二)注重有關原住民之記錄，不再習用以往之「同胄」的觀念，來理解原住民，對於原住民的傳統社會文化與語言，儘量記錄，具有保存傳統的用心；(三)由不同學科合作撰述，雖然還只是在分工合作的層次，談不上共同研究，但難保不在未來激起科際研究的火花；(四)注重田野調查，以發掘新的史料及文獻，並加強對現況的調查記錄；(五)不再服膺統治者或是執政者的需求。雖然很多方志仍然要配合地方首長的任期，而有時間的壓力，但是基本上已擺脫爲統治或行政的需要而撰寫方志的型態，越來越接近人民的歷史，而不再是官方的歷史。過去有些縣志或縣志稿寫得像縣政報告，如今已不多見。

以上幾點，我們可以把它看做新時代地方志的新傳統，這樣的新傳統如果能夠延續下去，必然使得傳統官方的地方志，越來越趨向人民的鄉土史這個方向發展。如果能夠藉由不斷的地方志的編寫，來訓練培養鄉土史家，賡續未來的地方志或鄉土史的研究工作，那麼二十一世紀的台灣學者也許就可以卸下這個負擔，多做些具有問題意識、分析架構、理論意涵的研究。但此時此刻，鄉土史的風潮能否眞正的鼓起，仍是吾人所應該關注的。希望鄉土史的風潮不是只是一時的風潮，而是眞正能夠生根的鄉土史傳統。這樣的傳統和對鄉土的土地與人民的認同有密切的關係，和我們對鄉土教育之必要性的認識也有關係，和我們的社會的成熟度能否鼓勵提供業餘學者的發展空間，也有密切的關係。我引頸以盼。

參考書目

台灣省文獻會整理組（編輯）

1981　台灣省文獻委員會圖書目錄　台中：台灣省文獻會

怪我氏（著），林美容（點校）

1996　百年見聞肚皮集　新竹：新竹市立文化中心

林美容

1989a 人類學的田野工作　《人類學與台灣》頁123-126　台北：稻鄉

1989b 草屯鎮之聚落發展與宗族發展　《中央研究院第二屆國際漢學會議論文集》頁319-348　台北：中央研究院

1994　高雄縣文獻叢書編纂緣起　台灣史料研究3：178-183　收入《台灣文化與歷史的重構》頁109-119　台北：前衛

1995a 台灣史ブームの背景　笠原政治、植野弘子編《アジア讀本—台灣》頁46-50東京：河出書房新社　中文版前衛1997出版

1995b 台灣民俗學史料研究　《慶祝建館八十週年論文集》頁625-645　台北：中央圖書館台灣分館

1995c 村庄史的建立　台灣史料研究5：7-11　收入《台灣文化與歷史的重構》頁 120-129　台北：前衛

1997a 地方文化權倡議　地方自治與國家發展研討會發表論文　台灣教授協會主辦

1997b 媽祖信仰與地方社區——高雄縣媽祖廟分析　台灣省文獻會編《媽祖信仰國際學術研討會論文集》頁91-109　南投：編者

黃耀東（編著）

1981 台灣文獻圖書簡介　台中：台灣省文獻會

評　論

謝國興*

林美容教授以她個人近十年來參與修撰縣市及鄉鎮地方志的工作經驗，對地方誌應如何編纂，及其呈現的意義，提出個人的心得，是一篇十分有意義的論文。綜合林教授的看法，她認爲台灣地方誌的「新傳統」表現在幾個方面：一、學者的大量參與修志，尤其是（廣義的）人類學者參與的地方志編修工作，不同於以往由縣市文獻會主導，或僅由歷史學者爲主所修的方志；二、體例上逐漸突破傳統限定卷、篇、章的格式限制，並能包含編修者個人的觀點、理論，不限於僅能敘事而已；三、注重田野調查資料，並重視少數或弱勢族群的存在；四、不同學科的學者分工合作，具有科際整合的性質；五、以人民的觀點寫史，不再像過去以官方觀點爲主。

林教授的觀點基本上都符合事實，也是可以接受的，評論人在此僅作幾點補充：

一、林文在前言中列舉了近年來由學者主持的地方志修纂實例，其中，本人所主持的《續修台南市志》計劃（1994－1995），目前正陸續出版成果中，為林教授所未列。

*　中央研究院近代史研究所研究員

二、即使以傳統格式（卷、篇、章）修纂的新地方志，也一樣可以具備「新傳統」的內涵，如跳脫敘事格局，有所議論與分析。

三、林文謂台灣省各縣市之文獻委員會俱已廢除，故不與修志之事。比較精確的說法是，各縣市的文獻委員會已非正式編制單位，但仍以功能性委員會的形式存在，仍聘有無給職的委員，作爲地方文獻問題的諮詢機構。

四、科際整合的必要性是無庸置疑的，但如何整合，或不同學科的學者如何互補與相互學習，値得再深入探討。林文有意無意的強調了人類學者參與使台灣地方志產生新傳統，其實，若一部地方志全無歷史學者的參與，我們很難想像會修成何等模樣。林文在第二頁（即本論文集頁82）「台灣地方志簡史」的部份，舉她所考證注釋的《百年見聞肚皮集》一書爲例，說明過去地方志爲統治者服務之本質。之中提到台灣第一進士鄭用錫歸台省親時，「其宗師宰相穆宗阿命他如何如何」等。按：鄭用錫在道光3年3月（1823年）會試中第，考上進士，那一年的會試副考官是「穆彰阿」，時爲戶部右侍郎（約當今日內政兼財政次長），可算是鄭用錫的「座師」，而非「宗師」，清朝無「宰相」，內閣大學士兼軍機大臣者或可算是，但穆彰阿則顯然夠不到宰輔的地位。引用未經仔細考訂的史料，作爲議論的根據，甚至建立新傳統，是不是一件危險的事？

五、個人淺見以爲，與其強調人類學者參與對建立地方志新傳統的貢獻，不如研究如何以科際整合的方式，集合不同學科的學者分工合作，專長互補，使地方志回歸歷史地理學以及區域發展史的主題，更具意義。

六、近年來鄉鎭志的修纂風氣甚盛，其中雖良窳不齊，但因數量（種類）已然不少，似可作爲探討台灣地方志新傳統的材料。

一個村落的誕生
——富源社區史初探

姚　誠*

壹、前　言

『社區』既是現代人的救贖，也是鄉愁。當『傳統』社會逐漸消失，社區以及社區所孕育的社會關係也同時跟著轉變，人與人之間越來越疏離、孤立，甚至對立。社會的諸多問題也於焉誕生。面對著這種社會關係的重組或瓦解，於是有『社區重建』等文化運動產生，希望透過這些努力，重新建立新的人際關連和新的社區意識，再造新故鄉。

但是，新的社區意識如何建立呢？這當然是一件繁複而耗時的工程，其中一個不可或缺的步驟就是社區史的書寫，透過歷史的書寫，社區居民因而有機會面對大家共同的過去，審視當前，也因此更能面對共同的未來，這種『共同性』的開發，正是社區意識的核心元素。（李丁讚，1996：1）

本文所指的「富源」指的是一個生活地域，而非只限於行政區

＊　國立花蓮師範學院鄉土教學資源研究中心副教授

的富源村。它是清朝末年，一個以「拔仔庄」爲核心所構成的拓墾區域。我們嘗試透過對舊地名和族群遷移的探索、民間信仰和墾務的連接、古道和鐵道的經營、蝴蝶谷生態資源的發現以及社區營造的努力等諸多面向，來建構出一個後山聚落的社區史雛形。希望以後能更深入的分析這個歷史過程，相信將對東台灣的社區史研究提供一些有意義的啓發。

貳、拔仔的地名探索與族群遷移

拔仔（Pailasen），通稱富源。位於瑞穗（水尾）北方約七公里處，在富源溪（馬蘭鉤溪）中游左岸河階，虎狼山東南方山麓，東面朝向花東縱谷寬廣谷地。❶光緒元年（1875）正月，清廷經營花蓮，四月Pailasen譯做「拔仔」，於此置庄，當時的區域應包括今日之富源、富民、富興三村。

「拔仔」地名的出現，有幾種不同的記憶：

一、是「蕃石榴」的意思。阿美族人遷來之初，此地拔仔成林，阿美族稱「番石榴」爲Pailasen，故名之。據社區老一輩居民言，這些「野拔仔」小如拇指頭，是他們小時候放牛時最佳點心，而現在已經很難找到一棵「野拔仔」的蹤跡了。（張天汶，1997）（廖守臣，1985：137）

二、是指阿美族語，「固定不動」的意思。阿美族遷入此區

❶ 地質學家鄧屬予(T. L. Hsu)研究認爲台東縱谷本爲一斷層裂谷，加上兩側中央山脈與海岸山脈山麓的扇型礫石堆積層，使縱谷每每形成寬廣的谷地，此種現象在大富、富源附近尤其如此。（楊貴仁、李思根，1994）

域時，各氏族即於此拓地建址，相傳原有若干部落，或因布農族的侵擾，或因人口增加，向外尋找耕地，故至清朝初期，形成三小社，北面是模路散（Morocan），中間是阿多蘭（Atolan），南邊是拉加善（Cilagasan）。這三社「不但有明顯的界限，而且對內的行政也完全獨立，年齡階級組織也各成系統。在最早的時候三社間護不通婚，恐怕部落內部的機密對外洩漏，如有誤會引發衝突，也會有征戰發生。然而一旦對外，三部族就非常團結了。」的確，他們建立部落後，「所處的環境非常惡劣，在他們的南方有Tigalao，整日以搶劫爲生；北面有馬太鞍，這個部落強大而難以應付，西面又有布農族（Iwatan），他們三面夾攻之下，部族內部不得不非常團結，並得維持一支經得起考驗的武力，這樣才能在這裡安定的住下來。」因此，拔仔一社常以Pailasen（固定不動之意）引以爲榮，意思就是說，自從在這裡建立部落以後，從來沒有再遷移過，表示族人能在險惡的環境中屹立不搖，漢人循此音爲「拔仔庄」。（廖守臣，1985：139）

三、是「鈸」的意思，爲中國一種古老樂器。從富源車站附近北望，蝴蝶谷北側山峰形狀酷似一「鈸」，便叫此山爲「鈸仔山」，村落由於在山下，所以就衍生了「鈸仔庄」地名。（張天汶，1997）

四、是阿美族語「模落漲」的意思，是一種疾病的徵狀。昔此地阿美族有一富家子，患皮膚病，周身顆粒，稱其病曰「拉卡山」，稱其病症曰「模落漲」，遂以病狀名社，漢人譯爲「巫老僧」。光緒初年，來者漸衆，復於比鄰成聚落，循其音稱「拔仔庄」。（苗允豐、黃瑞祥，1955）

上類說法，衆說紛紜，莫衷一是，但仍以漢人誤聽阿美族語音而取名的講法，較爲多人傳頌。日治後期，日人稱此地爲「白川」（shirakawa），意指富源溪水之清澈之意。（張天汶，1997）

拔仔是秀姑巒阿美在瑞穗鄉境內建立的八個部落之一，其爲一古部落，清朝中葉就已經存在。始祖傳說爲：

> 從前有一個人叫做Usuy-Rabel的，因爲打獵而來到現在的Pailasen，覺得環境很好，而且他原來住的地方Cilagasan因爲地震而毀壞了，於是就搬到這裡來居住，娶妻生子。他的兒子的名字叫做Usuy-Kakavuy。」日子久了，人也就跟著多了起來，沒有一位Kakita'an大家很感不妥。於是Usuy-Rabel就到海岸山脈的另一邊Tsuwei的部落請他們的Kakita'an的家屬到Pailasen居住，並且做了Pailasen的Kakita'an。這樣一來，拔仔也就變成了一個永久的部落了。（廖守臣，1985）

秀姑巒阿美在拔仔庄有三社，通稱「拔仔三庄」。

一、模路散（Morocan）

該部族位於富源車站西南一隅，即爲病狀「模落漲」之音，漢譯爲「巫老僧」。模路散社人以Kiwit與Fasay兩氏族爲主要成員，他們皆認爲自南方火燒島向花蓮方向來的。由於耕地不足，kiwit氏族之一部族翻越烏桶山來到富源溪，定居於Atolan社北。Fasay氏族這一支亦曾住奇密、舊Kalala及猴仔山之Kasasikafan三個地方。在很久以前奇密社之Fasay氏族亦可能隨Kiait氏族遷來，成爲橫路散社之成員。

二、阿多蘭（Atolan）

阿多蘭，在模路散社南。他們認爲祖先是屬於Rarages氏族，初居台東平原，因卑南族之繁瑣勞役，族人之一部移至猴仔山，後又向北移動，擇今富北國中稍東山麓建一社址，名Ciologan，其後Talakop、Papiyan兩氏族亦遷來。傳至Mayao-Opa時，本社之一部西移，到富源溪上游開墾，因社在溪畔，故稱此社爲派士蘭。約至二百多年前，布農族東遷，盤居萬榮、光復以西山區，布農族素稱強悍，常下山「出草」，族人爲防範來襲，即在房屋周圍用石塊做牆垣，阿美族曰「砌牆」爲「阿多蘭」，遂以名社。Ota任卡基大安時，深受社人尊敬，乃稱此社名爲「知武洞」以示敬意。光緒初年，漢人漸集，誤爲社名，遂以近音譯作「周武洞」。惟社人仍慣稱阿多蘭。相傳阿多蘭社成立已久，在拔仔地區可能是最早成立的部落，拉加善社次之，模路散社成立稍晚。

三、拉加善（Cilagasan）

拉加善，位居富源溪左岸，富源大橋北端，近阿多蘭社，據傳原屬阿多蘭社領域，自Pacidal氏族移此，始脫離另成一社，因該地曾流行皮膚病，改稱「拉卡散」，意爲有皮膚病之地。

據拉加善阿美族的始祖傳說，認爲其祖先係Pacidal、Papiyan、Ciwidian、Kakitolo等氏族所組成，內以Pacidal氏族人口佔大多數。Pacidal氏族原居壽豐鄉境，或曰Tomay，或曰水漣尾（水漣），因㈠耕地狹隘，向外發展去尋找土地。㈡泰雅族不斷下山侵襲，乃舉族向南避難，然後族人之一部輾轉遷來拉加善。

Ciwidian氏族原居今水漣，被認爲與Pacidal氏族同時遷離原住地，有族人之一部遷來，不過，後來有的脫離原有氏族加入Pacidal，有的於清末日據初時，隨Pacidal氏族遷出，往秀姑巒溪或南方去，留住者甚少。Papiyan氏族是南方來的，從拔仔社口碑裡認爲「他們是從大庄（今東里）來的」，現Papiyan氏族由南方向北遷移，經過大庄來到拉加善；此外，Kakitolo氏族也有族人住在拉加善，他們系統及來歷並不明確，不過他們似乎也由奇美社遷來的。（廖守臣，1985）

至於漢移民的部分，是在清末客屬人士於今模路散部落的西北建庄，名爲廣東庄。民國二十年，模路散社人遷至廣東庄南，因居民多以甘薯爲主要食物，故稱廣東莊爲「Kagkoga」，意即「吃甘薯者」，惟仍以廣東莊稱之。（廖守臣，1985）清末漢人雖進入拔仔開墾，但似乎不是那麼順遂，因而使得許多移民轉回大陸或前山。就如光緒二十年台東直隸州州牧胡傳所稱：「綜計後山墾荒，二十多年來多方經營，似乎已不遺餘力，而其收效僅僅如此！論者謂民、番雜處，原有畏心；地僻路遠，來亦不易；且田本沙灘，易致水患，是以招墾甚難。而前巡撫丁公則疑無番、墾荒，盡屬粉飾，毫無實際。」（胡傳，1960）

日治時期大正元年，鍾氏三個家族，遷入今廣東莊北側山腳下居住，當時只見五、六戶人家在此村居住，一大片土地仍未開發。鐵路通至富源後移民人潮才陸續進入開發，其中以客家人佔多數，大多來自新竹、苗栗。加上日本人在此大量栽種甘蔗、煙草，需要大量人力，以致吸引大批移民進入，使富源人口快速增加，市街成形。

民國三十四年日本戰敗，三十八年國民政府撤退來台，部份公教人員及退伍軍人也進入富源居住，民國四十八年，南投發生八七水災，又移入一批南投縣民，此時土地大致都已開闢成田，農業相當發達，移民至此落地生根。

民國五十年代，台灣工業發展起步，對勞工的需求日增，村民開始往外移動，尋找工作。由於工業發展迅速，工廠直接到各個學校招募勞工，使年青的一代，快速向外移動。農業產值偏低，無利可圖，進而變賣農地，舉家遷移，在外工作者又成家置產，連戶口都移走了，沒移走者，一代代年輕人也都外出就業，留下老弱婦孺，使人口急速減少。（鍾兆倩，1997）富源和台灣其他農村一樣，面臨著產業凋敝、人口外移的窘境。

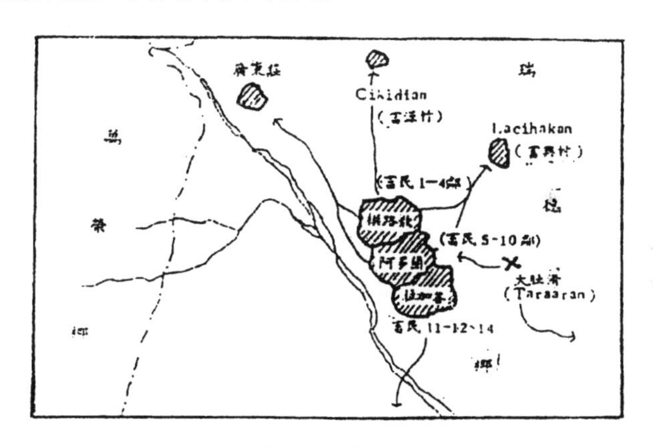

圖一　拔仔社移動分佈圖

參、拔仔的守護神——保安宮城隍爺

台灣的傳統社區中，發展到達一定程度自然會產生一座廟宇，以供奉祀其守護神。廟宇可說是台灣傳統社區中最具體的機構，廟宇是傳統社區的象徵，而守護神則是群體認同的象徵。就社區發展而言，新的廟宇成立，也提供城鎮發展的機會。伴隨著人群的遷移，新移民建立了新廟宇，而新廟宇也鼓勵更多的人群前往居住。所以，廟宇奠定了社區界域的發展。❷接下的討論就集中於富源保安宮和富源社區的關係。

保安宮俗稱城隍廟，現址位於瑞穗鄉富民村一鄰二三九號，主神爲城隍爺，配神有五穀先帝、地母娘娘、天上聖母、關聖帝君、盤古大帝、福德正神、城隍太子及高、矮爺。該廟建於清光緒十四年（1888），由謝芳榮先生建茅屋一間，祭祀城隍，名曰保安宮。昭和四年（1929），村民捐資改建爲三、四坪大之石造廟宇。今保安宮仍可見昭和九年（1934）陳毛、張阿炎等人所寄附之羅虎堵。民國三十九年（1950）、六十一年（1972）經兩次修建，始成今日水泥結構之廟宇。日治末期因皇民化運動，村民吳阿番將城隍金身遷往山上的王金福家躲藏，以免於被日人焚毀。當時保安宮雖未被拆除，但卻被充當穀倉。直至光復後，城隍金身才再次遷回廟中供奉。有關富源保安宮的基本資料表列如下：（姚誠，1997）

---

❷ 據富源耆老陳維鳳先生口述，保安宮城隍廟的廟址就是在漢人聚落與阿美族聚落的界限上，從以前到現在都是如此。

富源保安宮基本資料表

（民國八十六年四月製）

<table>
<tr><td colspan="2">管理型態：管理委員會（成立於民國七十六年）</td></tr>
<tr><td colspan="2">附設組織：早期有媽祖會、註生娘娘會之組織</td></tr>
<tr><td colspan="2">有無爐主：有</td></tr>
<tr><td colspan="2">主要祭祀時間（農曆）：正月三十日　求平安
五月十三日　城隍爺生日
七月十五日　中元普渡
十月十五日　謝平安</td></tr>
<tr><td colspan="2">遶境：有，農曆五月十二日晚上遊境，五月十三日白天遊境，區域北至大富，南至瑞穗，東到富興村及包含富源、富民村。</td></tr>
<tr><td colspan="2">進香：無</td></tr>
<tr><td colspan="2">作戲方式：布袋戲、電影、城隍祭典則作歌仔戲</td></tr>
<tr><td colspan="2">資金來源：信徒樂捐</td></tr>
<tr><td>平日祈願活動</td><td>點光明燈：有
收驚：有
卜杯：有
籤詩：有
法師補運：無
童乩：無</td></tr>
</table>

我們以爲一座廟宇的出現，容或表現出在地聚落生活的面相，也呈現出生活背後的深沈價值，及塡補此一生活價值需要的社會功能。換言之，廟宇進出聚落生活場域，不僅僅滿足民間信仰的慰藉，也是社會功能動態意向的反映。關於一座廟，可以止於廟宇形成的信仰範圍，也可以延伸出廟宇與周邊歷史人文空間辯証出來的動態性質。我們企圖以這樣的視角來審視保安宮和富源的互動緣份。

城隍神的雛形是原始村落的保護神——即對環繞村落四周的溝壑和建築物神化的產物。因此以神格而言，城隍是自然神，從功能而言是地方保護神。城隍在早期的職能是單一的——護城保民，但是隨著城隍從自然神向社會神的轉變，其職能也不斷地擴張，不僅負有守禦城池、保障治安之職，而且掌握當地的水旱吉凶、冥間事務，逐漸成爲與人世間地方官相對應的地方官，一陰一陽，共同治理一方。（鄭有土、王賢森，1994）

城隍在拔仔庄的出現，與清廷開山撫番政策之後，漢人進入東部的墾務有關。同治十三年（1874）時，東部的墾務緊急中心在北端奇萊和南端卑南；而且多以兵勇爲墾務重心，至於拔仔庄所在的中段秀姑巒一帶的開墾，應該在光緒三年（1877）以後。光緒三年四月開山撫番事業由吳贊誠接任，在其查訪的過程中發現「……推大陂以北至永尾、馬太鞍、大巴塱一路，地廣人稀，曠土不少，可容招墾。」（吳贊誠，1966）中段的「秀姑巒」是吳贊誠認爲未來重要的招墾區域。而實際上就在此階段，清官方以西部移民前來開墾東部土地的成效不彰，因而有「前往汕頭、廈門、香港等處招工前來開墾」（私法物權，1963）之議，並著手推動。到了光緒三年九月時，整個蹼石閣以北至新城的墾務，歸吳（光亮）鎭經理，將原先的經理區域一分爲二，當時拔仔庄的墾務也在其中。基本上，拔仔庄和水尾庄的開墾方式仍是「官招民墾」的格局，「墾民每十人置什長，每百人設百長，百長由招墾局選任」（伊能嘉矩，1991）的集團拓墾是當時經營土地開發事業的主要型態。此時期的重大意義，則是中段秀姑巒地區的積極開發新墾地，而爲了避開阿美族活動的秀姑巒溪東岸地區，這些新墾地多位於河的西岸，當然相對的，受到布農族的威脅大增，而且拔仔庄的拓墾，即和阿美族的部落相依附。面對這樣的環境，「後山開墾民屯與兵屯並行」（前後檔案，1969）的方式以及「凡墾地均編字號劃定界址，築『土圍』，設草寮，以資居住。」（伊能嘉矩，1991）當時的拔仔庄，也以一人高的土垣圍繞村落，外築溝約三尺，並植莿竹，來防範西側山麓布族之侵擾。❸

從拔仔一地的地形觀之，西依中央山脈，東望一片平野，地勢

---

❸ ㈠依日人治台初期（明治二十九年，光緒二十二年）(1896)台東縱谷中段各聚落的總人口數來看（含佔居之主要族群及漢人人數），拔仔庄是當時中段的最大聚落。單就阿美族而言，拔仔庄也是當時台東中段的最大聚落；如單就漢族而言，拔仔庄則是當時台東縱谷中段的第二大聚落，人口數僅次於璞石閣庄。（田代安定，1900:245～292；東部移民覺1989:3～6）

㈡這支對拔仔庄的阿美族及漢人曾構成威脅的布農族應屬於丹社群，在昭和八年(1933)被日人強迫遷移來花蓮之前，其主要居住地即在現今的丹大山及南投縣信義鄉地利村林班境內。因拔仔庄靠近中央山脈且有馬蘭鈎溪溪谷，野獸經常出沒，以水鹿、山羌爲多，以致吸引布農族由丹大社到此狩獵。參考富源鍾兆倩先生於馬遠村所做的口訪記錄。

㈢這是當時在縱谷西側聚落的最大特色，拔仔、打馬煙、里行，皆擁有防禦布農族侵擾的竹圍或土圍景觀。在富源的耆老訪談中，多數均有此記憶。亦可參考林聖欽，「花東縱谷中段的土地開發與聚落發展」一文。（林聖欽，1992:62）

優越，可眺望在前端之花東縱谷，爲阿美族南來北往的通道。光緒三年後，吳光亮兵勇駐紮於中段蹼石閣、水尾等地，其中「拔仔兵」、「廣東勇」這些名詞的出現，更顯見「拔仔」在軍事上扮演的角色。❹光緒七年，清廷於卑南、拔仔、花蓮港等地建「昭忠祠」，「祀後山死事文武員弁、軍士」（胡傳，1960），更顯現地位的重要。至光緒十一年（1885），台灣決定建省後，全台再制撫墾制度，光緒十三年（1887），東部並設卑南及水尾兩撫墾局，光緒十四年（1888）南路理番同知改制爲台東直隸州❺後，在撫墾制度上，則再將水尾撫墾局，分爲秀姑巒撫墾分局及花蓮港撫墾分局，而這時負責中段墾務的秀姑巒撫墾分局，更是向北移至拔仔庄（陳英，1960）。十五年（1889）六月設海防屯兵，進駐拔仔庄，並開「拔仔庄圳」以供灌溉之用。（胡傳，1960）從行政官署、軍事防營到水利設施的設置過程，可以發現光緒十四年保安宮的城隍爺香火進入拔仔庄，則非偶然。以「護城保民」的行政職能爲本位的城隍爺，在這個時期出現，就歷史人文空間變遷的角度觀之，實有其必須承載的信仰機制與社會功能。

---

❹ 在富源耆老的訪談中，有關「兵營」的記憶常被提起，「拔仔兵」、「廣東勇」這些名詞也一再出現。據悉當時兵營的位置就在今天的富源國小，有石壘牆及溝渠圍繞四周，牆上插有削尖的竹子。而國小旁的「昭忠祠」就與這些兵勇或戰事有關，目前仍存在。

❺ 光緒十三年，東部再設撫墾制度時，中段是設撫墾總局於水尾，管轄璞石閣、花蓮港等地，其墾務的重心，以從璞石閣北移至水尾。光緒十四年改制台東直隸州時，水尾甚至爲整個東部州治所在，只因同年的「大庄事件」，導致「水尾居民死亡殆盡」，因而廳衙「仍暫寄至於卑南」（胡傳，1960:1）。

肆、富源對外的門戶——古道與鐵道

台灣中部的越嶺道路的開通，最早即是光緒元年（1875）由總兵吳光亮督軍完成。這是劃時代的創舉，也是清廷對東台灣積極開拓的象徵。但此條中路可能在光緒三年（1877）四月吳光亮部隊移駐後山後即荒蕪而成廢道，所謂「山徑之蹊，間爲不用，則茅塞之。後山之路，屢開屢塞，職是故也。」（劉璈，1958）爲了與前山通氣聯絡，光緒十二年（1886），台灣道陳鳴志向劉銘傳建議開闢「集集水尾道路」。其秉稱：「……後山番社未撫尙多，跧伏萬山之中……綿亙數百里，若由後山水尾適中之地，與前山彰化遙遙相對，開通道路，聲氣聯絡，先撫後山中路，其餘聞風向化，招撫較易，否則一撫之後，聲氣仍然隔絕，徒糜經費，難收實效。」（邱敏男，1995）於是西段由總兵章高元率七百人，自集集街拔社埔（今民和里）築向關門（一百二十華里），東段由統帶鎭海後軍副將張兆連率領清兵，自水尾之北拔仔庄（今富源）築向關門（六十二華里），分東西兩隊開闢此線道路。（黃炫星，1991）

由此可知，集集水尾古道之修築，應該定案於光緒十二年（1886）九月之前，最早可能興工於同年九月，而在光緒十三年四月四日前竣工。西段古道興工較早，約於光緒十二年十月前後；東段則興工較遲，約在光緒十三年春。劉銘傳於光緒十三年八月曾在奏摺中再次言及該路的重要：「後山形勢，……控扼中權，厥惟水尾。其地與擬設之雲林縣東西相直，視開山路一百八十餘里，由丹社嶺、集集街逕達彰化。將來省城建立，中路前後脈絡呼吸相通，實爲台東鎖鑰。」（前後檔案，1969）但也就在這八月之後，因內外山疫癘等原因，守隘兵勇撤離，古道自此中斷失去聯絡前後山的功能。

日本佔領台灣之後，對台灣的控制治理，以東部和中央山脈一帶的原住民最爲棘手，雖利用清朝闢建之古道，但原住民分佈層面廣大，山高谷深交通極爲不便，仍感鞭長莫及操縱極爲困難。於是沿襲沈葆楨開山撫番的作法，大肆開闢警備道路。宣統元年（1909），日人先整修清廷所開的丹大越嶺路，稱爲集集拔仔庄道路（簡稱拔仔橫貫道），是中央山脈越嶺路中最便捷的一條，且可西接集集線鐵路，故優先辦理。

東側自拔仔庄（今花蓮縣富源村）向西拓建，攀登山腹盤旋而進，經馬侯苑社、倫大文山，翻越中央山脈主脊關門山南側，西下丹大溪右岸，經丹大社（布農族部落，設警察派出所）、卡寧篤灣、拉夫蘭、卡社、巴古拉斯、塔馬羅灣等地，山路在嶺谷間環繞，由卡社、地利到水裡坑接集集，路長約一百三十公里，幅寬一公尺左右。沿途設置碉堡、部署戍卒，以衛行旅安全。此路因通過中央山脈的關門山，故稱關門越嶺路，自開通後屢屢受到原住民的攻擊以致時斷時通。不料卻在民國元年（1912）毀於颱風的肆虐，且因地勢險峭迄今未加修復，終告荒廢。（黃炫星，1991）

就在「拔仔橫貫道」中斷後不久，另一條交通大動脈的建立——東線鐵道，一個車站的設立又爲這個村落帶來了生機。大正三年（1914）三月八日拔仔、馬太鞍間通車營運，設拔仔停車場，大正十年（1921）六月一日改稱拔子停車場，昭和十二年（1937）十一月一日改稱白川驛，光復後民國三十六年（1947）八月二十三日改爲百庄站，民國三十七年（1948）十月一日爲符合附近村名而再改稱富源。（楊鵬飛， 1994）站房也三度更新，最早茅草搭建的站房，據說是被颱風吹垮的。後來改用木造、瓦頂房。目前富源站前廣場左側舊瓦房及站長宿舍，就是這年代的產物。民國七十一年東線鐵路拓寬，站房蓋建成今日的平頂水泥建築。最讓地方住民懷念的老火車年代，常見工作人員忙碌的加水、加煤，然後嗚嗚……一串回音繚繞，一縷長長黑煙駛向遠方。記憶裡最深刻的是站員都有一頂像警察的帽子，深色制服。常見的貨物是又粗又長的原木堆滿了整個貨場。然而好景不再，台九線公路的便利取代了鐵路，使得鐵路客運大量流失，火車站的門前只留下了幾許蕭條。（江慶仁，1997）

伍、蝴蝶谷傳奇——生態旅遊的天堂

富源森林遊樂區位於富源村西側三公里處，屬林務局花蓮林區管理處玉里事業區第2.11林班內，面積190公頃，民國七十四年設立森林遊樂區。由於地處中央山脈邊緣，位居丹大山以東之富源山（拔仔山）一帶，地形多變化。馬蘭鉤溪穿流其中，由三十公頃樟樹造林加上廣大的低海拔闊葉林，構成野生動物的良好棲地。尤其每年五月至九月有數目甚多的各種蝴蝶飛舞於林間水邊，此為本區又名「蝴蝶谷」的由來。

富源蝴蝶谷屬於「蝶道型」的蝴蝶谷❻，特點是山谷本身土生

---

❻ 在蝴蝶生態研究上，將蝴蝶谷分爲三類：「生態型」、「渡冬型」和「蝶道型」。全東亞地區只有台灣高雄縣美濃黃蝶翠谷是蝴蝶族群在同一地棲息的生態型蝴蝶谷，其他均是渡冬型或是蝶道型蝴蝶谷。據蝴蝶專家陳維壽的研究，富源蝴蝶谷在春天有一次蝴蝶大發生，曾在初夏有許多蝴蝶，形成大型蝶道活動（陳維壽，1997:137），是爲「蝶道型」的蝴蝶谷。

土長的蝴蝶極爲稀少。在谷中所見到的翩翩蝶影，大部份都是接近中午時分，從中央山脈高山上出蛹的新蝶，成群結隊的向下飛翔。其中以「青帶鳳蝶」最多，沿著山谷，順著水流的方向，飛向曠野。造成蝴蝶借道的「蝶陣」景觀。就因爲富源蝴蝶谷「借道」的蝴蝶太多，而且有不少是稀有的品種，非常珍貴。是以觸動南投縣埔里鎮一帶的經營蝴蝶進出口商人的青睞，遠從埔里鎮派員進駐富源，坐鎮收購各種蝴蝶，以應進出口之需。❼於是乎，富源地區有不少民衆，在高價收購的吸引下（當時一般勞力工作，每天工資僅二十元上下，而一隻枯葉蝶的收價就達五元，甚至運氣好的話，捕到一隻珍貴的「寬尾鳳蝶」，其天價竟達五、六千元，甚至更高❽），因而大肆參與捕蝶活動，以改善生活。所以，在距今三十多年前的一段時日裡，每到夏季，蝴蝶谷中的捕蝶網，此起彼落，處處可見。而地方民衆在捕蝶的技巧上，也從實際的經驗中，不斷的精進。同時，也從而獲得不少的捕蝶新知。

據悉，當時的「捕蝶戶」每日進谷捕蝶時，通常都攜帶了兩種「蝶餌」。一種是發酵過的尿液，一種是吸了鳳梨汁的抹布。只要把尿液灑在水邊沙地，就會有幾種蝴蝶會「聞香」而至，停在有尿液的沙地上，通常在面積如坐墊大小的沙地上，停著密密麻麻的蝴蝶，竟達一兩百隻之多。一網蓋下，一隻也逃不了。

---

❼ 民國四〇年代及以前，埔里是聞名世界的蝴蝶大產地。台灣的蝴蝶加工業也在此時興起，民國五〇～六〇年代是蝴蝶加工業的全盛時期。

❽ 爲台灣特產、瀕臨絕種的高山蝶。只分佈在中央山脈原始森林區，產量極少。該種蝴蝶因其後翅有特別寬大的尾狀凸起並貫穿兩條尾脈而聞名全世界。

至於那鳳梨汁抹布的用途，則是專供引捕「枯葉蝶」之類的品種所用。這些喜愛鳳梨味的蝴蝶品種，雖然數量不多，而收購價則比普通品種高出十倍以上。因此之故，在大家一窩蜂的捕捉之下，富源蝴蝶谷的蝴蝶數量，也就一天一天的減少了。❾

直至林務局在蝴蝶谷成立森林遊樂區之後，對於捕蝶行爲，才開始嚴格禁止。可是，蝴蝶的影子，也只甚寥寥無幾了。目前富源蝴蝶谷的蝴蝶數量，和其他地方賞蝶點比較起來，也許不夠多。但是，在多年來的禁捕和棲地保育，已顯現了若干的效果。那些借道的蝴蝶，已有重現的跡象。（陳德文，1997）

晚春初夏與夏末中秋之際，最具特色的景觀，就是夜賞螢火蟲，牠是夜幕中森林的燈光，像小星星般穿梭飛舞，遊樂區最常發現的區域，如山莊後側的小山坡，小木屋後方的森林草叢，小泰山遊樂區及魚池邊的草地上，還有富源溪（馬蘭鉤溪）兩岸濱溪林木。螢火蟲的一生相當奇異，它是夏季常出現的鞘翅目螢科昆蟲，因其翅硬厚稱之鞘翅，又因其尾部會發光閃爍，稱之「夏夜燈籠」，台灣話稱之爲「火金姑」，英文名稱謂之Firefly（會飛的火）。據文獻得知，全世界的螢火蟲約有兩千多種，大部份分佈在熱帶與溫帶。目前，台灣被發現的螢火蟲有三十種之多，其中以窗螢最常見。每當夜幕低垂，螢火蟲尾部閃爍著冷光四處穿梭躍動，尋找對象交尾產卵。

螢火蟲的生育環境，必須潔淨、潮濕且無污染的水源外，尙需

---

❾ 據富源的居民表示，曾經有一段時間，因爲蝴蝶非常少，致使一些慕名而來「賞蝶」的遊客大失所望，認爲富源蝴蝶谷名不符實，而有受騙的感覺。

有良好林相及地被物，遊樂區就具備其天然條件，成為螢火蟲適當的生育棲息地，只要用心並加以規畫，就不擔心牠會消失（梁銘宗，1997）。

蝴蝶谷是一個教學資源豐富的大自然教室，可規畫的戶外教學活動內容及地點如下：（劉慶昌，1995）

活動內容	活動地點
水土保持——河床中的大階梯	收費站前
樟樹林下的世界	森林步道
望遠鏡下的飛鳥	林間小屋
賞蝶（5月～9月為佳）	環溪步道
深谷中的秘密	富源溪谷
休憩與環保	露營區
尋訪火金姑（夏夜實施）	小泰山遊樂區

富源社區有此豐富的自然資源，可發展有機農業、建立蝴蝶生態農場、倡導生態旅遊，讓遊客透過學習、引導及啓發等過程，去獲得高品質的遊憩體驗，應是社區所有居民可以共同參與的「事業」。

陸、情定拔仔庄——再造富源的努力（代結論）

富源的社區營造，其特色在於是一個以學區為範圍的社區發展模式。而此學區的核心則是富源國中。

富源國中地處光復鄉、瑞穗村交界的花東縱谷上，臨台九線省道和花東鐵路旁；學區遼闊，包括六個社區，地跨三個行政轄區：光復鄉（大富、大豐社區）、瑞穗鄉（富民、富興、富源社區）、萬榮鄉（馬遠社區），居民以阿美族、客族爲主，馬遠則爲布農族；學區內共吸納大富、富源、馬遠三所小學學生；由於學區內人口外流嚴重，學生人數逐年銳減，目前只有七班，學生206人，且出自單親家庭、隔代教養比例甚高。

民國八十五年度上任的富源國中家長會會長林興華有感於當地社會結構改變，家庭教育式微且社會、學校教育不振，純樸民風漸失，使地方上出現許多亂象，如酗酒、吸毒、青少年犯罪……等問題日趨嚴重，因此會同地方上的藝文人士主動參與花蓮縣社區營造的甄選，希望針對社區缺失，重新營造團結和諧而富有鄉土文化品味的社會，這樣的風格，在「社區總體營造計畫」推展初期是少數的特例之一。而該社區原有「媽媽醒獅隊」、壘球隊等地方性社團，因地方組織已隱約成型，人力不虞匱乏且主動積極，而在花蓮縣文化中心所辦理的甄選會議中出線，以「富源國中家長會」與「富源社區發展協會」一併入選，並合併爲一個社區總體營造的單位。

富源國中家長會組織雖已略具雛形，但當地族群複雜，且村長、社區發展協會運作均難跳脫傳統模式，爲整合社區資源，初期工作目標設定在「催發一個以學區爲系統的社區組織」，可以超越政治派系及個人利益運作，此一型態不但具有開創性且具有實驗性，期能爲花蓮縣的「社區總體營造」創造出一套運作模式。

因應此一目標，「社區總體營造小組」在當地舉辦座談會、舉行外縣市社區觀摩，協助「富源國中社區報」出刊，並利用地方活動隨機的把握機會做社區營造宣導，爲社區意識的凝聚加溫，在不下5、60次的公、私、正式、非正式場合中，地方熱心人士共同完成以下幾項重點的任務：

一、加強學校活動

積極辦理「老吾老以及人之老；幼吾幼以及人之幼」親子活動；倡導加強親子教育，請健全家庭的家長代爲監護單親家庭學生；邀請老師到家裡吃晚飯，並由學校及家長會做東在學校聚餐，以促進師生感情及學校與家庭之溝通。

二、擴大「富源國中家長會暨顧問團」陣容和功能

正式籌組校友會，訂定章程，使二十五年來散居各地、各階層近四千位校友納入組織；並在過年期間舉辦「校友回娘家」活動，加強縱向、橫向聯繫，整合校友力量關懷母校、激勵學弟妹，傳承學校精神。

三、舉辦學術講座，帶動地方文史活動風氣

邀請花蓮師院教授姚誠專題演講「蝴蝶夢土一談富源的過去、現在和未來」、國大代表林嵩山教授談「中國文字之美」、國大代表陳瑞麟談「玉山之美」，更引發地方人士對地方文史的興趣，而積極進行田野調查、撰寫各村村誌工作，並在社區報裡積極發表。

四、加強社區意識

配合富源國中新校舍落成，舉辦「學區報創刊酒會」；並藉由社區營造小組邀請前文建會副主委陳其南來花蓮參加「社區總體營

造」理念宣導的機會，邀陳副主委參加創刊酒會，加上花蓮縣長王慶豐、國代陳瑞麟與會，使得地方人士感覺到受重視，對地方事物倍加熱心參與。

五、加強婦女組織

輔導社區成年婦女成立「蕙質女童軍」，前往台南參加研習活動。並在母親節整合國中、國小、農會、瑞穗社教站、世界展望會舉辦「假日文化廣場」，並配合縣立文化中心辦理「藝術歸鄉」等藝文活動。

六、加強生態環保意識

春末夏初之夜，「蝴蝶谷森林遊樂區」內螢火蟲滿天飛舞，盛況空前，地方社區營造小組曾引介媒體、台大、東華大學師生前往觀賞，且帶領日本專研螢火蟲的專家前往研究，並在一小時內發現數種新品種；又進一步邀請屏東技術學院教授陳仁昭做蝴蝶及螢火蟲的生態與維護解說，以引起地方人士重視鄉土資源，認爲「蝴蝶谷」是花東縱谷的明珠，可倡導生態旅遊。

富源社區已擁有自主性、功能性完備的人力資源，目前則要設法引發其關連性，連點線形成面，促成目標與系統的統一，以相輔相成。家長會成員回到自己所屬社區時，則成爲社區營造的種子。經初步評估，以學校系統或學區範圍運作的「社區總體營造」模式，有幾項特色及優點：

一、以關懷自己子女及下一代生活環境爲出發點，較不易形成對立，而發展成一個超政治、超派系、超個人利益的「有機工作團隊」，朝共同的工作目標前進。

二、學校系統是長期存在的，入學的學生及家長、校友源源不絕，若能以「學區」爲範圍，透過校長、師生、家長會，結合村里民、社區協會，共同以學校、家庭、社會教育爲目的作整合，達到「學校社區化、社區學校化」的目的，使個人與社區品質得到全面性的提昇，而型塑健康的社區文化。「好山、好水、好所在」，回首前程，戮力現在，展望未來，期待富源社區有個亮麗的明天。

參考書目

一、專書部份

1.李丁讚（1996），《金山面社區史》，新竹市文化中心研究計畫，未出版。

2.廖守臣（1885），《花蓮縣阿美族部落的形成與變遷》，打字本，未出版。

3.胡傳（1960），《台東州採訪冊》，台灣文獻叢刊（以下簡稱文叢）第八一種。

4.姚誠（1997），《花蓮縣漢人公衆祭祀單位普查資料》，花蓮縣立文化中心委託計畫，未出版。

5.鄭有土、王賢森合著（1994），《中國城隍信仰》，上海三聯書局。

6.吳贊誠（1966），《吳光祿使閩奏稿選錄》，文叢第二三一種，台灣銀行經濟研究室。

7.私法物權（1963），《台灣私法物權篇》，文叢第一五〇種，台灣銀行經濟研究室。

8.伊能加矩（1991），《台灣文化志（下卷）》，中譯本，台灣省文獻委員會。

9.前後檔案（1969），《劉銘傳撫台前後檔案》，文叢第二七六種，台灣銀行經濟研究室。

10.劉璈（1958），《巡臺退思錄》，文叢第二一種，台灣銀行經濟研究室。

11.黃炫星（1991），《台灣的古道》，台灣省政府新聞處出版。

12.楊鵬飛（1994），《台灣鐵路古今站名》，作者自印。

13.田代安定（1900），《台東殖民地豫察報文》，台灣總督府民政部殖產課，1985年成文臺一版。

14.陳維壽（1997），《台灣賞蝶情報》，台北，青新出版公司。

15.林聖欽（1992），《花東縱谷中段土地開發與聚落發展》，師大地理所碩士論文。

二、專文部份

1.苗允豐、黃瑞祥（1955），〈花蓮縣疆域（附地名考）〉，《花蓮文獻》，成文影印本，4:384。

2.陳英（1960），〈台東誌〉，《台東州採訪誌》，文叢第八一種：81～82。

3.邱敏男（1995），〈吳光亮事蹟補述〉，《台灣風物》，38.3:12。

4.劉慶昌（1995），〈富源森林遊樂區戶外教學活動設計〉，《國小鄉土教學教材教法論文研討會論文集》，花蓮師範學院鄉土教學資源研究中心編，59～74。
5.楊貴三、李思根（1994），〈花東縱谷地質地形教學資源之調查研究〉，《社會科教育學報》，花蓮師院社會科教育學系編，2:28~29。
6.張天汶（1997），〈故鄉寫眞話——拔仔〉，《蝴蝶谷學區報》，2:13。
7.鍾兆倩（1997），〈富源移民概況〉，《蝴蝶谷學區報》，1:2。
8.江慶仁（1997），〈富源站〉，《蝴蝶谷學區報》，3:8。
9.陳德文（1997），〈談富源蝴蝶谷的蝴蝶〉，《蝴蝶谷學區報》，1:5。
10.梁銘宗（1997），〈夏夜之燈——螢火蟲〉，《蝴蝶谷學區報》，2:6。

評　論

黃蘭翔*

一、可肯定本文的意義

⑴指出東部族群住民的複雜性。過去一般對居住在臺灣東部的居民，只有刻板印象中的「阿美族」，雖然本文所採用的似乎不是第一手資料，但也指出除了阿美族的三個部落以及漢人移民之外，也提出了1949年之後住進來的公教人員、退伍軍人，與1959年南投發生八七水災，所移進來的南投縣民。

⑵提高東部歷史發展的深度與聚焦於住民共識議題之提出。對於東部的歷史，過去常強調二次世界大戰後的發展，或許也可從歷史文獻探知日人的建設成果，甚少提起有清一代對東部的開發，即使有也僅止於蘭陽平原而已，但是本文透過光緒年間的開墾與古道的建設，花東歷史上推到清朝的時代。也透過對保安宮城隍廟信仰特質及其興建的背景提出檢討，雖然不可否認保安宮有其族群間衝突的象徵意義，但是作者希望其未來的發展，能成為富源地區的住民共識據點。這種構想值得肯定。

---

*　中央研究院臺灣史研究所籌備處助研究員

⑶生態的特殊優越性。本文不但重視人文層面的發展，對於富源社區地區的生態中的特異——蝴蝶與螢火蟲，也給予重視，對於社區史的書寫，能夠不拘泥於既有史學的書寫形式，地區的特色是甚麼？就寫甚麼。實是一可以推動的社區史寫作。

⑷對再造富源的期待。本文對近來發生在富源社區營造的活動，給予甚高的評價。雖然以後的史家未必一定會對這些動向給予青睞，但是作者的確希望經由這些學校的活動、學術講座、婦女組織、生態環保等運動，能帶給富源社區將來的遠景。

二、對本文的期待

⑴本文對族群的描述，似乎僅停留在巨觀層次——整個族群部落的遷徙，而將遷徙的機制訴諸於一般性想當然爾的傾軋關係，也就是武力的強勢與弱勢之間的消長關係上。本文或許對於社區尺度特質，可加以發揮的諸如各族群的文化特質，或是族群與族群之間的眞實感情，或是聚落內的故事情節等，特別加以重視。舉一極端的例子而言，因爲原住民有「出草」的習性，這也是過去、現在漢人與原住民間接觸的最根本的「原點」所在，依講評人個人的觀點，社區史的書寫應該要回應類似這些歷史現實的課題，要不然很難將社區史發展成爲社區居民共享的歷史基礎。

既然本文重視歷史發展的縱軸，那麼更應該從原住民、清代官方開墾、客家漢人的入墾、日治時代的計畫開發、二次世界大戰後的軍公教人員與南投縣民的移入等族群的發展，找到其歷史發展的內在連續性。否則歷史寫作雖然照顧到了各族群的面向，但也難辭過於片段的短處。

⑵城隍廟的興建歷史與命名，誠如作者的分析，祂與清代官方移墾「民屯」「兵屯」的方式有關，這與臺灣西部的開發，只依賴個人或家族或家鄉地緣的關係來組成開墾是完全不同的。從城隍廟自古以來就是官祀的廟宇，而且自明代開始經由官方制式的規定，全國各行政管轄的治所，或是依行政的系統機構都建有各自的城隍廟。

然而，作者之所以在本文中提及對城隍廟，主要的目的著眼於傳統廟宇是聚落或是社區共識凝聚的焦點，也是聚落社區的守護神。但是如同富源社區的城隍廟被稱爲「保安宮」，從其歷史背景來看，祂雖「保清代官方或是漢人的安」之守護神，但是絕非是「保原住民的安」之守護神，所以若要「保安宮」成爲當今富源社區居民共識的凝結點，尚需相關課題的澄清，或是釐清將來社區發展努力的課題，否則只會加深族群的不信賴關係而已。

⑶在本文中對於清代的古道與日治時期的鐵道的陳述中，可惜沒有進一步分析比較這兩條連外通路的性質。從本文的描述知道軍事是古道開闢的目的，而鐵道的開設，似乎對於經濟的發展有很高的期待。本文對富源人口的外流既然有高度的擔心，那麼似乎應該就連外道路的開通對富源社區之影響稍加分析，這才能瞭解本文所討論的主題擁有一貫性。

⑷另外，對於自然生態的記述，臺灣目前所關心的常是生態中「亮麗的明星」。如本文指點出了蝴蝶與螢火蟲，但是自然界的植物或是動物，其實是整個生態體系的一小部份罷了，所以若要描述一個地區的動植物，但又不能對其支持的背後生態系統土壤的瞭

解，對蝴蝶的瞭解也好，螢火蟲的瞭解也好，都是不可能的。

(5)本文對富源社區未來的發展寄望於學區的組織及活動，但是從本文的記述中，其實無法感受到作者對學校的調查與瞭解，任意將社區發展的重任經由學校來承擔，其實應對校長、師生、家長、村里民、社區發展協會等不同角色，仔細評估於社區發展所可能承擔的角色爲何。而且富源社區的發展是否必須由學區的學校來承擔，生態保護團體、婦女團體、文史工作室等等可扮演的角色爲何？要如何找出其眞正的機制？才是重要課題。

三、社區史的撰寫必須看到社區的「意志力」

一個社區史是否存在？是否可被確立？端看包括人與環境在內的社區，是否存在有「意志力」。但是臺灣的社區，包括本文所撰寫的對象「富源社區」，其環境與居民之間，用謙卑、熱情、期待、野心所造成的融合、衝突緊張關係並不清楚。若要說「臺灣的社區或是富源存在有生命的社區史」，以目前的情況來看尙有很大的問題。過去臺灣對由環境與居民共同組成的社區，太不重視其「意志力」的存在也是事實，而這種「意志力」，換言之，也就是天地之間的「心」罷！讓我們共勉一個可見社區發展意志力的社區，也能有一篇具有生命活力，亦即社區「心」的歷史研究。

「山水並美，人情味濃」
——臨溪社區發展史史料初探

張中訓*

壹、前言

筆者與臨溪社區結緣於一九九三年秋。當時筆者承章孝慈校長之託，參照美國大學總體經營理念，創辦了東吳大學發展處(Development Office)，並擔任首任兼任處長。發展處係一與教務、學生事務及總務三處，相平行的一級行單位，負責統籌校友聯絡、國際文化交流、公共關係、文宣出版、募款及社區發展等業務。❶由於東吳大學也是所在地社區——臨溪社區的一份子，自不能自外於社區。筆者即秉持美國大學城(College Town)之發展理念在東吳大學發展處內制訂了一個「好鄰居在地結緣專案計劃，據以強化東吳大學與以臨溪社區為主的鄰近社區關係。為了結合理論與實務，為了結合學校與社區，東吳大學發展處連續於一九九四及一九九

* 東吳大學歷史系副教授

❶ 東吳大學發展處，《東吳大學發展處簡介》，台北：東吳大學發展處，一九九六。

五兩年舉辦了第一、二屆「社區文化發展研究會」，邀請校內教師職員及社區領袖共同構思臨溪社區之發展前景。❷由於負責督導社區發展業務的關係，筆者也結識了臨溪社區發展協會理事長李燦光先生。李理事長平易近人，見解前瞻，服務鄉梓與社區的熱誠尤為感人。因為筆者在做人處事與社區發展的理念上與李理事長甚為相契，所以東吳大學發展處與臨溪社區發展協會的合作互動就日益密切了起來。自一九九四年開始，東吳大學發展處公共關係組就開始積極支援臨溪社區的年度「重陽敬老活動」及「淨溪與掃街活動」。❸為了積極參與社區的運作，筆者也於一九九五年九月起擔任台北市士林區發展促進委員會委員，並於一九九六年一月起受聘為臨溪社區發展協會第一屆顧問。❹一九九六年，東吳大學與臨溪社區的合作與互動可以說達到了一個新高點，除了舉辦年度「重陽敬老」、「淨溪掃街」外，並合作舉辦了「外雙溪生態資源調查」等活動。❺在東吳大學發展處的協助下，臨溪社區也申請到7-Eleven統一超商「好鄰居互相牽成社區活動輔助款新台幣三十一萬元。❻是年，行政院文化建設委員會亦委託東吳大學發展處主辦及臨溪社區發展

---

❷ 同上。

❸ 《外雙溪季刊—臨溪社區導報》，第十二期，八十四年度春，版2。

❹ 台北市士林區公所，84北市士社字第一九九六五號聘書，中華民國八十四年九月十九日及台北市士林區臨溪社區發展協會聘字第2號，中華民國八十五年一月一日。

❺ 《外雙溪季刊—臨溪社區導報》，第十六期，八十五年冬及八十六年春，版1～4。

❻ 《外雙溪季刊—臨溪社區導報》，第十四期，八十四年冬及八十五年春，版1～2。

會協辦爲期三天的「全國社區總體營造與社區發展研討會」。❼

在擔任臨溪社區發展協會顧問之後，筆者對於臨溪社區的發展理念與宗旨、組織運作、公關文宣及服務內涵等，才有了更深一層的認識與瞭解。筆者發現臨溪社區已有將近二十年的成功發展經驗。並曾於一九九三年榮獲台北市政府評鑑爲全台北最優良社區。❽由於筆者的本職係東吳大學歷史系副教授，在專業直覺與興趣影響下，注意到臨溪社區發展協會尚未設置文史工作單位，積極推動臨溪社區發展史的編撰工作。俗語有云：「不立志，不能行遠路！」❾況且，近年來，台灣史與鄉土史的尋根與撰寫在國內史學界正方興未艾，蔚爲風潮，堪稱顯學。在一次閒談之中，筆者就向李燦光理事長陳述了編撰臨溪社區發展史的時代意義。筆者以爲，臨溪社區發展史不但是社區居民集體記憶（Collective Memory）代代承緒的具體表徵，也是社區居民集體智慧（Collective Wisdom）傳承的橋樑。臨溪社區發展史也是未來鄉土教學的重要素材，更是塑造與增強社區意識，不可缺少的元素。雖然編撰臨溪社區發展史的理念與重要性深受李燦光理事長的認同與肯定，由於筆者忙於教學與行政，一直抽不出時間，就臨溪社區發展史的編撰工作，提出具體的規劃與步驟。

本次由東吳大學歷史系所主辦的「方志學與社區鄉土史學研討

---

❼ 〈東吳大學發展處張處長致詞〉，《社區總體營造與文化發展研討會》，頁3。

❽ 黃美娥，〈山明水秀的臨溪社區　成長、茁壯、發展〉，《福利社會　雙月刊》，頁6。

❾ 林馨琴，〈本土尋根風潮與台灣各地修志概況〉，《中國時報》，一九九四年九月二十四日，版31。

會」，可以說是爲臨溪社區發展史的撰寫工作，提供了一個良好的契機及催化作用。筆者本想藉機撰寫一篇「臨溪社區發展簡史」，就教與會先進學者專家，但是立即發現「烹小鮮者，如治大國」。其實個案研究或由一粒沙看世界也不簡單。小歷史（Micro-history）的撰述，也不一定比大歷史（Macro-history）的撰寫更易討好。囿於時間，僅將本文訂爲「臨溪社區發展史史料初探」。本文僅就臨溪社區之人文地理特色、緣起與發展、史料的蒐集、編撰體例等問題陳述於後，敬請諸位學界先進，惠賜卓見，不吝指教。希望今天的播種，能在兩年之內，有所收獲，能夠完成臨溪社區發展史的撰寫工作，並爲外雙溪流域的其他地區，撰寫社區史的作業，提供一個經驗基礎，也爲未來建構整個外雙溪流域的「小河文明」邁出極其重要的一小步。

貳、臨溪社區的人文地理特色

台灣的每一個社區都有每一個社區的特性與風格，有的是因爲一座山出名，有的因爲一條河而出名，有的有特殊的農產品和水果，有的有天然的溫泉，有的有一座香火鼎盛的廟。⓫茲將臨溪社區的人文地理特質分述於後：

---

❿ 士林區外雙溪沿岸共有十個社區，由上游算起，依序爲中央社區、翠山里、臨溪社區、岩山里、名山里、福志里、福林社區、八芝蘭協會、福佳社區及福佳里。〈重現雙溪之美　大家一起來〉，《中國時報》，一九九七年十月十五日，版19。

⓫ 〈期待鄉鎮個性風格復甦〉，《中國時報》，一九九四年九月二十四日，版31。

一、山水並美，風景秀麗

臨溪社區面積二點六三平方公里，位於士林東南端，東與雙溪社區接鄰，西與福林里福溪相傍，南以福山與內湖爲界，北與永福里比鄰。社區居民共約一千戶，三千餘人。⓬臨溪社區的前身是臨溪里，後來重劃行政區域時，將其劃歸爲翠山里的第十三至二十四鄰。爲了承緒外雙溪的自然及人文傳統，因而把社區命名爲「臨溪社區」。⓭臨溪社區屬於郊區型社區，依山傍水，風景秀麗，具有城市社區無法享受到的山水綠色空間。清澈蜿蜒的外雙溪不但是名聞遐爾的社區地標，也是社區居民舉辦各項活動的主軸與凝聚力。臨溪社區內尚有相當規模的休閒觀光設施，計有國立故宮博物院及其附屬的至善園和至德園、雙溪公園、至善公園、青青農場等。所以臨溪社區也是一個著名的文化風景區，社區的福利標誌也是以外雙溪爲圖案造形。

二、文教機構林立、藝文水準高尚

臨溪社區的第二個特色爲社區內文教機構林立，計有故宮博物院、東吳大學、衛理女中、至善國中、摩耶精舍、順益原住民博物館、陸軍衛生勤務學校及素書樓等。所以臨溪社區也是一個充滿了文化氣習的社區。臨溪社區的誕生也與社區內的文教機構有密不

⓬ 〈社區簡介〉，《台北市士林區臨溪社區發展協會成立大會暨第一屆第一次會員大會手冊》（台北，臨溪社區發展協會，一九九三）頁1。

⓭ 黃美娥，〈山明水秀的臨溪社區〉，《福利社會雙月刊》，第四十期，（台北：台北市市政府社會局），頁4。

可分的關係。東吳大學社會學系早在一九七四年，即著手規劃臨溪社區成爲學校所在地之實驗社區。⓮在當地居民、東吳大學社會系、故宮博物院、中影文化城、陸軍衛生勤務學校、衛理女中、至善國中等文教機構的共同參與之下「台北市士林區臨溪社區理事會」於焉成立於一九七五年。一九九三年再改組成爲「臨溪社區發展協會」。⓯迄今臨溪社區全體居民與當地文教機構仍然密切配合舉辦各項活動，聯繫居民感情，豐富居民生活內容，提昇居民生活品質。

三、人情味濃、人和爲貴

臨溪社區，民風淳樸，相處和睦，具有台灣傳統社會豐富的人情味。人和是社區發展的原動力。社區發展也是以人爲主軸。⓰由於空氣清新，環境優美，臨溪居民，多健康長壽，七十歲以上的人瑞甚多。社區居民認爲故宮中華文物、外雙溪及人瑞是爲臨溪三寶。社區每年也舉辦「重陽敬老活動」，以敬老爲凝聚社區共識的觸媒。⓱臨溪社區的社徽也是以人的圖案爲造型。

四、以行動爲導向，以行動爲依歸

臨溪社區係以「地理社區」的概念爲基礎，以「行動社區」的

⓮ 徐震，〈楊懋春教授對於社區發展工作的貢獻〉，《東吳大學社會學報》，第七期，（台北：東吳大學，一九八三），頁56。

⓯ 《外雙溪季刊—臨溪社區導報》，創刊號，八十年度秋，版1。

⓰ 黃美娥，頁6。牛慶福，〈臨溪社區人和凝聚動力〉，《聯合報》，一九九四年三月十七日，版15及牛慶福，〈臨溪社區山明水秀人情味濃〉，《聯合報》，一九九三年七月十五日，版14。

⓱ 一九九七年十月五日重陽敬老活動請柬。

概念爲方法，以「心理社區」的概念爲目的，用以滋長社區意識。換句話說，臨溪社區秉持「以活動推動服務，以活動聯繫感情」的原則，以行動爲導向（action-oriented），不斷舉辦與居民衣、食、住、行、育、樂等相關的各項活動，藉以蘊育出休戚與共社區感情與意識。⓲

臨溪社區定期舉辦的活動計有合唱團、媽媽教室、親職教育、課業輔導、基礎電腦、球類運動等。不定期活動有自強活動、旅遊活動、敬老活動、兒童夏令營、親子營、青少年探訪老人院及各項球類比賽。除此以外，每年尚舉辦若干具有特定主題的活動如「舊愛新歡」義賣活動及「大家一起來拯救外雙溪」運動等等。⓳

參、臨溪社區的緣起與發展概述

一九七三年東吳大學禮聘康奈爾大學博士楊懋春教授至校創辦社會學系，其所訂之教學目標爲「瞭解社會」與「服務社會」，並規定全系學生均須參加社會服務實習工作。一九七四年東吳社會學系即著手規劃成立學校所在地社區的作業，冀能結合理論與實務，一面服務地方，一面提供一個學生實習的園地。⓴同年八月三十一

⓲ 李燦光，〈感恩山水·回饋大地：讓溪水再清—外雙溪淨溪活動〉，《社會福利雙月刊》，第五十五期，（台北：台北市政府社會局），頁25及徐震，〈社區一詞的用法及其演進〉，《東吳政治社會學報》，第二期，（台北：東吳大學，一九七八），頁83。

⓳ 黃美娥，頁5。

⓴ 徐震，〈楊懋春教授對於社區發展工作的貢獻〉，《東吳政治社會學報》，（台北：東吳大學，一九八三），頁49、56。

日，東吳社會系出面邀集政府基層行政人員、各機關代表及地方居民領袖舉行首屆「大學社區發展問題座談會」。東吳社會系於會中詳細說明了，社區發展的目的、計劃內容與推動步驟。與會各界代表也針對地方發展的主要問題與需求表達看法，並商討如何界定未來社區的範圍。㉑一九七五年一月九日，東吳社會系再度出面邀集第二次「大學社區發展問題座談會」，向地方居民及機關代表報告社區調查結果，並研究社區發展計畫之擬定。㉒同年二月二十二日，在東吳社會系之策動下成立了「社區發展籌備委員會」，內政部社區發展研究訓練中心於會中宣佈由東吳大學負責成立大學實驗社區，希望能按社區發展的原理原則，依社區理事會之計畫，配合地方機構相關資源，來發展改善居民之生活環境。㉓同年五月二十四日，「臨溪社區理事會」正式成立，並召開了第一次理事會共同擬定社區發展計畫。第一屆理事會成員計有郭春安、張華之、王賢英、王宗全、楊吉祥、楊立明、魏隆貴、黃效民、黃繁光、楊懋春等人。㉔六月七日，臨溪社區召開第一次常務理事會，王宗全先生被推舉爲社區發展理事長，郭春安、楊懋春爲常務理事，王賢英先生爲理事兼顧問。㉕同時由楊懋春主任主持，胡幼慧及蔡明哲老師共同研究的《大學社區發展實驗研究報告》，在內政部社區發展研究訓練

㉑ 楊懋春，《大學社區發展實驗研究報告》，（台北：中華民國社區發展研究訓練中心，一九七五），頁18。

㉒ 同上，頁19。

㉓ 同註⑳。

㉔ 同註㉑，頁72。

㉕ 同上，頁73。

中心的贊助下，也如期出版。㉖簡言之，臨溪社區之成立與其初步之發展步驟，皆依據楊懋春主任所強調的「先研究，後行動」原則進行，即經由地方人士的共同參與、家戶訪問，而後成立組織，擬定計畫，依序建立一個理想的大學實驗社區。東吳大學社會學系師生在完成社會調查與規劃等服務之後即逐漸退居幕後，逐漸由社區人士接辦並擴大各項服務，致使臨溪社區多年來均爲台北市的模範社區。㉗除此之外，東吳大學社會學系尙輔導臨溪社區於一九七五年十一月出版《臨溪導報》月刊一種，其發行量爲一千兩百份，後因經費不足，發行了八期以後，暫時停刊。㉘

王宗王理事長服務於中影製片廠，公餘之際，將全付心力皆放在社區發展之上。王理事長尙兼辦公文塡寫、傳遞、保管等事。凡經其處理的文案，皆分案分卷，裝訂成冊，井井有條，爲台北市其他社區觀摩學習的對象。然而民國八十一年的一場淹水，卻使社區文件檔案，泡水毀損，殊爲可惜。㉙一九九一年秋，臨溪社區理事會改選，李燦光先生當選理事長。前任理事長王秋土先生出任名譽理事長。羅振明先生擔任總幹事。理事有廖火炎、陳櫟材、蕭鳳悟、吳哲夫、王在壿、林金聰、李明通、劉勛、徐光陞、黃淑

㉖ 同註㉖。

㉗ 同註⑳。

㉘ 胡幼慧，〈一個社區發展的實例—臨溪社區〉，《東吳政治社會學報》，（台北：東吳大學，一九七七），頁182及楊孝榮，〈臨溪導報與臨溪社區發展關連性之研究〉，《社區發展月刊》，第五卷，第八期，（台北：一九七六），頁1。

㉙ 《外雙溪季刊—臨溪社區導報》，創刊號，（台北：臨溪社區，一九九一年度秋），版2。

馨、鍾慧秀、黃阿雪、張信惠、梁慶成及李秋雲等。理事會顧問爲梅翰生、張水村、郭林瓊英、劉乙光、胡玉和朱慶明。理事會下設文宣、財務、活動及服務委員會。理事會深感臨溪社區導報於一九八四年，因欠缺經費停刊後，社區居民遂沒有一份，可發抒心聲，通告信息的刊物，所以就決定一九九一年秋恢復臨溪社區導報之出刊。一九九三年臨溪社區理事會改名爲臨溪社區發展協會，乃由李燦光先生擔任理事長、王秋土先生擔任名譽理事長、羅振明先生出任總幹事外，並由梁慶成先生擔任常務監事。另設顧問委員會由蕭鳳悟先生出任主任委員。㉛除了若干人事方面的變動，迄今臨溪社區發展協會的組織架構，自一九九三年迄今，尚無重大的調整變動。

肆、基本史料的蒐集

關於臨溪社區的緣起與肇建方面的史料（一九七三～一九七五），尚稱豐富，主因東吳大學社會學系的老師們多將他們早期參與籌創大學實驗社區的理念、規畫內涵、推動策略、工作方針與步驟、以及學術觀察與評估，寫成論文或工作報告在《社區發展季刊》，《社區發展月刊》及《東吳政治社會學報》上發表，計有楊懋春，《大學社區發展實驗研究報告》；徐震，〈社區一詞的用法及其演進〉，東吳大學社會工作學系，〈六十九學年度社會學系社區服

㉚ 同上，版1～2。

㉛ 《外雙溪季刊—臨溪社區導報》，第八期，（台北：臨溪社區，一九九三年秋），版1。

務中心工作報告〉；徐震，〈楊懋春教授對於社區發展工作的貢獻〉；謝秀芬，〈親職教育在社區發展中的功能〉，以及楊孝濚教授的〈社區發展實例—東吳大學社會服務站〉、〈臨溪導報與臨溪社區關連性之研究〉、〈臨溪社區發展與東吳大學社會服務中心〉、〈社區發展應以提昇生活素質爲依歸〉、〈社區資源的運用與社區共識的建立〉、〈社區報紙在社區中的整合功能〉等篇。[32]

然而臨溪社區理事會第一任理長王宗全至第七任理事長（一九七六～一九九〇）任內的人事及會務資料，尙付之闕如，有待蒐集與搶救。李燦光先生在擔任第八屆臨溪社區理事會理長及第一、二屆臨溪社區發展協會理事長任內的各項基本史料，則不但豐富且呈多元性，計有，《外雙溪季刊—臨溪社區導報》、各類新聞剪報資料及舉辦各項活動之傳單、請柬、節目表、企畫案等等。其中以自一九九一年復刊的《外雙溪—臨溪社區導報》最爲重要。《外雙溪—臨溪社區導報》，迄今已發行十七期，原則上爲每季一期，兼具社區小衆傳播媒體與社區公報之性質，舉凡社區中的大小事務活動均有記載報導。因臨溪社區發展協會之運作係以人和爲貴，且無正式編制之工作人員，所以多無正式的會議記錄。有關社區理事會的運作與決策過程，無法由正式組織架構中一窺究竟。

爲了搶救一九七五～一九〇〇年間臨溪社區的發展史料或所謂的Missing Link（失落的環節），筆者準備採用口頭訪問的方法，藉助口訪史料，來輔助文字史料的不足。這對筆者來說也是一項新的嘗試與挑戰。由於過去從來沒有這方面的實務經驗，目前只能邊

---

[32] 有關論文或研究報告之出版單位及日期，可參考所附大事紀。

學邊作。一面參加本系劉靜貞老師所主持的東吳大學校史編撰一口述歷史工作坊，透過腦力激的方式來增進這方面的知識，一面參照輔仁大學王芝芝教授所翻譯由美國學者Donald A. Ritchie所著的Doing Oral History（大家來作口述歷史），擬定口訪計畫，進行口訪資料的蒐集與解讀，預期明年五、六月間，可將臨溪口訪的經驗做成檢討記錄，用以就教，精通口述歷史的學者專家。如果幸運的話，一九七六至一九九一年間的臨溪社區發展史將以口述史料爲主，文字史料爲輔；一九九一年以後的臨溪社區發展史將以文字爲主，口述史料爲輔。如果一九七六至一九九一年間的文字與口述史料，均呈嚴重不足，則只能有多少史料，就寫多少歷史，一方面不讓歷史完全留白，一方面等待文字或口述歷史資料的重現再加以處理。若干原始史料尙可經由田野或問卷調查等方式加以發掘出來。

伍、體例問題

臨溪社區發展史的撰寫體例，不一定要與方志一樣。因非官修地方史，亦毋須政府機構審核通過，才得出版，所以在體例方面，筆者並無定見，端視最後史稿之狀況而定，唯並不想彷照傳統方志的編修體例。至於係採編年體或敘事體之方式？爲求兼容並蓄，將以敘事爲主，大世紀爲輔。爲突顯發展與變遷之屬性（development as aprocess），參考資料之編排順序，亦以出版日期之先後爲序。

陸、結　論

社區發展的過程與變遷正逐漸受到社會各界之重視。社區發展的資料與經驗，可為學術研究的豐富體材。而社區研究的成果亦可對社會教育的推展及社會政策的本身提供前瞻與突破性的思維。從大學教育的角度來看，臨溪社區是東吳大學的實驗社區，東吳大學對社區發展之積極參與，不但突破了傳統大學的教學觀念，亦可使學術與實務相結合，進而使社區居民對大學教育之價值給予全新的評價與意義。希望臨溪社區發展史能在兩年之內撰寫完成，存放在最近發包興建的臨溪社區活動中心圖書室中，以為臨溪社區發展經驗的見證與傳承。就一個從事歷史教學與研究工作的人來說，也可以說是完成了一件搶救與建構社區歷史的任務，向歷史負責。若有未盡完善之處，當有待未來的歷史工作者（historian）持續為臨溪社區發展史，完成階斷性的增補工作。

參考資料

楊懋春，《大學社區發展實驗研究報告》，台北：中華民國社區發展研究訓練中心，一九七五。

楊孝濚，〈臨溪導報與臨溪社區關連性之研究〉，《社區發展月刊》，第五卷，第八期，台北：一九七六，頁1～6。

胡幼慧，〈一個社區發展的實例—臨溪社區〉，《東吳政治社會學報》，第一期，台北：東吳大學，一九七七，頁179～190。

楊孝濚，〈社區發展實例—東吳大學社會服務站〉，《社會發展季刊》，第一卷，第三期，台北：中華民國社區發展研究中心，社區發展雜誌，一九九七，頁109～113。

楊孝濚，〈臨溪社區發展與東吳大學社會服務中心〉，《社區發展季刊》，第一卷，第五期，台北：中華民國社區發展研究中心，社區發展雜誌，一九七八，頁147～154。

徐　震，〈社區一詞的用法及其演進〉，《東吳政治社會學報》，第二期，台北：東吳大學，一九七八，頁78～87。

東吳大學社會學系，〈六十九學年度社會學系社區服務中心工作報告〉，《社區發展季刊》，第十五期，中華民國社區發展研究中心，社區發展雜誌，一九八一，頁155～156。

徐　震，〈楊懋春教授對於社區發展工作的貢獻〉，《東吳政治社會學報》，第七期，台北：東吳大學，一九八三年，頁49～59。

楊孝濚，〈楊懋春老師與東吳大學的社會參與〉，《東吳政治社會學報》，第七期，台北：東吳大學，一九八三，頁1～20。

謝秀芬，〈親職教育在社區發展中心的功能〉，《社區發展季刊》，第三十六期，台北：中華民國社區發展研究中心，社區發展雜誌，一九八六，頁16～18。

楊孝濚，〈社區發展應以提昇生活素質爲依歸〉，《社會發展季刊，第三十三期，台北：中華民國社區發展研究中心，社區發展雜誌，一九八六，頁10～11。

楊孝濚，〈社區資源的運用與社區共識的建立〉，《社會發展季刊》，第三十四期，台北：中華民國社區發展研究中心，社區發展雜誌，一九八六，頁19～20。

楊孝濚，〈社區報紙在社區中的整合功能〉，《社會發展季刊》，第三十八期，一九八七，頁22。
楊　蓓，〈社會工作者在社會發展中的角色功能—促進溝通〉，《社會發展季刊》，台北：中華民國社區發展研究中心，社區發展雜誌，第三十九期，一九八七，頁8～9。
萬明月，〈如何提高社區意識加強「守望相助」共識〉，《社會發展季刊》，第五十三期，台北：中華民國社區發展研究中心，社區發展雜誌，一九九一，頁86。
臨溪社區發展協會，《台北市臨溪社區發展協會簡介》，台北：臨溪社區發展協會，一九九一。
曾淑貞，〈臨溪社區　山水並美　人情味濃〉，《台北週刊》，第一二四一期，台北：台北週刊雜誌社，一九九二年十二月十五日，第七版。
《臨溪社區發展協會歷年各項活動資料檔》。本檔含臨溪社區發展協會自一九九二年起至一九九七年止之各項活動的相關資訊，計有活動傳單、報名表、節目表、請柬、企劃案、預算表、開會通知等等。
臨溪社區發展協會，《外雙溪季刊—臨溪社區導報》，台北：臨溪社區發展協會，第一期至第十七期，一九九一年至一九九七年。
臨溪社區發展協會，《台北市士林區臨溪社區發展協會成立大會暨第一屆第一次會員大會手冊》，台北；臨溪社區發展協會，一九九三。
〈臨溪社區　山明水秀　人情味濃〉，《聯合報》，一九九三年七月十五日，第十四版。
黃美娥，〈山明水秀的臨溪社區—成長、茁壯、發展〉，《福利社會雙月刊》，第四十期，台北：台北市政府社會局，一九九四，頁4～7。

李燦光，〈社區文化活動理念和實務：臨溪社區實例〉，《一九九四年社區文化發展研討會》，台北：東吳大學，一九九四，頁1～10。

〈士林臨溪社區　美化有成〉，《中國時報》，一九九四年三月二十日。

〈臨溪社區觀摩　載歌載舞〉，《聯合報》，一九九四年三月二十日，第十四版。

〈臨溪社區　人和凝聚動力〉，《聯合報》，一九九四年三月十七日，第十五版。

林馨琴，〈不立志，不能行遠路——本土尋根風潮與台灣各地修志概況〉，《中國時報》，一九九四年九月二十四日，第三十一版。

〈期待鄉鎮個性風格復甦〉，《中國時報》，一九九四年九月二十四日，第三十一版。

〈社區刊物　方興未艾〉，《聯合報》，一九九四年十月十日，第十四版。

〈天母快速道路翻案　居民翻臉　外雙溪居民發出「拯救外雙溪宣言」籲政府審慎評估〉，《自由時報》，一九九五年三月二十日。

〈社區發展鎮定劑〉，《大成報》，一九九五年五月七日，第二十七版。

〈結合社會力量　外雙溪水　重現清澈〉，《中國時報》，一九九六年二月四日。

〈區里展開大掃除〉，《聯合報》，一九九六月二月十一日，第十六版。

〈讓溪水再清　二百準醫師投身清溪　陸軍衛生勤務學校同學外雙溪沿岸清垃圾　成果多〉，《中國時報》，一九九六年九月二十二日。

〈士林臨溪社區　防蚊大掃除〉，《中國時報》，一九九七年九月二十八日。

〈外雙溪水質已遭輕度污染〉，《民生報》，

〈這廂忙淨溪　那廂丟垃圾　外雙溪水　照映美醜兩樣人心〉，《民生報》，

〈李燦光服務左鄰右舍，溫暖點滴上心頭　不像生意人的生意人〉，《民生報》，一九九六年十二月一日。

〈讓外雙溪成爲台北東山河〉，《民生報》，一九九六年十二月一日。

臨溪社區發展協會，《台北市士林區臨溪社區發展協會第二屆第一次會員大會手冊》，台北：臨溪社區發展協會，一九九六年。

李燦光，〈讓溪水再清—外雙溪清溪活動〉，《福利社會雙月刊》，台北：台北市政府社會局福利社會雜誌社，一九九六，頁25～27。

陳壽賢，《台北市士林區封域地名沿革》，台北：台北市士林區戶政事務所，一九九七。

王芝芝譯（Ritchie, Donald A.），《大家來做口述歷史（Doing Oral History）》，台北：遠流出版公司，一九九七。

〈天母快速道路　可能通過大直要塞〉，《中國時報》，一九九七

年六月八日，第十頁。
〈士林區社區發展成果值得喝采〉，《自由時報》，一九九七年六月二十四日，第九頁。
〈感謝臨溪社區理事長李燦光先生捐本校影印機一台〉，《至善天地》，第十期，台北：至善國中，一九九七年六月二十日，第一版。
〈河道變水溝　河川地被佔用　嚴重妨礙水流　雙溪恐有水患〉，《中國時報》，一九九七年十一月十九日，第十七版。
〈探訪外雙溪的美麗與哀愁〉，《中國時報》，一九九七年十一月二十日，第十三版。
〈舊愛新歡義賣會　民間社團表演助興　雙溪慶耶誕作風很環保〉，《中國時報》，一九九七年十一月二十二日，第十八版。
〈挽救雙溪　居民踏勘重繪美景〉，《聯合報》，一九九七年十一月二十四日，第十五版。

臨溪社區發展協會大事紀

1973年　月　日：楊懋春教授受聘於東吳大學並創辦社會學系，該系以「瞭解社會」與「服務社會」爲宗旨。

1974年：東吳大學社會學系著手推動學校所在地的社區發展工作。

1974年：東吳大學社會學系榮獲內政部社區發展研究中心、亞洲基金會（Asia Foundation）、行政院經濟設計委員會及台北市市政府社會局發展科之贊助，爲臨溪社區之成立與發展，進行爲期兩年之研究與規劃。

1974年8月31日：東吳大學社會學系舉辦「大學社區座談會」。

1975年1月9日：東吳大學社會學系舉辦「大學社區發展問題研討會」。

1975年2月22日：東吳大學社會學系舉辦「第二屆社區發展問題研討會」。

1975年5月22日：成立臨溪社區發展籌備委員會。

1975年5月24日：成立臨溪社區理事會，全體理事公推王宗全先生爲理事長。郭春安與楊懋春爲常務理事。

1975年5月下旬：東吳大學社會學系系主任楊懋春教授榮獲內政部社區發展研究中心贊助，進行爲期二年之大學實驗社區研究。

1975年6月7日：臨溪社區理事會召開第一次常務理事會。會中草擬臨溪社區社區發展計劃。

1975年8月：東吳大學社會學系系主任楊懋春教授出版《大學社區發展實驗研究報告》。

1975年11月：臨溪導報創刊，發行量一千二百份。每月出刊一期，共發行八期，後因經費不足停刊。

1976年：東吳大學實驗社區榮獲美國亞洲基金會（Asia Foundation）之贊助。

1976年：東吳大學社會學系在亞洲基金會之贊助下，在台北市士林區臨溪社區成立「東吳大學社會服務站」，推動「家庭藝術講習班」及「衛生所服務計劃」。

1976年5月22日：家庭藝術講習系列開始，由王世榕先生講授婚姻。共有28人出席聽講。

1976年5月29日：薇薇夫人講授家人關係。共有80人出席聽講。

1976年6月：進行社區居民健康狀況調查。

1976年6月5日：朱秉欣神父講授心理健康。共有42人出席聽講。

1976年6月12日：王世榕先生講授家庭娛樂之安排。共有45人出席聽講。

1976年7月10日：許素絨小姐講授保健美容方法。共有35人出席聽講。

1976年7月17日：許素絨小姐講授化粧美容方法。共有45人出席聽講。

1976年7月24日：郭美洲小姐講授健美操。共有35人出席聽講。

1976年7月31日：汪汝霞女士講授婦女疾病的防治。共有15人出席聽講。

1976年8月：東吳大學社會學系楊孝濚教授在《社區發展月刊》，第五卷，第八期，發表〈臨溪導報與臨溪社區關連性之研究〉乙文。

1986年8月7日：高淑琴女士講授家庭計劃。30人出席聽講。

1976年8月14日：羅俊男先生講授癌症防治。10人出席聽講。

1976年8月21日：郭美洲小姐講授儀態與健康。25人出席聽講。

1976年8月28日：于秉溪先生講授家人保健。8人出席聽講。

1976年9月4日：朱明女士講授家庭佈置的藝術。

1976年9月11日：曾慶美小姐講授家庭園藝，室內小擺設小豬的製作。

1976年9月18日：曾慶美小姐講授家庭園藝，插花藝術。30人出席聽講。

1976年9月25日：朱明女士講授廢物利用。29人出席聽講。

1976年10月2日：呂美智老師講授巧果點心的製作。92人出席聽講。

1976年10月9日：江淑華老師講授家常菜與便當菜的製作。67人出席聽講。

1976年10月16日：江淑華老師講授點心與沙拉的調製。64人出席聽講。

1976年10月23日：呂美智老師講授經濟宴客。72人出席聽講。

1976年10月31日：臨溪社區成立敬老會。

1977年：東吳大學臨溪社區實驗社區，榮獲美國切斯曼哈頓國際基金會（The Chase Manhatten International Foundation）之輔助。

1977年2月29日：臨溪社區理事會舉辦老人聯歡會。

1977年8月11日：舉辦衛生推廣服務，急救訓練班。

1977年8月13日：高淑貴女士講授如何做好家務事。

1977年8月18日：舉辦衛生推廣服務，灼傷及意外事件之處理。

1977年8月20日：吳玉惠女士講授穿的藝術——上街買布去。

1977年8月25日：舉辦衛生推廣服務，中毒與骨折的處理。

1977年8月27日：吳玉惠女士講授穿的藝術——上街買布去。

1977年9月：東吳大學社會系楊孝濚教授於《社會發展季刊》，第一卷，第二期發表〈社區發展實例—東吳大學社會服務站〉，乙文。

1977年9月1日：舉辦衛生推廣服務，休克與人工呼吸。

1977年9月3日：吳玉惠女士講授穿的藝術——服務設計我也懂一些。

1977年9月8日：舉辦衛生推廣活動，搬運與包紮。

1977年9月10日：吳玉惠女士講授穿的藝術——衣服壽命要維持。

1977年9月17日：吳玉惠女士講授穿的藝術——季節更換時。

1977年9月24日：吳玉惠女士講授穿的藝術——原來如此。

1977年10月：胡幼慧女士於《東吳政治社會學報》，第一期，發表〈一個社區發展的實例—臨溪社區〉，乙文。

1977年10月～1978年3月：展開社區特殊對象，健康個案訪視。由程玲玲老師指導。

1977年10月1日：蔡貞貞女士講授烹飪的理論與技巧。

1977年10月19日：舉辦衛生推廣活動，搬運與包紮。

1977年10月26日：舉辦衛生推廣活動，搬運與包紮。

1977年10月29日：楊瓊花女士講授如何保持食物的營養。

1977年11月2日：舉辦衛生推廣活動，搬運與包紮。

1977年11月5日：楊瓊花女士講授營養知多少？

1977年11月9日：舉辦衛生推廣活動，家庭護理班，均衡膳食；飲食與疾病。

1977年11月12日：社區婦女及家庭成員參加青年公園踏青聯誼活動。

1977年11月15日：舉辦衛生推廣活動，家庭護理班。

1977年11月19日：周美惠女士講授，怎樣才是良好的住宅。

1977年11月23日：舉辦衛生推廣活動，家庭護理班，簡易家庭護理之一。

1977年11月26日：周美惠女士講授，好家庭有好住宅。

1977年11月31日：舉辦衛生推廣活動，家庭護理班，簡易家庭護理之二。

1977年12月3日：周美惠女士講授，住宅也是有生命的。

1977年12月7日：舉辦衛生推廣活動，家庭護理班，簡易家庭護理之三。

1977年12月10日：董惠美女士講授妳所使用的化粧品適合。

1977年12月14日：舉辦衛生推廣活動，家庭護理班，孕婦保健。

1977年12月17日：董惠美女士講授皮膚是需要保養的。

1977年12月20日：舉辦衛生推廣活動，家庭護理班，嬰兒保健。

1977年12月24日：董惠美女士講授日間與夜間化粧㈠。

1977年12月31日：董惠美女士講授日間與夜間化粧㈡。

1978年1月7日：高淑貴女士講授甜蜜的家庭——百年好合。

1978年1月8日：舉辦婦女健康檢查及兒童口腔衛生檢查及口腔衛生教育。

1978年1月14日：高淑貴女士講授甜蜜的家庭——養兒育女需要學習嗎？

1978年1月21日：高淑貴女士講授甜蜜的家庭——我的家庭眞可愛。

1978年2月：家庭生活藝術講習班成員互選「臨溪社區婦女俱樂部籌備委員」 12名。

1978年3月16日：社區婦女至仁愛醫院參觀。

1978年10月：東吳大學社會學系楊孝濚教授於《社區發展季刊》，第一卷，第五期，發表〈臨溪社區發展與東吳大學社會服務中心〉，乙文。

1978年12月：東吳大學社會學系徐震教授於《東吳政治社會學報》發表〈社區一詞的用法及其演進〉，乙文。

1981年：社區淹大水，理事會卷宗檔案，浸泡毀損。

1981年9月25日：東吳大學社會學系於《社區發展季刊》，第十五期，發表〈六十九學年度東吳大學「社區服務中心」工作報告〉，乙文。

1983年12月：東吳大學社會學系徐震教授於《東吳政治社會學報》，第七期，發表〈楊懋春教授對於社區發展工作的貢獻〉，乙文。

1984年：臨溪社區導報「外雙溪」季刊因欠缺經費而停刊。

1990年：台北市行政區域重劃，原臨溪里併入翠山里。臨溪社區爲承續地方歷史之傳統，未改其名。

1991年2月4～6日：與台北市立至善國中合作承辦「台北市七十九學年度國中學生寒假育樂營」。

1991年2月13日～6月15日：與至善國中合辦「父母成長班」。

1991年6月8日：與翠山里辦公室及雙溪社區理事會合辦社區居民自強活動，參觀陽明山中山樓、石門核電一廠跟淡水紅毛城等地。

1991年8月10日～10月26日：與東吳大學安素堂合辦「插花班」。

1991年8月16日：日本名古屋市童子軍第112團蒞臨社區友好訪問。

1991年9月15日：與東吳大學安素堂合辦「兒童快樂夏令營」。

1991年9月18日：與東吳大學安素堂合辦「婦女成長合唱班」。

1991年9月22日：舉辦中秋聯誼電影欣賞會。

1991年9月：與東吳大學社工系合辦志願服務隊。

1991年9月：與東吳大學法律系、衛理女中及至善國中合作提供社區居民法律和親職教育諮詢服務。

1991年9月19日～1992年6月：與至善國中合辦社區居民「大家來運動」各項活動及「跆拳道」班。

1991年9月～1992年6月：與東吳大學社工系與至善國中合辦「國中學生安親班」。

1991年10月：選舉第八屆理事會。李燦光先生當選理事長。前任理事長王秋土先生擔任名譽理事長。臨溪社區導報「外雙溪」季刊復刊。

1991年10月16日：主辦重陽敬老活動。

1991年10月～12月：與東吳大學安素堂及至善國中合辦「國中學生安親班」。

1991年10月～1992年6月：與東吳大學社工系及至善國中合辦「青少年輔導工作」。

1991年秋：再次透過士林區公所向台北市政府申請設立臨溪社區居民活動中心。

1991年11月2日～1992年1月18日：與東吳大學安素堂合辦烹飪班。與衛理國中合辦兒童繪畫或電腦班。

1991年11月16日～1991年1月：與東吳大學及至善國中合辦「父母成長讀書會」、「班級學生家長座談會」及「親職教育座談會」。

1991年12月18日：與東吳大學安素堂合辦「青年之夜」。

1991年12月18日：主辦第一屆「臨溪杯」羽毛球錦標賽。

1991年12月19日：主辦韓國合唱團的「詩歌晚會」。

1991年12月22日：與衛理女中合辦「聖誕睦鄰」活動。

1991年12月24日：主辦聖誕晚會。

1992年1月7日：與東吳大學安素堂合辦之雙溪合唱團開始招生。

1992年1月15日：與東吳大學社會工作系與音樂系合辦「元宵燈謎露天音樂晚會」。

1992年1月15日：參與士林區81年度推展基層藝文活動——元宵民俗之夜」社區成果觀摩會。

1992年1月30日：配合「國家清潔週」及「美化台北我的家」兩活動，委請衛生勤務學校官兵協助整潔社區環境並噴灑農藥消毒。

1992年1月30日：李燦光理事長與翠山里里長林金聰先生往訪翠山里派出所，並致贈全體員警春節慰勞禮品。

1992年2月：與士林區公所、東吳大學、衛理女中及至善國中合辦「元宵猜謎露天音樂晚會」。

1992年2月11日～13日：與至善國中合作承辦台北市80年度國中學生寒假育樂營。

1992年3月：出版臨溪社區導報外雙溪季刊第3期。

1992年春：榮獲「內政部81年度加強家庭教育促進社會和諧獎助優良團體」及外雙溪季刊專款補助新台幣8萬元。

1992年4月5日：美化至善路2段摩耶精舍前道路高低差檔土牆面。本活動榮獲台北市政府社會局81年度開創性服務計畫專款補助新台幣6萬9千3百元。

1992年4月26日：與東吳大學安素堂合辦兒童歡樂營。

1992年5月2日：社區合唱團參加台北市士林區81年度婦女民俗才藝觀摩活動並演唱你來、天恩歌及媽媽的哥哥等三首歌曲。

1992年6月12日：安素堂烹飪班爲社區就讀東吳大學應屆畢業生舉辦迎新會。

1992年6月14日：翠山里奉台北市政府環保局指定爲資源回收示範里。

1992年7月1日～3日：山中傳奇國中營在北部橫貫公路拉拉山舉行。

1992年7月25日：翠山里辦公室主辦，臨溪及中央社區發展協會協辦登山健行活動。

1992年：東吳大學少年團契內雙溪露營郊遊活動。

1992年8月：出版臨溪社區導報外雙溪季刊第4期。

1992年8月12日：與東吳大學安素堂合辦營火晚會。

1992年8月13～17日：社區合唱團送愛心與關懷至花蓮黎明路啓智中心。

1992年8月～1993年7月：協助至善國中辦理夫妻關係教育系列活動。

1992年8月19日～20日：與東吳大學合辦暑假育樂營並送愛心與關懷至大同育幼院。

1992年8月22～23日：與東吳大學安素堂合辦「尋寶露營活動」。

1992年9月1日：社區合唱團開始練唱。安素堂烹飪班開課。

1992年9月6日：與東吳大學安素堂合辦國中學生安親班開設國中一、二年級英文輔導班及國小五、六年級英文與數學輔導班。

1992年9月7日：與東吳大學安素堂合辦媽媽教室系列講座第二講。講題爲「如何建立甜蜜溫馨的家庭」。講師爲梁李鈴女士。

1992年9月21日～12月：協助衛理女中舉辦文藝季。

1992年9月27日：翠山里辦公室聯合各界舉辦至雙溪公園、中影文化城及故宮至善園之參觀訪問活動。

1992年9月～1993年5月：協助至善國中辦理家庭世代倫理教育系列活動。

1992年9月～1993年6月：協助至善國中辦理現代化家庭生活教育系列活動。

1992年10月3日：與翠山里辦公室舉辦重陽敬老活動。

1992年10月5日：與東吳大學安素堂合辦媽媽教室系列演講第三講。講員爲柴洪淑慧。講題爲「家庭如何塑造人」。

1992年10月7日：台北市工務局公園路燈管理處在其招開之協調會中達成「俟士林153號公園開闢時，將設計二層閱覽室供民衆使用」之結論。

1992年10月10日：與東吳大學安素堂合辦送愛心與關懷到八里樂山療養院。

1992年10月31日：舉辦社區自強活動，蔣公誕辰一日遊。

1992年10月～1993年4月：協助至善國中辦理家庭與社區關係教育系列活動。

1992年10月～1993年5月：與至善國中聯合承辦親職教育系列演講座談會。

1992年10月～1993年6月：外雙溪季刊及至善國中校刊刊登親職教育報導。

1992年11月2日：與東吳大學安素堂合辦媽媽教室系列專題演講第四講。講員為陳琇女士。講題為「成熟之愛」。

1992年11月14日～1993年6月：與至善國中合辦社區週末棒球營、童子軍營及國樂營。

1992年11月：出版臨溪社區導報外雙溪季刊第5期。

1992年11月～1993年6月：與至善國中合辦基礎電腦班。

1992年11月～1993年2月：與至善國中合辦銀髮族太極拳班。

1992年11月～1993年2月：與至善國中合辦銀髮族命相研究班。

1992年11月～1993年6月：協助至善國中辦理親職教育工作坊。

1992年12月7日：與東吳大學安素堂合辦媽媽教室系列專題演講第五講。講員為汪蘭青女士。講題為「父母經」。

1993年1月4日：與東吳大學安素堂合辦媽媽教室系列專題演講第六講。講員為楊宏雁女士。講題為「婚姻一百」。

1993年1月8日：錢穆先生紀念館—素書樓開辦青年文化講座。

1993年1月：與至善國中合辦迎新年民俗活動及「舊愛新歡」社區資源交換活動。

1993年2月1日：與東吳大學安素堂合辦媽媽教室系列專題演講第七講。講員爲廖桂櫻女士。講題爲「牽手一輩子」。

1993年2月8～9日：與東吳大學安素堂合辦「國中生冬令營」。

1993年3月1日：與東吳大學安素堂合辦媽媽教室系列專題演講第八講。由鄭碧蘭女士擔任。講題爲「如何建立愛的人生」。

1993年3月5～6日：故宮福德宮舉辦兩天一夜進香團。

1993年3月：與至善國中合辦畫我家鄉活動。

1993年3月：與衛生勤務學校合辦急救訓練班。

1993年3月：出版臨溪社區導報「外雙溪」季刊第6期。

1993年3月23日：與東吳大學安素堂合辦國中生陪讀班，國中英數複習班及國小四至六年級初級班。

1993年3月～6月：與至善國中合辦「父母成長班」。　1993年4月5日：與東吳大學安素堂合辦媽媽教室系列專題演講第九講。講員爲謝李青女士，講題爲「智慧婦人」。

1993年4月9日：與東吳大學安素堂合辦送愛心與關懷到愛愛養老院及廣慈博愛院。

1993年4月10日：與東吳大學安素堂合辦之烹飪班開課。

1993年4月16日：外雙溪居民反對開闢環東快速道路。

1993年4月23日：與東吳大學安素堂合辦插花班。

1993年5月2日：與至善國中合辦慶祝母親節社區親子運動會、畫我家鄉活動成果展及舊愛新歡資源交換活動。

1993年5月2日：參加台北市81學年度團體競賽拔河組第三名。

1993年5月3日：與東吳大學安素堂合辦讀書會。

1993年5月3日：與東吳大學安素堂合辦媽媽教室系列專題演講。講員是陳韻琴女士。講題是「模範家庭」。

1993年5月3日：與東吳大學安素堂合辦讀書會。

1993年5月：與至善國中合辦社區親子運動競賽。

1993年5月：社區理事長李燦光先生捐贈至善國中李楊寶玉女士孝思紀念獎助學金新台幣20萬元。

1993年6月7日：與東吳大學安素堂合辦媽媽教室系列專題演講系列第十一講。講員爲宋林惠玲女士。講題爲「快快樂樂過一生」。

1993年6月7日：台北市政府交通局函覆本社區有關改善社區交通之三項建議。

1993年6月30日：榮獲82年度台北市政府評鑑全市環保最優社區、育樂優良社區、美化優良社區與交通優良社區獎狀及獎金。

1993年7月15日～8月：與東吳大學安素堂合辦暑假兒童班。

1993年7月5日：與東吳大學安素堂合辦媽媽教室專題演講系列第十二講。講員爲楊台英女士。講題爲「見證如雲」。

1993年7月7日起：與東吳大學安素堂合辦合唱團。

1993年7月26日：李燦光理事長出席天母快速道路規劃案說明會。

1993年8月：出版臨溪社區導報「外雙溪」季刊第7期。

1993年8月9～10日：與東吳大學安素堂假陽明山福音園舉辦兒童快樂夏令營。

1993年8月29～30日：與東吳大學安素堂合辦「親親寶貝親子成長營」及「頑皮家庭親子營」。

1993年9月5日：國小課輔班開課。

1993年9月8日：天母快速道路因內湖過自強隧道後路線難覓，後段規劃終止。

1993年9月15日：國立故宮博物院及附近居民代表堅決反對環東快速道路穿越臨溪社區而過。

1993年9月18日：台北市士林區臨溪社區發展協會奉准成立。招開第一屆第一次會員大會，選舉李燦光先生爲理事長，梁慶成先生爲常務監事。

1993年10月9～10日：與東吳大學安素堂合辦「紳士與淑女生活營」。

1993年10月23日：主辦年度重陽敬老活動。

1993年11月：出版臨溪社區導報「外雙溪」季刊第8期。

1993年12月13日：主辦第2屆「臨溪杯」羽毛球錦標賽。

1993年12月19日：與翠山里辦公室、中央社區發展協會、中國國民黨士林區黨部33區分部合辦82年度歲末社區自強旅遊活動。

1994年1月8日：與錢穆先生紀念館聯合舉辦青年文化講座第一講。講師爲戴景賢教授。講題爲「中國文學家的人生意境」。

1994年2月：出版臨溪社區社區導報「外雙溪」季刊第9期。

1994年2月19日：與錢穆先生紀念館聯合舉辦青年文化講座第二講。講師爲韓復智教授。講題爲「中國古代有效驗的養生學」。

1994年3月5～6日：故宮福德宮兩天一夜進香團。

1994年3月12日：與錢穆先生紀念館聯合舉辦青年文化講座第三講。講師爲蔡相輝。講題爲「現代化政策下台灣的傳統廟宇」。

1994年3月15日：中興大業巴士股份有限公司函覆李燦光理事長有關力行街口違規停車事宜。

1994年3月19日：奉台北市政府社會局指示舉辦「全國社區發展暨社區加強環保、治安、美化、育樂工作成果觀摩展。

1994年4月19日：與錢穆先生紀念館聯合舉辦青年文化講座第四講。講師爲孫鐵剛教授。講題爲「紫禁城與頤和園」。

1994年5月14日：與錢穆先生紀念館聯合舉辦青年文化講座第五講。講師爲王安祈教授。講題爲「中國古代戲劇的藝術精神」。

1994年5月14日：李燦光理事長參加由東吳大學發展處所主辦的「1994年社區文化發展研討會」。李理事長發表「社區文化活動的理念和實物：臨溪社區實例」論文乙篇。

1994年6月：出版臨溪社區社區導報「外雙溪」季刊第10期。

1994年6月12日：與錢穆先生紀念館聯合舉辦青年文化講座第六講。由陳瑞庚教授「談碑刻書法的失眞」。

1994年6月18日：翠山里改選里長。臨溪社區發展協會全體理監事一致推薦現任里長林金聰先生競選連任。

1994年6月26日：台北市士林區臨溪發展協會參觀訪問團蒞臨金門。

1994年7月9日：與東吳大學安素堂合辦婚姻與家庭講座由馮志梅女士講述「牽手一生」。

1994年7月9日：與東吳大學安素堂合辦青年文化講座第七講。由孫長祥教授講授「古人談大—中國古代的自然宇宙觀」。

1994年7月18～21日：與東吳大學安素堂合辦暑假國中安親夏令營。

1994年8月6日：與安素堂合辦婚姻與家庭講座。由馮志梅女士談「家庭溝通」。

1994年8月13日：與錢穆先生紀念館聯合舉辦青年文化講座第八講。由雷家驥教授講授「中古史學的史文觀」。

1994年9月10日：與錢穆先生紀念館聯合舉辦青年文化講座第九講。由王瓊玲教授講授「中國戲曲的抒情特質」。

1994年9月10日～1995年1月14日：與東吳大學安素堂合辦書畫班、書法班、烹飪班及插花班。

1994年9月11日～1995年1月15日：與東吳大學安素堂合國一英文班、國小英文幼級班、國小英文高級班。

1994年9月17日：與東吳大學安素堂合辦家庭與婚姻講座，由馮志梅女士談「妻子角色」。

1994年10月9日：與翠山里辦公室合辦重陽敬老活動。

1994年10月15日：與錢穆先生紀念館聯合舉辦青年文化講座第十講。講師爲辛意雲教授。講題爲「儒家思想要義」。

1994年10月：出版臨溪社區社區導報「外雙溪」季刊第11期。

1994年10月9日：舉辦年度重陽敬老活動。

1994年11月19日：與錢穆先生紀念館聯合舉辦青年文化講座第十一講。講師爲張元教授。講題爲「談如何讀資治通鑑」。

1994年12月8日～1995年1月26日：與至善國中合辦「社區與學校電腦研習班」。

1994年12月10日：與錢穆先生紀念館聯合舉辦青年文化講座第十二講。講師爲吳展良教授。講題爲「傳統的思維方式與現代社會」。

1994年12月23日：與衛理女中合辦聖誕夜至陽明醫院報佳音活動。

1994年12月24日：與衛理女中合辦聖誕節睦鄰活動。

1995年1月：翠山里辦公室公佈社區仕紳贊助照顧戶名單兩冊。

1995年1月28日：主辦我愛外雙溪年終大掃除。

1995年2月：出版臨溪社區社區導報「外雙溪」季刊第12期。

1995年3月27日：以「外雙溪淨溪活動企劃案」榮獲7-ELEVEN統一超商「好鄰居互相牽成贊助獎金新台幣31萬元。

1995年5月7日：與翠山里辦公室共同發表「臨溪社區·我愛外雙溪宣言」。堅決反對天母快速道路強行通過外雙溪。

1995年5月7日：與翠山里辦公室、中央及臨溪社區發展協會共同舉辦春節自強聯誼活動—宜蘭知性之旅。

1995年8月2日：台北市政府社會局函轉內政部7月31日答覆有關興建居民活動中心及推廣重陽節爲全國「阿媽阿公節」兩事宜。

1995年9月：故宮至德園完工。

1995年9月11日：台北市工務局公園路燈管理處於說明會中作成「閱覽室之興建，依民意簽請市政府動用預備金或追加預算與公園同時興建，以免公園興建完成再破壞園地，節省公帑」之結論。

1995年9月16日：古清美教授於錢穆先生紀念館主講「陳顥的天人觀」。

1995年10月29日：協會常務監事梁慶成先生榮獲台北市政府社會局熱心公益，造福社區獎狀。

1995年10月29日：與翠山里辦公室合辦重陽敬老活動及第二屆「畫我阿公阿媽」繪畫活動。

1995年10月：出版臨溪社區社區導報「外雙溪」季刊第13期。

1995年11月：與翠山里辦公室及中央社區協會合辦關西自強旅遊活動。

1996年1月13日：與錢穆先生紀念館合辦85年度青年文化講座第一講。由慰天驄先生講「周易與現代人之生活（上）」。

1996年1月20日：協助東吳大學發展處舉辦「社區發展研討會」。

1996年2月3日：實施第一階段「外雙溪淨溪活動」。範圍包括望星橋至自強橋間之河段。

1996年2月10日：我愛外雙溪春節大掃除。

1996年2月10日：與錢穆先生紀念館合辦85年度青年文化講座第二講。講者為慰天驄先生。講題為「周易與現代人的生活（下）」。

1996年3月9日：與錢穆先生紀念館合辦85年度青年文化講座第三講。講者為裴溥言女士。講題為「詩經欣賞與例一豳風「七月」與小雅「斯干」。

1996年3月9日：舉辦社區新春聯誼活動。

1996年4月13日：與錢穆先生紀念館合辦85年度青年文化講座第四講。講者為林慶章先生。講題為「詩經中的人文精神」。

1996年4月：出版臨溪社區社區導報「外雙溪」季刊第14期。

1996年5月11日：與錢穆先生紀念館合辦85年度青年文化講座第五講。由林隆獻先生講授「亦經亦史話左傳一左傳簡介」。

1996年6月8日：與錢穆先生紀念館合辦85年度青年文化講座第六講。由林隆獻先生講析「中國敘事文學的不遷之祧一淺析左傳的敘事技巧」。

1996年6月9日：與翠山里辦公室合辦登山健行活動。

1996年7月13日：與錢穆先生紀念館合辦85年度青年文化講座第七講。由林錟輝先生講析「尙書的史學性」。

1996年7月27日：實施第二階段「外雙溪淨溪活動」，範圍涵蓋自強橋至婆婆橋河段。

1996年7月～8月：與順益台灣原住民博物館合辦認識原住民暑期活

動營。

1996年8月10日：與錢穆先生紀念館合辦85年度青年文化講座第八講。由郭伯佾先生講析「論語的君子之學」。

1996年9月14日：與錢穆先生紀念館合辦85年度青年文化講座第九講。由詹海雲先生講析「錢穆的論語學」。

1996年9月21日：持續推動第二階段「外雙溪淨溪活動」，範圍涵蓋至善橋至大經橋河段。

1996年10月2日：主辦秋節育樂活動—王牌點唱秀。

1996年10月2日：發動撲滅登革熱社區大掃除。

1996年10月12日：與錢穆先生紀念館合辦85年度青年文化講座第十講。由熊琬先生講析「荀孟的思維方法比較」。

1996年10月13日：舉辦年度重陽敬老活動。

1996年10月13日：舉辦第三屆「畫我阿公阿媽」繪畫比賽。

1996年11月：出版臨溪社區導報「外雙溪」季刊第十五期。

1996年11月：社區義工徐凌渲及吳志芬女士榮獲士林扶輪社所頒發的義工楷模獎。

1996年11月9日：與錢穆先生紀念館聯合舉辦青年文化講座第十一講。由葉國良先生講析「理記與儀理」。

1996年11月16日：召開臨溪社區發展協會第二屆第一次會員大會。

1996年11月30日：實施第三階段「外雙溪淨溪活動—生態資源調查」。

1996年12月14日：與錢穆先生紀念館聯合舉辦青年文化講座第十二講。由辛意雲先生講析「人間情事—儒家的情韻世界」。

1996年1月30日：舉辦我愛外雙溪歲末感恩餐會。

1997年2月1日：舉辦我愛外雙溪春節大掃除。

1997年4月：發行臨溪社區導報「外雙溪」季刊第十六期。

1997年4月13日：與翠山里辦公室及中央社區發展協會合辦里民聯誼自強旅遊活動。

1997年5月23日：李燦光理事長參加由大同區公所所主辦之社區發展工作實務訓練講習會並以「社區報編製—外雙溪季刊實例」發表演講」。

1997年6月20日：李燦光理事長繼捐至善國中優良學生李楊寶玉女士孝恩獎助學金基金新台幣五萬元及影印機乙台。

1997年7月18日：舉行第一屆第五次理監事暨顧問會議。

1997年7月27日：台北市政府八十六年度社區發展評鑑進行復評，由李燦光理事長就臨溪社區之發展做簡報。

1997年7月30日：臨溪社區發展協會參加八十六年度台北社區發展工作評鑑榮獲台北市社會局感謝狀。

1997年10月5日：舉辦理第四屆「畫我阿公阿媽」繪畫比賽。

1997年10月5日：辦理度重陽敬老活動。

1997年10月　：出版臨溪社區導報「外雙溪」季刊第十七期。

1997年11月16日：招開第二屆第一次會員大會並選舉理監事。李燦光先生禪聯理事長，梁慶成先生連任常務監事。王秋土先生繼續擔任名譽理事長。

1997年11月23日：　1997年11月23日：委請陸軍衛勤學校學生在社區力行街兩側劃停車線以維持社區道路及環境整潔。

1997年11月1～6日：東吳大學於該校綜合大樓望星廣場舉辦「校園與社區資源回收舊物義賣活動」。

1997年12月21日：「舊愛新歡資源回收舊物義賣活動」。此項活動係由東吳大學主辦，國立故宮博物院、陸軍衛勤學校、士林區民衆服務社、台北東南獅子會、陽明大學、衛理女中、至善國中、雙溪國小、福林國小、台北自來水事業處、重現雙溪之美聯盟、翠山派出所、臨溪社區發展協會協辦。

評　論

謝秀芬*

有關臨溪社區的發展，以下提供一些補充資料。自1974年開始至1984年爲止這十年間，臨溪社區是東吳大學社會系的實驗社區，當時受到亞洲基金會的補助，而辦了許多社區的活動。在當時每個社區依政府的政策，應成立社區理事會，臨溪社區於是在次年1975年成立社區理事會，理事大多爲該社區具領導者或德高望重者擔任。當時爲社區所辦的活動都要照會社區理事會或與理事會合辦，在這十年期間所辦的活動有下列三項：一、社區導報；二、社區媽媽教室如辦親職教育、美容、環境美觀等講座；三、健康服務隊，如辦義診、醫療講座。

從張中訓教授在文中所列的臨溪社區發展協會大事紀中，可發現1984至1990年間沒有資料，主要是亞洲基金會所提供的經費到1984年即告結束，在無經費支持之情況下，爲社區所辦的種種活動也不得不停止。一直到1990年，東吳大學社會工作自社會學系中分出，單獨設系後，本人因擔任系務工作而走訪當時社區理事會理事長李燦光先生，希望臨溪社區能成爲社會工作學系的實驗社區，

* 東吳大學社會工作學系教授兼系主任

由同學組志工隊為社區服務，並再開始社區導報的發行。於是由本系對編輯採訪有經驗的學生協助，社區導報於1991年得以恢復出刊。另外有關社區的活動經費，則靠社區提活動方案向政府申請經費來實施，因為此時政府對社區的發展，已漸開始從原來由上而下的推動，改為鼓勵社區自己定計劃提出申請。當時由於社區並無辦公場所，舉辦活動需利用社區中各學校的場地來辦活動。直到1993年，由於政府鼓勵社區居民能參與社區的發展，於是希望各社區成立社區發展協會。因此原臨溪社區的理事會，改型為社區發展協會，成了社區居民參加的人民團體，開始社區總體營造的推行。如對外雙溪的淨溪工作及希望在東吳大學社會工作系設立親子服務專線為社區居民服務，都是由社區提出，東吳大學協助寫計劃申請書，然後向政府或民間尋找資源來實施。可見協會已開始重視硬體和軟體的服務。

對以上有關臨溪社區的發展提供了一些補充資料，這二十多年來臨溪社區是有了許多的改變，針對此提出以下三點有關修社區發展史的意見就教於張教授。

一、是否將社區的發展分成幾個階段來說明其間差異，而非排列社區發展事蹟。

二、社區活動在1990年之前和之後有許多差異。1990年前許多講座是針對婦女為主，大多為演講，而1990年之後則可看到敬老活動、青少年的輔導、兒童課後輔導等，已擴及到社區不同特性的居民服務，而非只針對婦女。

三、社區的發展是否還需重視文化面及生活型態的改變。臨溪社區從一個純樸的農村社區發展到文教區，甚至成了高級住宅區，且人口特性有許多的變化，對社區的轉型，可否考慮在社區發展中有所著墨。

當然社區的發展，受到政府政策很大的影響，這亦是不容忽視的。

深坑發展史初探

詹　瑋

前　言

筆者目前任教於東南工專，由於地緣之便，遂以深坑爲研究範圍，探討深坑的發展。本文時間斷限起於清乾隆二十年（1755年）漢人來此開墾，迄於明治四十二年（1909年）深坑廢廳，主要描述深坑從崛起到沒落的過程。

本文一開始敘述深坑的原住民，有烏來泰雅族與秀朗社（或雷朗社）平埔族。由於泰雅族不時出草，造成漢人在此地開墾事業的頓挫。二章敘述，在萬順寮隘成立之後，深坑地區才得以由溪北而溪南，順利完成墾拓。

三章說明，由於水、陸交通條件良好，以及盛產大菁、茶葉等經濟作物，使得深坑在淡水開港後，開始發展繁榮。

四章敘述日據時代，深坑從設廳到廢廳之原因及經過。最後爲結語，指出深坑在一度沒落之後，似可尋回第二春，再造繁榮景象。

壹、原住民

一、烏來泰雅族與秀朗社平埔族

臺灣的原住民，清廷以其有無歸附分爲生番與熟番。❶藍鼎元認爲：「深居內山，未服教化爲生番，……雜居平地，遵法服役者爲熟番」。❷

臺北盆地南緣地區，清代屬拳山堡，山脈綿延，靠近番界。這一帶生番屬屈尺番，即分佈於烏來屈尺一帶的泰雅族。❸烏來泰雅族出沒於臺北盆地南部山區一帶，剽悍異常，時常出草，沿霧裡薛溪（今之景美溪）南北兩岸，番害十分嚴重。

深坑地區和拳山堡的其他地區（景美、木柵、新店、坪林、石碇）一樣，在清代都屬平埔族秀朗社所轄，他們是屬於漢人所謂的熟番。

根據文山地區的古契約顯示，秀朗社常和雷朗社混稱，原來雷朗社爲雷里社和秀朗社合併而成。雷里社的社址在加蚋仔庄（今臺北

---

❶ 伊能嘉矩，《台灣文化志》（下），中譯本（台灣省文獻會出版，一九九一年六月），頁二一一。

❷ 見藍鼎元，〈粵中風聞台灣事論〉，《鹿洲初集》（台北：文海出版社），第十一卷，頁八一五，另見《台灣文化志》（下），頁二一一。

❸ 齊覺生據指南村耆老所言，指出早期木柵山上有泰雅族，見齊覺生，〈木柵鄉誌略〉，《政大學報》，第二期（一九六〇年出版），頁一。此外，據石碇耆老高筆能表示，早期石碇格頭區，曾有泰雅族人在此居住，後來被趕回烏來，見詹瑋，〈石碇懷古〉，《歷史月刊》，五十三期（一九九二年六月），頁一一六。此外，師大趙祐志亦認爲深坑山區生番爲泰雅族，見趙祐志，〈台北最早的茶鄉—深坑初探〉，《師大史學會刊》，三十五期（一九九一六月），頁六六。

市雙園區）。❹秀朗社本社在新店溪上游西岸挖仔庄（今新店市柴埕里），平埔族自稱Wara社（挖仔社）。❺後在乾隆年間，秀朗社遭水災致耕地縮小，所以部份社民北遷至今日秀朗地區。❻雷里社亦因加蚋仔庄的興起，受到漢人人口的壓力，社民人口漸少，❼雷里社與秀朗社剛好隔河相望，在雙方人口均不多的情況下，促成了雙方就近合併，成爲雷朗社。

二、土目與番業户

當漢人來到深坑開墾時，因此地屬秀朗社（或雷朗社）番地，如欲開墾，必須先得到土目及番業戶的同意，並給予相當的代價，才能取得墾耕之權。以下先對土目及番業戶作一說明。

清初仍鄭氏之舊，於各番社設土官。乾隆初年，土官改稱爲土目，其職責在約束社衆，處理社務，管收公租，發給口糧等等。❽番業戶始創於乾隆二十二年（1757年）。由於當時漢通事徵收大租，往往中飽私呑，爲防止此流弊，如不以番人充任通事，則設番業戶以收納番社大租，完繳正供及分配口糧。❾

---

❹ 洪敏麟，《台灣舊地名之沿革》，第一冊（台中：台灣省文獻委員會，一九八〇年四月三十日），頁二一〇。

❺ 伊能嘉矩著，楊南郡譯註，《平埔族調查旅行》（台北：遠流出版社，一九九六年），頁一四五。

❻ 伊能嘉矩著，楊南郡譯註，《平埔族調查旅行》，頁一四三。

❼ 洪敏麟，《台灣舊地名之沿革》，第一冊，頁二一一。

❽ 戴炎輝，《清代台灣之鄉治》（台北：聯經出版公司，一九九二年五月，第三次印行），頁三七六。

❾ 戴炎輝，《清代台灣之鄉治》，頁三七四。

根據文山地區的古契顯示，雷朗社土目東義乃，其子君孝，孫君孝仔、潤福等人，是漢人在臺北盆地南半部開拓時，必須面對的重要土目及番業戶，此外，韓敬元與潘光輝也是不可忽視的番業戶。

深坑萬順寮溪南，最先就是由東義乃招漢人來開發的，其子君孝，招漢人開墾大坑；君孝仔和韓敬元，是溪南墾拓中，重要的番業戶，並且後者還實際參與墾拓呢！

貳、深坑的拓墾

一、拓墾之背景

漢民族入墾臺北平原，始於明末，但有正式記錄者，則始於康熙四十八年（1709年），陳賴章墾號申得官方准予拓墾大佳臘地方之墾照爲最早。⑩之後，在康熙、雍正年間，艋舺、大稻埕、大龍峒、古亭、錫口等地，均相繼開闢，於是再向南繼續開拓文山一帶。此時公館以南尚是一片林木蓊鬱、凶番出沒的原始天地。

景美在文山地區中開發最早，相傳雍正七年（1729年），有粵人墾首廖簡岳者，溯新店溪而上，來此開闢，與原住民發生衝突，有百餘人遭殺害，雙方訂立合約，漢人得以在此開墾。⑪乾隆初年高姓族人開闢溪仔口一帶，而三塊厝、番婆厝（今萬隆）也於乾隆初年

⑩ 尹章義，〈臺北平原拓墾史研究（一六九七～一七七二）〉，《臺北文獻》，直字第五十三、五十四期合刊，頁六一。

⑪ 伊能嘉矩，《大日本地名辭書續編：第三，臺灣》（東京，富山房：明治四十二年（一九〇七年）十二月印行），頁三二。伊能氏指出，此原住民爲秀朗社，而師大溫振華教授則認爲，應爲泰雅族。

爲林姓族人開墾。至乾隆中期，又有蘇興存等十五人開闢十五份庄（今興隆路一帶），⑫至此，景美地區已完成拓墾。

當景美拓墾工作進行之時，一部分漢人已越過景美山，沿景美溪向木柵拓墾。至乾隆十六年（1751年）止，木柵溪南各地皆已盡闢，繼續向東墾深坑。

二、萬順寮隘的設立

目前所知最早來深坑開墾的是許宗琴。根據許氏族譜所述：「乾隆二十年（1755年），宗琴公一房播遷深坑子新坡（陂）內開墾……」。⑭

其次爲萬順寮之開墾。相傳於乾隆三十年（1765年），由泉州人張萬順開闢，此地即因此而得名。⑮此說並無其他資料佐證，姑錄之以待來者。

而日人伊能嘉矩的記載，對萬順寮莊和深坑仔莊的開闢有如下的描述：

> 乾隆四十六年，吳伯洪、張冶金、高鐘潭、高培吉、陳光照、高鐘（疑漏一字）等，與秀朗社番業户君孝仔約，開闢萬順寮莊，

---

⑫ 台北縣文獻委員會編印，《臺北縣志》，第二冊，（台北：成文出版社影印，一八八三年三月台一版），〈開闢志〉，頁一三四一－一三四二。

⑬ 《臺北縣志》，第二冊，〈開闢志〉，頁一三五四－一三五六。

⑭ 祭祀公業許太嶽管理委員會編，《許太嶽渡台宗珪公宗闕公宗琴公世系族譜》（祭祀公業許太嶽管理委員會印，一九九二年十二月），〈許太嶽宗祠慶成後記〉，頁十二。

⑮ 《臺北縣志》，第一冊，〈大事紀〉，頁一八六。

設立民隘，防禦山番。後來高姓一族向秀朗社番贌得深坑仔莊開闢之。[16]

至於土庫莊，其開墾時間在乾隆、嘉慶間，而建莊時間則不晚於嘉慶二十一年（1816年）。[17]

臺北盆地南緣，山脈起伏，地近番界，清代初期，當景美溪流域漸次開發之際，威脅到泰雅族棲身遊獵的場所，造成原住民報復，番害頻仍。據耆老表示，番人常從猴山坑口下山殺人。[18]其地接近萬順寮，這可能爲萬順寮設隘之因。

萬順寮隘設置的歷史，可上溯至乾隆中葉。在內湖車栓寮（約在今木柵坡內坑一帶附近）地方，有乾隆三十年（1765年）雷朗四社業戶君孝仔所立山批一紙，[19]其中提及：「…每年貼隘銀貳錢正…」，由此可知，萬順寮隘至少在乾隆三十年以前就已設立。開墾萬順寮的高培吉曾經「傭人把隘闢墾，被生番殺害多人」。[20]後來高槐青繼高培吉之後接掌隘首，此時清廷終於了解到萬順寮設隘的必要性，乾隆五十五年（1790年），淡水廳同知袁秉義命高槐青爲隘首。後來又

---

[16] 伊能嘉矩，《大日本地名辭書續編：第三，臺灣》，頁三二。

[17] 〈秀朗社番業户立給墾執字〉（嘉慶二十一年），臺北市文獻委員會藏。此契中已提到土庫庄之名稱。

[18] 一九九六年七月二十五日，詹瑋訪大坑外股耆老林心良先生所得。

[19] 〈雷朗四社業户君孝仔立給山批〉（乾隆三十年），《臺灣總督府檔案》，明治四十二年，永久保存，第五十二卷，第八門，財務，第十五類土地，第十七項，編號〇一五〇四。

[20] 中央圖書館臺灣分館藏，《淡新檔案微捲》，第一編行政，第五類交通，第四款義渡，第十二案，本案共一〇二頁，上文見頁七二。微捲編號一五四一二（以下簡稱本案）。

由高槐青之子高陽接掌隘首，其下有隘丁十二名。爲了支付設隘所需經費，就番界附近田園，徵收一定租穀，稱之爲隘租。㉑萬順寮地區，最初是由番業戶每年貼納隘糧四十八石。但因丁糧不敷，是以將溪南五莊以及山坑，出資工本，招佃同隘丁分墾，以資糧食。在高陽接掌後，將烏月等莊之田，每甲供粟三石，共一百五十餘石。㉒萬順寮隘的設立，使得萬順寮地區墾務得以順利進行，也造成了後來溪南五庄的建庄。

三、溪南五莊的開發

在溪北萬順寮地區墾務進行的同時，溪南的墾務也已經展開，其過程更爲艱辛，今將其開墾次序分爲五個階段；

第一階段：乾隆四十年（1775年）十一月，漢人陳金瑞向雷裡社土目東義乃，以四十大元代價，給出口糧山埔一所，坐落萬順寮溪南。㉓其四至東至高月坑，即楓仔林上雙坑口爲界；西至高逑坑，即猴山坑爲界；南至崙盡水爲界；北至溪爲界。㉔這個範圍，包括

㉑ 伊能嘉矩，《臺灣文化志》（下），中譯本（臺灣省文獻會出版，一九九一年六月），頁四〇。

㉒ 本案，頁七二。以光緒十三年淡水縣隘租徵收來說，田每一甲多爲二、三石，少爲數斗，中等約二石，以此看來，萬順寮隘租算是偏高的。見溫吉編譯，《臺灣番政志》（上）（臺灣省文獻委員會出版，一九五七年十二月），頁四〇一。

㉓ 本案，頁七十。

㉔ 〈雷朗社君孝仔暨白番等立補墾批字〉（嘉慶三年十一月），臺北市文獻委員會藏。此四至界址爲補墾契約中所記，據其中有「隨將……前所踏四至界址再踏明付漢人……」等字句，可知兩次所踏明界址是一樣的。

今日的深坑地區在溪南的所有平地，以及今日木柵的猴山坑、魚衡仔和石碇的楓仔林地區。

第二階段：嘉慶三年（1798年）十一月，陳金瑞因開墾乏力，再招得股夥吳伯洪、張冶金、潘德挺、黃正心、高鐘墠、番敬元等六人，共合七股，向雷朗社業戶君孝仔暨白番等，繳納補墾銀八十大元，共同從事開墾。[25]

第三階段：後因內山生番兇狠，屢出殺人，於是七股公議再招股夥三人，共十股。設隘防番，艱難辛苦，開費浩繁，共闢土地，已成三莊：

一、嘉慶二十年（1815年）三月，阿柔莊建成，立十股分管字。

二、嘉慶二十年（1815年）三月，麻竹寮莊建成，立十股分管字。

三、嘉慶二十二年（1817年）十二月，烏月莊（發達埔）開成，亦立十股分管字。[26]

第四階段：嘉慶十七年（1812年），因番害嚴重，開墾者屢遭殺害，於是前十股又招佃夥六股前來開闢戇耽埔。

一、道光二年（1822年）十二月，戇耽埔開成，即立分約字十六紙。

二、道光六年（1826年）十一月，楓仔林莊開成。乃業佃十三股再招佃人十三股（共二十六股）前來幫墾，開鑿水圳工本浩大，及開墾成莊，共立分管田園約字二十六紙。[27]

第五階段：道光年間，深坑其餘各地也陸續開墾。

---

[25] 〈雷朗社君孝仔暨白番等立補墾批字〉。

[26] 本案，頁七十。

[27] 本案，頁七十。

四、開墾組織及墾拓情形

當大批安溪移民進入深坑地區時，他們首先到達萬順寮及大坑地區，向秀朗社番業戶繳出一筆費用，以獲得土地開墾權。而整個地區的開墾需要投入大批資金和人力，不是個人所能勝任，於是產生了開墾組織。

在最近新發現的一張契約中，明白指出，深坑確實是有墾號存在的，墾號名稱就叫「吳高陳」，且有其戳記－「萬順吳高陳記」。㉘

此契立於乾隆五十三年（1788年），此時萬順寮庄名已經出現，即已經建庄。對照伊能嘉矩對萬順寮庄建立情形的記載，則應屬可信。

此墾號在乾隆後期成立，向雷朗社番業戶給墾，先開闢溪北的萬順寮，而深坑仔於同一時間開墾。此時溪南的開墾人陳金瑞，因勢單力薄，遂邀「吳高陳」墾號加入開墾。在嘉慶三年（1789年）的補墾契約中，確定了深坑地區的墾拓主力，即吳、高、陳、張、潘、黃及番業戶韓敬元。之後阿柔、麻竹寮、烏月、旺耽、楓仔林，甚至溪北的土庫，都是以這七股爲主力，從乾隆末年至道光初年，完成了深坑的初墾。

參、交通與經濟的發展

一、交通與街市的興起

深坑開墾之後，石碇、坪林等地亦於嘉慶、道光年間相繼開

㉘ 〈吳高陳等仝立給山關字〉，（乾隆五十三年二月）。

關，並越過臺北盆地東南方山區，進入宜蘭平原，走出了早期的北宜山道。這條北宜山道，在姚瑩的〈淡蘭擬闢便道議〉中，有詳細的描述：

> ……計自艋舺武營南門啓程，五里古亭村、水下頭宜鋪石；五里觀音嶺腳，亦宜石；十里深坑仔街，有渡，宜船；五里楓仔林，田塍尚闊；五里石碇仔街，凡石圳三處，宜鑿寬廣，便輿馬往來……十七里噶瑪蘭三結街，大路平坦。……㉙

事實上，此路線在嘉慶初年即開有狹隘山道，㉚而此路眞正的開通，要到光緒年間。光緒十一年（1885年）九月，臺灣巡撫劉銘傳爲討伐番人之需要，開闢兩條軍道，其中一條即自臺北至六張犁，繞祖師公山（今莊敬隧道上方）南麓，經深坑、楓仔林、石碇，過樹梅嶺出坪林尾，經湖潭而達宜蘭。㉛深坑自清代中期起，到日據時期，就一直爲北宜路的必經要站，就水運而言，坐船自景美溪東行，至楓仔林（清代屬深坑），爲河運終點。陸運方面，自臺北六張犁越祖師公嶺，下得山來即達深坑，再向東走，則進入山區。深坑一方面扮演北宜道上自臺北進入東南山區的門戶角色；一方面又位於水陸交通的交會之地，交通地位重要。內山（坪林、石碇）交通不便地區居民，便在深坑採購日用品，形成一地區性市場。

深坑市街的形成，最早爲萬順寮街。乾隆年間，漢人自木柵溯

㉙ 陳培桂，《淡水廳志》，（南投：台灣省文獻委員會，一九九三年），卷一，封域志，頁二五～六。

㉚ 《台北縣志》，第十一冊，交通志，頁四六八一。

㉛ 《深坑廳第二統計書》，頁二二～三。

景美溪而上，在此上岸開墾。深坑萬順寮，因位於適合船隻停泊的河岸碼頭附近，而形成繁榮之市集。在當時萬順寮渡口處，有一口很長的深潭，可同時停泊多艘船隻。㉜隨著墾民沿景美溪兩岸向東拓墾，深坑的重心漸往東移，萬順寮渡口的地位漸爲深坑街的渡口所取代。至嘉慶初年，深坑街肆已然成形。㉞

深坑街的渡口在今深坑街的中段，據此推測，當初深坑街可能是以渡口爲中心，向左、右兩側發展的。據耆老表示，最早期的深坑街，只是一條不及兩公尺寬的泥土路，兩邊都是草厝，其居民大部份仍以務農爲業。㉟後來，隨著深坑的經濟發展，深坑街才漸趨繁榮。

二、經濟的發展

深坑的經濟發展主要和大菁及茶葉這兩種經濟作物有關，以下分別敘述之。

㈠大菁的栽培

在先民來到深坑開墾之時，一般以種植稻米和甘薯等糧食作物爲主。此外，並在山坡隙地栽種大菁（山藍），因大菁爲染布的重要原料，遂成爲深坑農家重要經濟來源。

深坑栽種大菁的歷史，可追溯到開闢初期。在嘉慶初年，有

㉜ 詹瑋採訪，深坑耆老高添財口述記錄。（一九八六年二月二十六日）

㉝ 另一原因，萬順寮渡口爲泥土岸，較不好靠岸，泥沙也較易淤積；深坑街渡口爲砂岩岩岸，釘樁較紮實。據深坑街廖正雄口述記錄（一九九六年九月五日）。

㉞ 伊能嘉矩，《大日本地名辭書續編，第三，台灣》，頁三二。

㉟ 詹瑋，〈從老街話深坑歷史滄桑〉，《歷史月刊》第四十二期，頁八〇。

人從上海攜帶大菁的苗木在深坑附近試種，因氣候、土壤適宜而大量繁殖，於是文山堡各地山腳一帶均普遍種植。咸豐年間，爲其極盛時期。㊱其時艋舺北郊爲獎勵自他地移往此地從事栽培之耕作者，提供了四、五十萬元之貸款，使得一時之間有七、八千人移往而從事此業。㊲

在一八八〇年左右，靛青在臺灣的戎克船出口貿易中，其貨物總噸數居第三，次於米和煤。然計其價値而言，卻居於首位。該年在戎克船的靛青出口方面，平均約二一，〇〇〇石，價値約一五〇，〇〇〇圓。㊳

可是，後來人工合成的靛藍取代了天然的靛藍，再加上茶葉利潤較厚，因此，原先到處可見的大菁，已爲新興的茶園所取代。事實上，在清末時，上海申報對此轉變就已做了下列描述：

> 淡水地方，向多種植靛樹，參天帶色，一望如染，顧居人之藝此者，其利雖溥，然較之栽種龍團、雀舌者，誠未若也。茲者該境人心慕業茶之利，而又審厥風土甚宜於茶，乃改植茶樹；凡高隴平壤，多藝此焉。今該境生理漸廣於前，實由此巨宗之所致也。㊴

㊱ 《深坑廳第二統計書》，頁一一。

㊲ 同上註。

㊳ James W· Davison, The Island of Formosa, past and present,（台北：南天出版社，一九九二年十月，影印版），頁五一五。

㊴ 《清季申報台灣紀事輯錄》（上），（台灣大通書局印行），同治十一年五月十九日，頁八一九。

此種轉變在十九世紀後半期即已現徵兆，至二十世紀初葉，更加速進行。根據大正二年（1913年）臺北廳的統計，文山堡的木藍栽培面積，僅存六甲。㊵可見大菁的生產已一蹶不振。

㈡茶業的發展

影響深坑經濟發展最大的首推茶業。

深坑種茶的歷史極早，早在嘉慶末年，即有福建泉州人井連侯攜茶苗至深坑之土庫莊栽種；之後始逐漸移植附近各莊，最遠甚至傳播到桃園、新竹等地，所以深坑爲文山及臺灣地區最早栽種茶樹的地方。㊶

深坑茶種以烏龍爲主，其茶業之發展，與淡水開港有密切關係，《臺灣通史》記載：

> 迨同治元年，滬尾（淡水）開港，外商漸至。時英人德克來設德記洋行，販賣阿片、樟腦，深知茶葉有利。四年，乃自安溪配至茶種，勸農分植，而貸其費。收成之時，悉爲採買，運售海外。……是以來，茶葉大興，歲可值二百數十萬圓。……㊷

㊵ 台北廳編，《台北廳第二統計書》，（台北廳印行，一九一五年三月），頁二三四。

㊶ 《深坑廳第二統計書》，管內狀況並沿革，頁一〇。此外，Davison所著 The Island of Formosa, past and present 一書，頁三七八亦指出，台灣最早茶區爲深坑角平林尾。再者，華泰茶行九十一歲耆老林大村指出，全台灣最早之茶區，應在楓仔林或土庫。這兩處地方清代均屬深坑。（詹瑋採訪，一九九六年八月二十四日，林大村訪問記錄）

㊷ 連橫，《台灣通史》（南投，台灣省文獻委員會編印，民國六十五年五月），頁五〇八。

光緒三年（1877年）左右，自大稻埕四望，山岳丘陵，悉爲茶園。㊸就深坑的茶葉交易而言，深坑之茶農，採摘生葉，製成粗茶後，就地賣與茶販，再由茶販運往大稻埕買賣。茶販住在深坑街和土庫、楓仔林等地，㊹至山上茶園，先期向茶農貸以資金，預約來年所有收穫之茶，俟茶葉收成後，加以收購進行粗製，再運往大稻埕。

就茶葉運輸而言，除經由水路外，大多數茶農和茶販均經由茶路將茶葉運往臺北。根據「茶路碑」的碑文記載：

> ……臺北附近茶產地以深坑、石碇爲大宗。於是在春、冬二季，茶農肩挑背負，分由格頭、烏塗窟、石碇、員潭仔（以上均屬石碇）、阿柔坑、萬順寮、土庫、深坑仔等地（以上屬深坑），越觀山嶺，經石泉巖，下六張犁，售賣於市肆……㊺

這就是從深坑草地尾到六張犁的茶路。而附近山區的茶葉，匯集於深坑後，亦可從水路直達艋舺，售與茶館。深坑位於文山地區茶葉輸出的水陸交通樞紐，自然成爲文山茶的集散地。深坑街上，茶農、茶販和茶商群集於此，進行交易、轉運，也因此造成深坑街的逐漸繁榮。

㊸ 《台北縣志》冊十一，農業志，頁三五六一。

㊹ 詹瑋訪問大坑謝姓茶農、崩山王姓茶農及深坑街勝川號茶行而得。

㊺ 台北市茶商業同業公會，《台茶輸出百年簡史》（台北：台北市茶商業同業公會，民國五十四年），頁三二。

㊻ 〈茶路碑碑文〉，民國七十四年六月，台北市文獻委員會立。

㊼ 溫振華，《清代台北盆地經濟社會的演變》，（民國六十七年師大碩士論文），頁一三六。

淡水開港後，北部興起的產業以茶與樟腦為主。光緒中葉，臺北盆地以大稻埕、艋舺為核心區域。盆地周圍興起的城鎮中，以深坑街、石碇街、大溪街為最著。這三個市鎮，都是因茶和樟腦的發達而興起的產業市鎮，於光緒二十年左右，深坑更進而成為臺北盆地中的二級城鎮。[48]

肆、日據時代的深坑

一、深坑抗日義軍的起落

日治初期，臺灣北部的義軍，在北台各地不斷地出擊，使日本統治當局傷透腦筋。其中深坑的陳秋菊和陳耆匏，部下約二、三千人，在臺北附近的義軍中，勢力最大，且居領袖地位。[49]

在日人佔領全台之後，北部義軍領袖決定會攻臺北城，準備給日人迎頭痛擊。

一八九五年十二月三十日，深坑警察分駐所所長川莊次郎率五名巡察外出巡視，六人全部被殺，而留守於深坑分駐所之巡查部長木田伊藏等人，於晚間十時為義軍一百多人包圍攻擊，日警突圍逃走，其中內田彌三郎與大木良三郎兩人與其他人走散。內田於深坑街外被殺，大木則為張建生兄弟三人所救。這些義軍即為陳秋菊所

[48] 同上書，頁一三八。

[49] 王國璠，《台灣抗日史》（甲篇），（台北：台北市文獻委員會，民國七十年），頁二六六～八。

[50] 台灣總督府警務局編，《台灣總督府警察沿革誌》冊二，（台北：南天書局，一九九五年六月），頁二九四。

率領。後秋菊率部搜索張宅，爲張建生言語所退。[51]

一八九五年十二月三十一日晚上，北部各路義軍以胡阿錦爲首，加上陳秋菊、詹振、簡大獅、陳小埤、許紹文、林李成、林大北等人，共同起事。[52]

一八九六年一月一日凌晨，城外義軍和城上防守之日軍激戰，彈如雨下，同時義軍也以小隊襲城外各處。[53]雙方相持到下午三時，日援軍趕到，以大砲猛攻，義軍方才撤退。[54]而陳秋菊接到其他各路義軍失利消息，未再繼續攻擊，便直接撤回山中。[55]

義軍圍攻臺北城之後，各自回到山中。日軍爲圖報復，派軍大舉搜索深坑之旺耽，遍尋陳秋菊不著，後竟憤而燒庄。[56]

一八九七年五月八日，馬關條約屆滿兩年，台人在此日之前須決定留台或內渡，時台人人心浮動，於是陳秋菊邀錫口之詹振共同起事，目標爲大稻埕商家。此役，陳秋菊率陳捷陞、徐祿、鄭文流，加上詹振、詹番等，約一千多人，由陳捷陞領軍，分兵攻大稻埕，劫富戶二十餘家，現銀五、六萬，而珠玉細軟，與現款等值。此役義軍雖死傷不少，而日人在雙連陂之租稅檢查所被焚、工兵營受窘、大稻埕被劫，亦使日人大傷顏面。[58]

---

[51] 黃潘萬，〈陳秋菊抗日事蹟採訪記〉，頁五二。

[52] 詹瑋，〈日據初期台灣北部的抗日活動〉《台北文獻》直字一一五期，頁四四。

[53] 同上，頁四六。

[54] 同上，頁四六。

[55] 同上，頁四八。

[56] 同上，頁五四。

[57] 同上，頁五五。

[58] 同上，頁四九。

兒玉總督時，後藤新平任民政長官，一方面施行保甲及壯丁團制，加強民間自衛力量，一方面實施招撫政策，招降義軍領袖，並保證既往不咎，投降後給予土木工事等工作。59

陳秋菊抗日多年，無法屯田自給，部下一千多人生活頓成問題，於是綁架、勒索，徵收保庄金之事層出不窮，民衆遂目之爲土匪，60秋菊見時移勢易，日人軍力強大，同志又暫消極，日人願意招降，並許以優厚條件，遂於一八九八年八月十日投降日人。61其堂弟陳捷陞逃至廈門，62回台後亦於同年降日。63

二、深坑廳的設立

深坑在清代時初屬諸羅縣，雍正元年時隸淡水廳轄下，乾隆時設立拳山堡，管轄公館以南地區，深坑亦屬其管轄。64至光緒年間，深坑屬臺北府轄下之淡水縣管轄。

日人據臺後，深坑地位幾經變遷。一九〇一年十一月，地方官制改革，廢縣及辦務署，置二十廳，日人並於深坑街設立深坑廳，管轄原文山堡地區。以丹野英清爲廳長，尋置景尾、坪林尾二支廳。65其所屬行政區域如下：

---

59 同上，頁四九～五四。

60 同上，頁五六。

61 同上，頁五六–五七。

62 《台灣匪魁略歷》，陳秋菊。

63 台灣新民報社編，《台灣人士鑑》，昭和十二年印行，頁二六四。記陳捷陞於一八九八年任壯丁團團長，故應於此年降日。

64 《深坑廳第二統計書》，管內狀況及沿革，頁六。

65 同上，頁八。

表一 深坑廳所轄行政區域

深坑廳直轄	景尾支廳	坪林尾支廳
深坑街	景尾街	坪林尾街
楓仔林街	木柵街庄	柑腳坑庄
大溪墘庄	公館街庄	闊瀨庄
鹿窟庄	七張仔庄	大舌湖庄
石碇街	新店街	樟梏坑庄
磨石坑庄	塗潭庄	鶯仔瀨庄
烏塗窟庄	屈尺庄	粗窟庄
水底寮庄	直潭庄	竹子易庄
小格頭庄	公館崙庄	藤蓧仔坑庄
頭廷魁庄	四城庄	倒吊仔庄
陂內坑庄		四堵庄
福德坑庄		
九芎坑庄		

資料來源：《深坑廳第二統計書》，土地，第三，管轄區域，頁一—三。

日人設深坑廳，並以深坑爲其政治中心。推究其因有三：

一、深坑居於水陸運交會之地，交通地位重要。此外，臺北宜蘭道，以經深坑者爲最近，深坑爲入山之門戶，地位重要。

二、彼時茶葉外銷暢旺，深坑適爲文山茶葉集散中心，坪林、石碇、深坑山區之粗茶挑至深坑街，再經由水、陸運往大稻埕加工後出口，深坑成爲文山地區之產業中心。

三、北部抗日義軍首領陳秋菊、陳捷陞均爲深坑鬃耽庄人，深坑、石碇、坪林均爲其出沒之地，而以深坑爲其指揮中心。深坑廳設置於此，寓有「去敵之近，制敵之便」。此外，深坑由於居文山之中心，對於烏來及坪林等番地，不致有鞭長莫及之感。

深坑廳設於深坑街上（在今深坑分駐所的位置），使深坑的地位也隨之提高，當時街上，除深坑廳外，有臺北地方法院深坑登記所、深坑郵便電信局、深坑公學校、深坑小學校（全文山區唯一之小學校，供日童就讀）、深坑區街長事務所，[66]此時深坑已儼然臺北盆地東南之政治中心。

深坑設廳之後，首先亟需改善的，就是交通。陳秋菊、鄭文流等降日後，率部下開臺北經祖師公嶺、深坑而通宜蘭的道路，此路大部份循劉銘傳所開舊道，於一八九八年動工，至一九〇〇年全部完成。後來爲促進地方繁榮，又於一九〇三年築深坑景美道，從此臺北可經由景美而達深坑。[67]

在深坑廳時期，商業逐步發展，當時在廳內較發達的城鎮中，

---

[66] 同上，頁三～四。

[67] 同上，頁二三。

有醫生、藥商、肉商、刻印業、人力車業、轎營業、煉瓦業、石灰製造業、鍛冶業、阿片煙膏販賣、市場、遊戲場、旅館、料理屋、飲食店等業。(68)從這些行業來看，再加上分佈各地的公學校，基本上食、衣、住、行、育、樂的機能全部具足，可說已粗具現代城鎮之雛形了。

人口方面，根據明治三十八年（1905五年）的統計，如表二。

表二　一九〇五年深坑廳及各支廳人口統計表

直轄及支廳	戶口數（戶）	人口數（人）
直轄	二九三一	一四六七五
景尾支廳	四五五〇	二三五四七
坪林尾支廳	一二七〇	六五八二
番地	一五一	一二二〇
總計	八九〇二	四六〇二四

資料來源：《深坑廳第二統計書》，頁七，戶口統計，第七。

深坑廳直轄地區包括陂內坑、深坑、楓仔林、石碇。而景美支廳所轄包括今之景美、木柵（部份）、新店地區，而後者戶口數和人口數約爲前者之一・六倍，這說明了在深坑廳統治中期，行政中心雖在深坑，而人口密集區卻集中在景美、新店的事實。

以街庄別人口而言，從明治三十八年、三十九年、四十年來看，人口佔前十名的街庄如表三。

---

(68)　《深坑廳第四統計摘要》，頁四四，警察上取締營業。

表三　一九〇五～一九〇七年深坑廳前十名街庄人口統計表

街庄名	明治三十八年人口（人）	明治三十九年人口（人）	明治四十年人口（人）
安坑庄	四八五一（一）	五〇〇九（一）	五一四四（一）
大坪林庄	四六二一（二）	五〇〇四（二）	五〇八五（二）
直潭庄	三九六五（三）	四〇二八（三）	四二〇三（三）
內湖庄	三七三一（四）	三七二二（四）	三七三八（四）
萬盛庄	二九七九（五）	三〇三八（五）	三〇五七（五）
青潭庄	二六一二（六）	二六六九（六）	二六七〇（六）
陂內坑庄	二四三七（七）	二五〇八（七）	二四七二（七）
小格頭庄	一四七九（八）	一五四一（八）	一五八八（八）
深坑仔庄	一一四六（九）	一二三〇（九）	一三〇六（九）
崩山庄	一〇一一（十）	九九二（十）	九九〇（十）

（括弧中數字爲人口排名）

資料來源：《深坑廳第三統計摘要》，頁一一～一二、《深坑廳第四統計摘要》，頁一一～一三。

由上表可知，在深坑廳統治後期，新店已成文山地區最大城鎮，其次爲內湖（木柵）、萬盛（景美），深坑只有深坑仔庄列名第九，是以文山地區整個的發展重心已移到新店溪流域，而非景美溪流域了。

三、深坑的沒落

明治四十二年（1909年）十月，佐久間左馬太總督重新改革地方制度，廢從前之二十廳為十二廳，[69]深坑廳被廢，成為臺北廳下的一個支廳，統轄深坑、陂內坑、小格頭、楓仔林、石碇等五個區，共二十一個庄，新店獨立成新店支廳，轄景美、新店、木柵等地。[70]此時深坑支廳較深坑廳時期縮小一半，地位不復從前。

田健治郎總督於大正九年（1920年）七月，改革地方制度，廢原有的西部十廳，置臺北、新竹、臺中、臺南、高雄五州，州之下廢支廳以為郡。[71]此時原文山地區設文山郡，郡治設新店，下設新店、深坑、石碇、坪林四庄，深坑庄轄木柵、景美、深坑三地，庄役場設於木柵，深坑並設郡警察課分室。[72]

此一時期，一些交通建設陸續完成，對深坑的交通地位有顯著的影響。大正十三年（1924年），蘇澳至基隆鐵路通車。在此之前，其支線平溪線（自三貂嶺站分出，至菁桐坑），亦已於大正十年（1921年）通車。[73]從此宜蘭地區及平溪等地之貨物，可運往基隆，不必經深坑。

---

[69] 盛清沂，《台北縣疆域沿革誌略》，收入台北縣文獻委員會編印，《台北縣文獻叢輯》（二），民國四十五年四月，（台北：成文出版社，民國七十二年三月，影印版），頁五六（總頁二五〇）。

[70] 台北市文獻委員會編，《日據前期台灣北部施政紀事–警治篇、政治篇》，（台北：台北市文獻委員會，民國七十四年六月），頁五五五～六。

[71] 同註[69]，頁六〇（總頁二五四）。

[72] 文山郡役所編，昭和六年《文山郡管內要覽》，（台北：成文出版社，民國七十四年三月，影印版），頁五–六。

[73] 《台北縣志》，冊十一，卷二四，交通志，總頁四七三三。

大正十年（1921年），臺北鐵道株式會社修築萬華至新店鐵路，於同年六月通車。[74]

在此之前，雖有大正八年（1919年），鋪設景美至深坑之輕便軌道，[75]用以運茶、運煤和載客，但是整個運量來說則不如萬新鐵路；其載客量僅及後者之四分之一，載貨量則略少於後者。[76]

此外，中和景美道（1906年開）和板橋景美道（1912年開）的相繼開通，[77]完成了景美四通八達的聯絡網。此時之景美由於位於臺北、新店、板橋、石碇間交通輻輳之地，商業繁盛，有凌駕新店之勢。以昭和四年（1929年）時臺北州內之工廠調查爲例，如表四所示。

表四　一九二九年文山郡各庄工場數統計表

今日地名	煉瓦工場數	製紙工場數	製罈工場數	製茶工場數	製材工場數	精米所數	總計
新店	一			七	二	四	一四
景美		二	一			七	一〇
木柵	一			二		二	五
深坑						一	一
石碇				三			三
坪林				三			三

資料來源：《臺北州の工場》，頁一〇，一二，一五，三八，三九，五五，五八，六三，六四。

[74] 同上，總頁四七五四。

[75] 同上，總頁四七六九。

[76] 文山郡役所編，昭和六年《文山郡管內要覽》，頁一五九–一六〇，根據昭和五年（一九三〇年）統計，萬新鐵路乘客二十八萬餘人，運送貨物九萬五千餘噸，同一年統計，景美經深坑至石碇之輕便軌道，乘客五萬八千餘人，載運貨

由上表可知，新店工場最多，且製茶工場有七家之多，說明了文山地區茶葉之重鎭已移往新店的事實。而新店扣掉製茶工場後，總數亦不如景美。精米（碾米）所以景美七家爲最多，說明景美由於交通條件良好，成爲文山地區米穀集散中心，由製紙、製罈等業集中景美一地而言，景美可能亦是文山地區民生物資供應中心。而深坑的工場數爲六個地區中最少的，說明其走向沒落的情形。

伍、結　語

深坑位台北盆地東南，居景美溪中游之河谷地帶，於乾隆年間開墾，嘉道年間完成墾拓，但一直是偏處於台北盆地一隅的農村聚落。

在開拓之初，深坑主要農業作物爲稻米和甘薯，大部份供農戶自己食用，剩餘者拿去市集換其他日用品。深坑交易市場集中於渡口附近的萬順寮與深坑街。商人自台北商業中心艋舺或次一級市場（文市）景美購得日用品，以船運至深坑之渡口。農民則自附近山區將稻米或甘薯等挑至渡口附近之市集進行交易。此時街市大抵爲地區性的交易市場。

嘉慶年間，大菁和茶種的引進，使深坑的面貌有了巨大的改變。由於大菁爲染布的重要原料，輸往大陸深受歡迎，在商人鼓勵種植下，深坑的山坡隙地，都種了大菁。後來因人工合成染料的出

物八百八十六萬餘斤（八萬八千餘噸）。

(77) 同註(73)，總頁四六九四–四七〇二。

現，嚴重影響大菁的銷售與製造，在二十世紀初期，台北盆地周圍山坡的茶園已取代了大菁的種植。

淡水開港後，英人德克自安溪攜帶茶種，在台北附近丘陵地推廣種植，並幫助外銷澳門、美國等地。由於種茶利潤較厚，深坑的農戶，逐漸由種植大菁而轉植茶樹。深坑由於山多田少，本不適於糧食作物之種植，至十九世紀中期，受到茶與藍靛大量外銷的影響，深坑農業也轉向以經濟作物爲主。由於此種作物，並非地區性的消費品，需由水、陸路運至艋舺或大稻埕外銷，促成深坑的地區性市場與艋舺、大稻埕的都會核心市場連結，成爲大台北貿易圈的一環。

在交通方面，深坑自清代中期起，到日據時期，就一直爲北宜路的必經要站。就水運而言，楓仔林（清代屬深坑）爲景美溪水運終點。陸運方面，台北往東南山區，需由六張犁翻越祖師公嶺，下山後即是深坑。水、陸運交通便捷，使深坑成爲文山地區之茶葉集散要地，同時又爲台北通東南山區往宜蘭之門戶，促成深坑街市的繁榮。

日治初期，深坑的陳秋菊、陳捷陞兄弟爲台灣北部義軍領袖，他們參與圍攻台北城及大稻埕，對日人的統治形成了極大的挑戰。後來他們雖先後降日，但是對其居住地深坑及出沒地區石碇、坪林等地，日人一直保持高度警戒心。此外，深坑位於文山地區之中心地帶，距離石碇、坪林、新店等庄大致等距，在理番行政上，不致鞭長莫及。

基於以上之經濟、交通及軍事之因素，促成了日本統治當局設廳於深坑之決定。

深坑廳於明治三十四年（1901年）設立，明治四十二年（1909年）廢廳。此一時期，深坑成爲文山地區之政治中心。廳址所在地的深坑街也因爲行政機關的增加，成爲以行政機能爲主的街市。

由於當初設治於深坑時，並不以人口稠密度爲考慮標準，是以就整個深坑廳而言，其人口密集區不在直轄區，反而集中於景尾支廳轄下之新店、木柵、景尾（美）等地，呈現外重內輕的局面。在深坑廳統治後期，新店已成文山地區最大城鎮，其次爲內湖（木柵）、萬盛（景美）。在各街庄人口數前十名中，深坑仔庄只列名第九，新店地區卻佔了一、二、三、六名，可見此時文山地區之發展重心已移至新店溪流域。

深坑廢廳之後，地位逐漸下降，成爲台北廳下的深坑支廳。大正九年，又改屬文山郡，成爲其下之一庄。

此時，由於各地交通建設的發達，加速了深坑的沒落，如宜蘭基隆線鐵路、平溪支線及萬華新店鐵路都在大正年間相繼通車，使深坑的交通地位大幅降低。而景美溪河運日漸淤塞，也使深坑水運的優勢喪失。加上景美石碇道路拓寬，大新汽車於大正十二年至十四年間開始經營貨運，運輸量大增，確立了其爲文山地區東西向道路主軸的地位。而深坑經祖師公嶺通台北的山路也因運量太小而沒落。

在經濟方面，深坑的明星產業–茶葉，在一九二〇和一九四〇年兩次遭受重大打擊，這和整個世界大環境有關。第一次世界大戰結束後，發生經濟恐慌，尤其從一九二〇年起更趨明顯，世界各國消費趨於緊縮，所以台灣茶之銷路突遭銳減，隨之烏龍茶外銷遂告不振。[78]至一九四〇年，台灣輸出茶量銳減，此乃因大戰日益深劇，交通杜絕之故。[79]

深坑的崛起，由於交通與茶業的興盛，在日治末期，當交通的優勢盡失，茶業趨向蕭條，深坑也逐漸走向沒落。台灣光復後，景美與木柵從深坑分了出來，並且併入了台北市。深坑以往的光環盡褪，此情此景，眞是情何以堪！

今日的深坑，只是台北縣下的一個小鄉，但近二十年來崛起的深坑豆腐，帶來假日大批的人潮，似又成爲深坑的明星產業。再加上北二高經過深坑，而宜蘭快速道路也在此交會，凡此種種，均在深坑未來發展上投下巨大的變數，深坑在未來十年中是否有機會再度翻身，將是未來值得探究的問題。

---

[78] 台北市茶商業同業公會，《台茶輸出百年簡史》，（台北：台北市茶商業同業公會，民國五十四年出版），頁一六。

[79] 同上，頁一七。

評論

溫振華[*]

本文作者對深坑歷史有長期之調查研究，並且正從事深坑鄉志之撰述，對深坑發展史當有深刻的瞭解。不過，本文在結構上，似乎不易觀察其研究的主要問題。如陳秋菊之抗日與深坑發展之關係爲何？文中並未有所說明，僅敘述其抗日之事蹟，與本文前後似乎不相連貫。就文中所述觀察，以經濟爲主軸，似乎陳秋菊抗日事蹟可刪去，如想保留，可放在註釋部份或在文中簡要敘述即可。就本文結構，本文建議當有前言一節，就本文所欲探討之課題作一說明，否則一開始就讀原住民，顯得太突然。對於時間斷限，也當有說明。

第一節中，有關泰雅族之威脅，其範圍當不限木柵至深坑，尤其要注意其影響的時間。雷朗社由雷裏與秀朗兩社合併，根據可能要嚴謹些，如地契上雷朗社最早出現，顯然已見過相關的契字，最好能標出年代。秀朗社本社在挖仔庄，可能也要謹愼一點。第一節標題建議加上「原住民的經濟生活」。

第二節中，對於台北地區的開墾時間，最好能引用清楚的論

* 台灣師範大學歷史系教授

著，或者根據清朝方志中街庄之成立來說明漢人拓墾之先後。其次廖簡粵是否與秀朗社發生衝突，本人與伊能嘉矩的看法不同，秀朗社社址在清雍正年代當在河之西，廖簡粵在河之東，雙方就其時觀察當不至於有如此大衝突，本人以爲當是烏來泰雅族人。又本節中㈤的部份，放在最前面，讓讀者對漢人的拓墾有一概括性認識後，再放進地區的說明，讀起來前後較連貫。

第三節談交通與經濟，就內容觀察並沒有相關連。如果把交通刪去，改爲清後期茶葉的製造，文中可在談茶葉製造中論及早期大菁之種植。

第四節主要在說明深坑行政中心地位之變遷，可在本節中先把第三節中的交通部份所在此敘述，再就茶葉生產的重要經濟因素，說明其成爲文山行政中心的背景。

社區營造與鄉土學習

陳其南*

一、地方與社區意識

亙古的世界文明之河，曾經流過部落、村莊、小鎮、城市與國家，然而就在人類歷史的軸心時代開始，東西方對社區、共同體與市民的意識，就已經分流奔騰至今。在中國，先是宗法社會的開端。(大學)如此說道：「古之欲明明德於天下者，先修其身，身修而後家齊，家齊而後國治，國治而後天下平。」此後，一個介於齊家和治國之間社區的空白，影響了中國兩千年的社會與政治意理。宋儒蘇軾有云：「磋乎，秦漢以下，天下何其多故而難治也！此無他，……父子親、兄弟和、妻子相好……士庶族人建立宗子地位。」然後，我們看到的傳統中國社會的中心意理是：「朱子家禮」、族制、廟制、喪服、喪禮、人倫、嫡庶……。清末，譚嗣同《仁學》想衝破三綱五常的羅網，「志在群」。康有爲《大同書》：「惟人能群，群則強。」梁啓超《新民說》：「道莫善於群，群故通，通故智，皆故強。」章太炎〈明群〉：「大群必先大獨」。嚴復則大

* 國立藝術學院傳統藝術研究所教授

肆翻譯西書：《群學肄言》，《社會通詮》，《群已界論》。這是依各從「仁學」到「群學」的軌跡。清末的愛國志士無不大聲急呼：「吾中國謂之爲無群乎？今日吾輩最當講求者，在『養群德』之一事。」

然而，中國人仍然是各人自掃門前雪，莫管他人瓦上霜。民國三十年代，「鄉村運動救中國」的理想，以不同的面貌在中國的大地上再度燃起。晏陽初組織「中華平民教育促進會」，進行農村改造的實驗。梁漱溟設立「鄉村建設研究院」，進行鄉村建設的實驗。他們都認爲中國農村的基本問題在於「貧、愚、私、弱」，而鄉村問題的解決，「必須從經濟、教育、公民、衛生四方面同時推進」。可是，「號稱鄉村運動，而鄉村不動。」「我們自以爲我們的工作和鄉村有好處，然而鄉下人漠不關心，他們不惟不動，反而讓我們做不下去。」

四十年代的中國，鄉村經濟開始頻於崩潰。以費孝通爲代表的知識份子又開始反省，「中國社會是鄉土性，從土裡長出過光榮的歷史，仍然也會受到土地的束縛。」「我們的根本目的是明顯的，這就是滿足每個中國人共同的基本需要，夠不夠吃？吃多少才夠？」費氏寫了許多書：「鄉土本色」、「鄉土中國」、「內地農村」、「祿村農田」、「江村經濟」、「易村手工業」、「玉村商業和農業」、「鄉土重建」等等。然而，最後他還是嘆息道：「蘇州人的河道，文人筆裡是中國的威尼斯，可是我想，天下沒有比蘇州城裡的水道更髒的了。什麼東西都可以向小河溝裡倒，爲什麼呢？因爲這種小河是公家的。一說是公家的，差不多就是說，大家都可以占一點便宜的意思。有權利而沒有義務，公德心就在這裡被私心驅走了。」（費孝通「差序格局」）。千瘡百孔的中國社會，終於不敵中國共產黨的鄉村革命，全面走入另一條紅色的歷史之流。農業合作化，大躍進，人民公社化。

在台灣，先民跨越了黑水溝，來到了美麗之島的福爾摩莎，從「鄉庄」到「社區」，跨越的不是一條空間的隔線，在時間的軌道上，歷史之河正在前進。社區的歷史，一幕幕沉澱。民國53年國民黨中央通過所謂「民生主義現階段社會政策」，以「社區發展」進行鄉村社會的整合。民國57牢行政院頒佈「社區發展綱要」，在既有的鄉村組織中，再規劃爲4893個「社區」。民國61年台灣省社區發展十年計劃開始，聯合國發展方案開始派員協助。民國80年內政部修訂「社區發展工作綱要」，「社區理事會」改組爲「社區發展協會」，成爲半官半民組織。東吳大學的徐震教授如此觀察：「綜觀社區發展工作，是台灣在工業化發展過程中，試圖以社區爲最小單位，做爲國家進行生產與再生產的基地」。

台灣社區發展工作，在推動過程中的官僚化，以及對社區粗暴的添加，缺乏眞正民主生的參與，阻礙了社區意識的發展。進入九零年代，連結整個國家政治控制和經濟發展計劃的「社區發展工作」已然退逝。新的意識、新的時勢、新的領域，正在崛起。「驚蟄的社會運動，從久睡中甦醒，由暗啞轉爲高鳴，深蜷的紋理漸次舒展。社區在歷史之中，歷史在社區之中；在歷史的社區淡去之後，社區的歷史即將展開。」劇變的台灣大地開始展開：鄉土文學運動、環境生態保育運動、社會政治抗爭運動。（美麗島）、（人間）、（南方）的思潮帶出了原住民運動、環保運動、農民運動、學生運動、反對黨組黨運動；本土意識覺醒了。一處泉流，變成了小溪，小溪匯聚成了一條江河。地方文化的生命力開始胎動，株株幼苗在歷次的交流涵養中，.逐漸茁壯成棵棵大樹，枝葉繁茂。「社區總體營造」的運動，逐漸在這裡蔓延再生，從鄉村到部落，從街區到小鎮，從產業到政治，從傳統到學習，「文化元年」漸成「社區欣穗」。造人的工程，國土的重建，意識的覺醒，是我們今天的課題。

台灣大學建築與城鄉研究所一位研究生在她的碩士論文中如此寫道：·

> 從一九九零年開始，全台灣似乎籠罩在一片「社區學」的熱湖。我們可以看到電台，不帶合法非法、以閩南語或普通話發音，社區議題成爲必備的節日；公共電視也製播許多社區專題；各大報更是大幅增加鄉情報導、地方文史工作社團介紹以及社區動態專欄；從激進的草根民主到保守的道德教化、從捍衛社區的家庭主婦爭取民心支持的達官貴人，都圍繞著「社區」的主題發言，各種不同的論述充斥著，形成奇異的景象。一時間，在從農業社會向工業社會轉型，所謂現代化的過程中，被遺棄的「社區」概念逐漸從記憶角落裡被翻找出來，一針一線的又織進了我們的日常生活，有了它新的生命。
>
> 仔細分析這樣風氣的興起來自於同的取向，一邊是草根的新興自治性社區如雨後春筍般竄起；抗爭型杜區因抵抗國家不當規劃或資本的入侵行動而形成組織，長期經營的社區蹲點及社區歷史重建則是以地方認同爲動員基礎；値得注意的走，社區議題興起的另一個動力卻是來自於國家的倡議：在國家體質轉型，經政力量重組，同時也尋求新的相應的文化意識型

> 態以召喚不同的群體的過程中，國家領導以「生命共同體」意識作爲民間力量的語言論述；同時以文建會的社區文化建設爲主體，透過行政資源的分配，試圖在社區的議題取得領導權，建構新國家的文化主調。（黃麗玲，1995）

在「社區總體營造」的觀念尚未被提出來之前，社區的議題台灣已經成爲一些知識份子所關心或投入的對象。首先我們即可以探討台灣社區運動產生的過程，其背景包括整體政治、文化環境的變遷，尤其是本土文化的抬頭，及社會力的釋放。民間的自覺導致地方文史調查、地方文化教育、環境保育和地緣性權益抗爭運動的崛起。同時，專業界也開始反省，「社區建築」的論述與組織紛起雲湧出（見附表一、二）。由這些資料，我們也可以看出「社區總體營造」運動出現（1994）前後的差別。黃麗玲小姐是第一位直接以社區總體營造爲主要研究題目的研究生，接下來到目前已有上十篇這類論文。

表一：相關社會運動與民間自主團體的發展

	1985	台中縣公害防治協會
		清水溪魚蝦保護榮生會
鹿港反杜邦	1986	樂山文教基金會(12)
新竹水源里反李長榮化工		
宜蘭反六輕	1987	鹿港文教基金會(1.13)
後勁反五輕		新港文教基金會(10.13)
鹽寮反核四		新竹市公害防治協會
		主婦聯盟環保基金會
		新環境基金會
		台灣環境保護聯盟
蘭嶼反核	1988	台灣綠色和平組織
林園反石化		全景映像工作室
慶城社區反變電所		
台北市無殼蝸牛運動	1989	都市改革組織(10)
		台北市古風史蹟協會(11.25)
		笨港媽祖文教基金會(11.28)
		台原藝術文教基金會
慶城社區反公園設停車塔	1990	滬尾文史工作室(7)
南港山豬窟反垃圾掩埋場		淡水史田野工作室
		仰山文教基金會(7.24)
礁溪匏崙村反興建區域垃圾場	1991	福林社區居民參與河濱公園規劃
		凱達格蘭民族工作室(2.15)
		慈林文教基金會(3.31)
		大埔城藝文工作室(2.15)
		澎湖采風工作室(10.1)
美濃反水庫運動	1992	柴山自然公園促進會(5)
慶城社區反變更爲商業區		曾年有文化工作室(6.1)
		三重後竹圍居民參與社區公園規劃(7)

事件	年份	組織
		九份文史工作室(10)
		後山文史工作室(12)
芝山岩反設立加油站	1993	花蓮洄瀾文教基金會(1.16)
萬芳社區反駁坎地建國宅		淡水社區工作室(2)
奇岩社區反建商於地質不穩處建屋		蕃薯寮文化工作室(3)
		萬巒青年服務協會(3.21)
		水返腳藝文中心(5.1)
		觀音文化工作陣(5.4)
		金門縣史蹟維護基金會(6.23)
		大料崁文化促進委員會(8.7)
		施金山文教基金會(9)
		九讚頭月刊社(10)
		柑園文教基金會
	1994	玉田社區總體營造
		吉祥工作室(1.20)
		赤崁文史工作室(1.23)
		瑞芳鎮文化協會(1)
		奇岩社區發展協會(2)
		水返腳文史工作室(3.1)
		美濃愛鄉協進會(4.10)
		鄉城文教基金會(4.26)
		楊梅文化促進會(6.16)
		內湖文化史工作室
		海山文教工作室(7.9)
		天玉社區發展協會(8)
		三玉社區發展協會(9.11)
		桃園文化工作室
		三角湧文史工作室(10.25)
		橋仔頭文史工作室(11.10)

	社區資源交流協會(11.22)
	鳳邑赤山文史工作室
1995	牛罵頭文化協進會
	金廣福文教基金會
	淡水鄉土史研究會
	台東縣後山文化工作協進會(3.26)
	淡水文化基金會(4.12)
	樸仔腳文化工作陣(5.7)
	新莊文史工作室(5.17)
	文化愛河促進會(5)
	澎湖采風文化學會(6.11)
	花蓮新象社區交流協會(6.25)
	鶯歌文史工作室(6)
	永康公園之友(7)
	台北市八頭里仁協會(9.24)
	台中縣客家文化協會(9.24)
	阿里港文化協會(9.28)
	船仔頭藝術村文教基金會(10.25)
	大部花鼓文化促進會(10.26)
	哈瑪星社區營造工作室(11)
	大肚山文化工作室(11.22)
	理想國社區藝術街坊自治會(11.26)
	援剿人文協會(12.5)
	大二結文教基金會(12.17)
	大寮文史工作室
	大樹鄉文史工作室
	林園鄉文史工作室
	藍色東港溪保育協會

1996	橋仔頭文史協會(1.28)
	高雄市文化愛河協會(1.6)
	大溪草店尾工作室(2.15)
	屏東平原鄉土文化協會(5)
	枋寮生活文化促進會(6)
	大溪歷史街坊再造委員會(8.6)
	美濃八色鳥協會(9.1)
	中華民國社區營造學會(10.12)
	鹽埕文化協會(10.20)
	三角湧文化協進會(11.17)
	蕉園文史工作室
	金山面文史工作室
1997	宜蘭縣無尾港文教促進會(1.2)
	種籽文化工作室(3.12)

1.右欄楷體字爲與地方運動相關，但並非立基於服務特定地域（而是以提供功能性服務爲目的），或是並非由居民成立（而是由企業、政治人物或專業規劃團隊設立）之組織。

2.右欄靠右排列之組織表示在之後轉型爲其他的組織形式，例如「文化愛河促進會」（1995.5）轉型爲「高雄市文化愛河協會」（1996.1.6）；「台中縣古典音樂協會」轉型爲「牛罵頭文化協進會」。

表二、社區營造相關論文

校別	所別	時間	作者	指導	論文名稱
台灣大學	建築與城鄉研究所	81	呂秉怡	夏鑄久 謝國維	運動組織與組織運動－ 無住屋運動之資源創造與轉化
		82	顏亮一	夏鑄久	都市保存之政治過程－ 三峽民權街個案
		82	楊沛儒	張景森 江士林	參與式設計之研究 專業者介入：社區空間的認同、動員及生產
		83	郁道玲	王鴻楷	社區動員與都市意義的轉變－ 三個台北案例（萬芳、芝山岩、南港山豬窟
		83	沈又斌	夏鑄久	社區動員與都市意義的轉變－ 台北市慶城社區的形成
		84	林蔘	夏鑄久	聚落保存計畫與草根社區運動：九份的個案
		84	黃麗玲	夏鑄久	新國家建構過程中社區角色的轉變－「生命共同體」之論述分析
		84	簡文彥	王鴻楷	私有古蹟保存與地方發展的難題－台中縣霧峰鄉霧峰林宅二級古蹟保存維護過程研究
		85	李宛樹	夏鑄久 成露西	女人的網絡建構女人社區－解讀台北縣袋鼠媽媽讀書會個案
		85	童慶瑜	畢恆達	去榕仔腳盪袋子－一個關於宜蘭東港榕樹河堤的研究
		85	邢玉玫	陳亮全	社區記憶的建構對社區營造之影響分析：以台北市福林社區爲例

校別	所別	時間	作者	指導	論文名稱
		85	陳仁達		都市轉化過程中的組織化專業者－ 專業者都市改革組織的個案
淡江大學	建築研究所	73	謝慶達	黃健二	都市更新社區民衆參與之研究：以台北市爲例
		75	黃天盈	陳明竺	新社區規劃探討社區共同意識形成之研：以大台北華城爲例
		80	高樹哲	陳明竺	民衆參與鄰里開放空間經營管理之研究－以台北市爲例
		81	郭怡秀	王鴻楷 陳亮全 陳亮全	居民參與社區環境營造之研究－三個台北案例（永和、萬美、景新）
		81	夏子康		參與式的都市規劃作業模式之研究－以西門市中心區暨萬華車站地區再發展規劃爲例的一個集體經驗研究過程
		82	葉秋萍	米復國	澎湖二崁居民參與聚落保存之研究
		83	鄭如惠	陳明竺	居民參與地區環境改善作業模式之研究－以參與士林福志里地區爲例
		83	黃大生	陳明竺	第三部門推動地區再發展之研究－以艋舺地區爲例
中原大學	建築研究所	80	黃瑞茂		都市設計操作程序中體驗空間之研究－以淡水淡水街爲例
		81	楊中一	喻肇青	參與式社區設計之研討： 以台北縣深坑鄉深坑街爲例

校別	所別	時間	作者	指導	論文名稱
中山大學	公共事務研究所	83	王德川	郭瑞坤	社區居民參與鄰里公園規劃之研究
	政治學研究所	85	林麗香	郭瑞坤	健康都市的理論與實務：以哈瑪星社區營造規劃案爲例
中興大學	都市計劃研究所	68	王燕峰		都市計劃與民衆參與
	公共政策研究所	85	楊淑芬		宜蘭縣玉田社區總體營造之執行評估
文化大學	觀　光研究所	83	江彥霆	伍宗文	九份聚落保存與發展文化觀光之可行性研究
清華大學	社會人類學研究所	84	曾琇雅	李丁讚	日常生活美學與社區發展－以新竹兩個社區合唱團爲例
		85	陳瑞華	李丁讚	民間宗教與社區組織－「再地域化」的思考
台灣大學	社會學研究所	79	蘇昭如	王培勳	影響台灣地區社區發展因素之研究－一個質化觀點的探討
師範大學	社會教育研究所	83	王派仁	羊憶蓉	兩個社區發展個案之比較：以一個城市社區和一個鄉村社區爲例

陳瑞樺製表1997/01/23

二、地方價值觀的重建

台灣原來是個美麗島，可是經過這麼多年來的所謂「發展」，卻被認為是一個最不適合人居住的地方，德國明鏡雜誌社還把台灣形容為「豬舍」。台灣環境住屋品質低落，眾所週知，人民對於居住品質敏感度不夠，缺乏正確的環境共同意識。工業化使得自然景觀遭到無情的破壞，山地部落面臨人口流失，傳統失落，酗酒、雛妓，都市原住民的適應，部落環境生態破壞等問題。隨著入關（WTO）的壓力，農村也面臨景觀破壞、人口過疏、產業衰微等困境。都市地區則公共空間逐步「商業化」、「私有化」和雜亂化，人際關係疏離，缺乏地方認同和「共同體意識」。公共安全淪為口號，人民的生命財產未受到應有的保障。

什麼是「富裕的生活」？我們對未來有不同的看法。富裕的生活是要有豐富的自然資源、美感的景觀空間、乾淨舒爽的環境、有內涵的傳統文化、洋溢魅力的產物與民藝、優雅精緻的藝術活動，溫暖的人情、舒適的漫步、快樂的購物、多樣的去處。

什麼是國力的富強？我們對未來有不同的看法。我們最終要追求的是「生活大國」，而不只是「工業大國」或「經濟大國」。判斷一個國家的國力應該是看她有多少自然、環境和人文景觀資源在地方上被普遍的保留下來。

過去我們在傳統教育底下，總以為家庭是組成國家社會的基本單位，這恐怕是傳統中國式的觀念，看來這種看法不但誤導了我們對於國家性質的理解，而且對於如何建立一個現代化的國家意識方面，並沒有正面的幫助。首先，以血緣關係為基礎的家庭構成法則，與非血緣性的國家社會組成屬不同的範疇，就像亞里斯多德在談希臘時代的家戶和城邦的區別一樣。就一個現代國家體制而言，其組成的基本單位應該是最小的社區單位，這些社區才是所有公共事務的最小運作單位，也是國家行政的最基層對象。國家應該是由這類小社區作爲基本組成單位，再依層級分別構成更大的社區單位，最後形成整個國家「社區」。到了國家的最高層級，英文仍然稱爲COMMUNITY，可是中文已經比較不用「社區」這個稱呼，而改用「共同體」的譯法了。所以，安德森討論國家社會的名著（1magined Community）就被譯爲「想像的共同體」，而非「想像的社區」了。倒回去，當然組成國家的這些小社區，也應該是一個個的小「共同體」。

地方和社區共同體才是我們每一個人生活可以觸及，實實在在可以辨識，可以摸得到的一個社會實體單位，至少在空間和景觀上是可以見到的，不像「國家」這樣大的人口組成和地理空間，只能停留於想像的層次。在台灣從事環保、教育和消費運動的工作者，有時候也像我們的中央級政治人物一樣，偏重全國性的訴求，卻忽略了地方和社區的層級和單位。事實上，這些運動要徹底落實並產生效果，幾乎是只能以一個個地方和社區作爲對象單位才有辦法。這些運動的推展也是地方和社區最需要的，更是保護國土環境和人文景觀不可或缺的工作。就如我們從文化發展的角度來切入地方和社區一樣，環保、教育和消費運動也應採取「社區總體營造」的思考模式和工作方式，而且這些都是社區總體營造中不可或缺的一環。

把地方和社區看作一個組成單位，也就意味著地方和社區的「總體性」，就像一個小國家一樣。除了外交、國防和跨地方社區的事務之外，地方和社區事實上應該擁有類似一個國家的所有內政事務，就如人們常說的，「麻雀雖小，五臟俱全」。「總體性」的一個涵意是說這些地方社區的所有內政事務，本身在這個地理空間層次就應該整合成一個體系，並維持與其他或上一層級社區之間的從屬關係。這個意義的總體性，乃是在於創造社區居民的一個生活世界。所以，舉凡發生在社區範圍內的事物，包括前面所列舉的，以及未及列舉的，都應該體現在社區的單位上。

地方社區的重建問題，最主要的課題乃在於如何保持既有鄉村傳統景觀格局，又能提供生活的便利和舒適。讓住在傳統鄉間的現代人，包括政治人物和專業人士也都可以應付裕如，那麼鄉村地區也就可以保持定住人口數量，吸引都市居民回歸，以維持一個合理的社區規模，促進行政資源有效分配。目前，在台灣有屬於中央級的國土開發計畫，屬於地方級的區域發展計畫和縣市綜合發展計畫，但這些架構性的開發或發展計畫，都嚴重忽略了原來就有人居住的基層社區空間，使得國家資源分配的模式偏袒全國性和區域性的結構，以及硬體的新建工程，卻對於地方社區的舊有實質居住空間無力改善。這種決策型態多少是與政治人物缺乏都市和鄉村公共景觀與設施意識有密切的關係。我們在台灣推動「社區總體營造」的理念，主要是有鑑於目前公部門計畫性的長期發展計畫，對原有小社區缺少關照之故。

「地方」和「社區」，不只是一個地緣社群而已，它代表了一種「生活方式」，一種地方的和社區的「生活型態」和「生活價值觀」。人類學教科書常把「文化」定義爲「生活方式」，有時候令人感到這種定義有點空泛不實際。但是，如過我們對於所謂地方和社區的生活方式有所理解，就會發現文化的這種定義一點也不虛浮。政治人物的行爲模式、傳統的生活價值觀、景觀環境的美學品味、鄉村社會關係和制度的維繫、成長與教育的經驗、地方特色的民藝與產業、知性的遊憩活動，有哪一項不是一般的與學術性的「文化」定義呢？尤其是在現代，鄉村和社區已經脫離了純粹初級產業的生計經濟基礎，「文化」產業和環境幾乎是維繫其生機的唯一出路。假如我們說「社區是文化的總體表現」，並主張用文化來營造一個地方和社區，那絕不是一個過分理想化的念頭，反而這才是最實際的策略。「社區總體營造」的內容、精神和原則，最後的歸結點必然是「文化的」。透過這種文化社區的營造，一個適合人類居住的「文化國家」最後也應該可以被期待營造出來。

當我們談到「地方」和「社區」時，雖然特別強調其相對於中央性、都市化和現代化的特質，但並不表示這種看法是守舊、懷舊或保守的心態。實際上，不論就地理空間或人口活動範圍而言，廣泛的鄉村地區，包括人口集中的小鎮和街市，仍然是構成整個國家社會版圖不可忽視的基盤。過去在成長型的發展階段，我們常常以一個國家的都會文明來衡量其現代化的成就，但是在一個成熟型的社會中，判斷一國的富裕和成功與否，就要看她有多少自然、環境、和人文景觀資源在地方上被普遍的保留下來。成熟的社會要追求的是「生活大國」的理想，而非「工業大國」或「經濟大國」而已。追求全民生活品質的提昇，不能只靠都市、經濟和工業，而必須依賴豐富的地方文化傳統和自然人文景觀。評量一個國家發展的成就及其對世界的貢獻，最後恐怕是在於國土環境和文化傳統的保全，而不只是工業和經濟的競爭力。

三、地方社區社會的本質

我們常把「社區」和「共同體」兩個用語並列，而有「社區共同體」的說法。這是一個很有意思的現象，因爲「社區」和「共同體」都是從英文的Community一字翻譯過來的。事實上，「社區」是中文的譯名，「共同體」則是日文的譯名。中日兩種譯法在某種程度上，反應了兩個文化在社會意識方面的差別。比較中性的語意應該是「社群」或「社會」，同樣一個觀念在中文的理解變成了強調其空間意義的「社區」，而在日文「共同體」中則顯示其集體性和社會性的一面。讓我們從漢字文化圈內的這個差異談起。

很顯然，日本人對於定住在某一地理空間的社群單位，似乎在觀念上就立刻從社會關係的面向來加以理解，並視爲一個相當具有集體性格的社群單位。這恐怕是跟日本人的傳統村落社會有密切的關係。德川時代的日本鄉村地區，每一個村落每年都是組織嚴密，排他性很強的社會單位。因此日本學者常常就稱之爲「村落共同體」，村落就是一個社會共同體。日本傳統社會的此種性格是大家熟知的，到了日本現代化之後，許多新興的企業和民間團體組織也具備同樣的性格。

比較而言，臺灣傳統鄉村社會的集體性格並沒有如此嚴謹，尤其是在臺灣邁入現代化之後，舊的村落社會進一步瓦解，而新興社區的共同體社會又未能形成。因此我們再碰到Community的一字時，就很自然地譯成較重地理空間含意的「社區」，而非重視社會集體關係的「共同體」。就是因爲我們的社區社會欠缺此種共同體性格，所以才需要推動「社區共同體」意識的重建運動。

可是，我們也要知道，日本社會的共同體性格是源於傳統的家父長式的權威結構所形成的。台灣所要建立的，不應該是基於封建和地方主義的社區共同體，而是現代化的、民主化的、具有公民社會意識的社區共同體。社區共同體意識的形成，可以說是落實民主政治和地方自治的前提，否則所謂的政治改革就只能停留於投票行爲和選舉活動等形式民主，而不能發展到實質的民主社會。民主政治的本質應該存在於我們的日常生活和社區社會中。

孫中山先生說過中國人就像一盤散沙，缺乏合作的群體性格。如果不從社區共同體的層次建立起新的社會結構和國家認同，那麼我們就很難擺脫這種宿命的「散沙性格」。一群中國人在一起，每一個人就像一粒沙子，看起來都一樣，都具備中國人的文化、族群和傳統特質，但每粒沙子之間卻都缺乏社會性的結構關係。社區共同體意識就是透過這些原理和關係，建立民主化的社區制度，讓社會的基底結構得以屹立不搖，不同層次和規模的社區共同體法人之間，可以根據民主的法則循序形成我們國家體制的內部結構，這是現代民主國家形成的原理。這樣才有可能一方面進行民主化和自由化的政治改革，一方面又能維繫整個社會和國家的秩序和向心力。

社區共同體在國家發展過程中的重要性，可想而知。英文的Community除指稱地緣性的社區之外，當然也包括非地緣性的社群，如職業社團、專業社群和各種市民團體。這些社群當然也是民主社會中不可或缺的一環，但是在人民的政治生活中，我們主要的對象仍然是地緣「社區」的社群。當地緣或行政社區成員具備了民主政治的素養和共同體的認同之後，那些非屬於地緣政治的社群自然就會形成自治化的另一種「社區」。如此一來，社會從上到下，從左到右，才可能完全民主化。

現在我們可以問什麼叫做一個「社區」？這個問題應該由居民自己來回答。一個村莊的居民可以自認爲是一個共同體的「社區」，從外表上我們也很容易指認出來，例如一些社區性和宗教性的活動與建築空間，一棟公寓、一條街區也可以是一個「社區」，只要他們具備共同行動的能力。一個村里、一個市鎮、一個大城市、甚至一個國家社會、從英文的意義而，都可以叫做「社區」，只要我們從「社群」和「共同體」的角度來加以理解。當我們在討論有關社區的重建工作時，指的一定是住在同一個空間地理範圍內一群有共識，有共同行動能力的一群人。我們甚至可以說，即使是住在同一個地理空間內，如果沒有共同意識，那也不能算是一個「社區」。

「社區」不是新的名詞，因此人們接觸到這個用語，都不可避免地帶有既定的觀念，要不是想到原有的各種行政或地理單位，就是侷限在靜態的空間（區）範圍裡面，當我們試圖將這個用語回歸到原初的本義，或用以揭示一個新的思考方向時，也就往往會被扭曲而硬拉回到論者既有的認知架構中，首先，「社區」（community）的本義比較接近於「社群」或「共同體」的涵意，它既非單純的空間地域單位，也非行政體系的一環，它應該是指一群具有共識的社會單位，其共識的程度，也就是「社區意識」，可以強烈到具備「共同體」的性格，在對外關係方面，甚至可以視爲一個具備「法人」人格的團體，我們如此談論一個「社區」，當然指的是「人」而非「地」，是「社群」，而非「空間」（區）。

社區是甚麼？這個問題如果就社區總體營造的觀點來看，可以從幾個方面來定義： 1.定住空間的範圍：村落、公寓、街區、聚落、鄉鎮、城市；區域、縣市、國家……。2.社群的對象：居民主體（包括兒童、青少年、女性、主婦與老人）、認同、共識、共同體。3.社區生命的要素：自然、產業、設施、空間、活動與居民。4.社區是文化的總體表現——用文化來營造社區和地方。

四、社區總體營造的課題

眾所周知，今天台灣的地方和社區面臨了整體環境的惡化問題：1.工業化的經濟型態——掠奪性、標準化與均一化。2.鄉村人口外移與初級產業的沒落。3.自然資源的破壞。4.國家發展目標的反思。

台灣的地方和社區需要重新尋找新的生機與活力。「社區總體營造」提供了另一種思考方向：

1.產業活動轉型的方向——地方文化休閒遊憩產業。

2.文化的市場性與經濟價值——「文化的時代」與「文化產業化」。

3.產品的個性化、定著化與品質化——「地方的時代」與「產業文化化」。

4.人性化的社區家園——豐富的自然資源、美感的景觀空間、乾淨舒爽的環境、有內涵的傳統文化、洋溢魅力的產物與民藝、優雅精緻的藝術活動。

5.產業活動與地方社區生活的結合——爲了住民，爲了下一代的社區總體營造。

然而，由於公民意識的欠缺，很多人連住在同一棟大廈的對面住戶都不認識，管理費都收不齊，怎麼能算是community？因此可以說台灣沒有「社區」，過去所謂的「社區發展協會」之類的單位，缺乏社區的實質意義。如前所述，「社區」的形成，其基礎主要是在於居民共同體意識的建立。沒有共同體意識，一個社區便不成其爲社區。社區社會若無法以共同體的形態運作，那麼整個國家社會的結構，事實上就會變成是一個零散的解組狀態，不要說地方自治不可能，就連民主政治也無法落實。筆者在過去的著作中一再提倡公民意識的建立，否則我們就無法發展成爲一個現代的社會性國家體制，就只能停留於傳統的文化性國家觀念。而公民意識的養成，就只能從社區起步。如果在社區的層次都無法建立起共同體的成員（公民）意識，又如何能夠在國家的層次也產生現代的國家成員（公民）意識？

國家成員的公民意識無從建立，那麼所謂的民主憲政理念又如何能落實？由此更往前推，所有國家建設的目標，包括政治與經濟的建設，如果不能展現在社區的層次，爲社區居民日常所享有，那麼各種建設的終極目標，又在那裡？國家綜合國力的展現是在地方、在社區。甚至，我們可以說，政府改善人民生活品質的各種施政計畫必須整合在個別的社區單位。

傳統的公民教育以「國家」爲認同的目標，但是中國人對「國家」的概念是文化性的，而非社會性的。因爲我們常常以講相同的語言或是吃同樣的東西，來判斷對方是不是中國人。中國人除了家族以外，並無其他可以凝聚個體的機制；兩家族、宗族的聯繫基礎，是一種血緣關係，倫理關係，而非西方國家的那種權利與義務的關係。這種差距可以從一些關鍵英文單字的翻譯中看出。像是citizen這個字，中文一下子翻成都市的「市民」，一下子又翻成國家的「公民」。其實，在西方國家，因襲希臘時期雅典城邦的傳統，citizen既是國家公民，也是都市市民，也是社區的居民，有其一貫性。因爲西方人眼中，國家組成的原則只是社區組成原則之擴大而已，都是以社會性爲基礎。

在公共資源的整合與分配方面，大部份人，包括行政人員，都認爲各種資源的整合只能靠中央層次的行政系統。事實上不然，中央政府各個部門固然擁有各種資源，負責資源的分配，但中央永遠不能確實知道一個社區單位眞正所欠缺、所需要的資源種類和數量，這種訊息只有各個社區自己才能正確評估和定位。政府部門只是資源的提供者，社區本身才是資源的享有者，只有社區才能整合運用這些不同種類和比率的資源。所以，我們可以認爲，社區才是國家資源的消費單位，不是個人，也不是家庭，而政府部門只是一個百貨公司或超級市場的經理，他們不能替顧客決定後者需要買什麼？買多少？一個國家的資源要作合理分配，要有效率地運用，敬必須把傳統的觀念和作法顚倒過來，把主動性的角色轉換過來。

但是，社區本身很少有自我組織，自我經營，自我管理的能力，那麼社區社會就無法成爲共同體，也就不可能以一個國家資源的「消費法人」來運作，整個國家的行政體系就不可能轉型。社區本身需要有人來評估自己的狀況，決定自己的需求，而且還要能夠做整合的作業，寫成企劃案，更要知道資源在那裡？如何去獲得資源？

五、社區學習體系的建立

台灣在很短的時間內，很快地從一個落後的地區，躍昇爲世界上最進步的國家之一。但是，這種快速的成長也使得過去胼手胝足，爲我們打下這片天地的資深國民，反而被時代拋在後頭，導致他們對許多新興的科技和現代社會環境無法適應，就像學前兒童一般。我們的社會和國家是有義務提供生程學習的設施和機會，來協助他們享受自己過去努力得來的成果。所以，生程學習體制的建立，也是要落實社會福利制度不可欠缺的一環。目前我們有關社會福利的做法，偏向把年金直接發給個人去花費，卻無法將這些資源集中做公共化的社福設施和制度的建立，到頭來這些經費消耗殆盡了，卻沒有留下什麼給後來的人。

地方和社區有環境景觀保育、鄉土教育、青少年活動、老人照顧、地方振興和社區營造的問題，這些都需要全體社區居民的參與。今天許多社會問題，大家都歸咎於家庭教育，但是如何做家庭教育，家長們也需要再學習。家庭教育和親職教育的再學習，就需要走向社區化。經過再學習之後，大家有了新的知識和技能，就能再回饋給地方和社會。尤其是現在有很多專業人士退休時，各方面的條件都還很好，許多在職者的餘暇時間也日益增加，如果他們能夠經由生程學習，再投入地方和社區發展事務，甚至協助建立各地的生程學習體制，那麼人力的再開發、民間活力的再運用，以及地方社區的振興就指日可待了。這也說明建立地方社區生程學習體系的必要性和迫切性。地方和社區可以說是生程學習資源的寶庫。縣市首長的重要施政工作，如果是在於振興地方的產業和居民生活環境品質的提昇，那麼生程學習體制的建立可以說是首要之務，這也是教育民主化必需走的路。

今後臺灣的發展應該往社區和地方紮根的方向來努力，要整合學校資源、社區社會、文化生活與產業活動，來振興地方的生機與活力，在在都需要社區性和地方性的終生學習體系來支持。甚至，整個教育改革工作的落實，也有必要從地方和社區做起，從中小學校、文化活動中心、和社區的環境空間，及這些地方的社群成員，彼此之間形成一個互相開放、交流、整合的體系。學校學生可以在文化設施和社區環境中，享受其成長和發現之旅；而社區老人、退休者、婦女、兒童，都能充份利用學校和公共設施，得到各種軟硬體資源，充實自己的學習內容和環境。學校，應該是社區社會的學校；社區，更也應該是學校的社區。我們的地方社會也應該建立「學習社區」的觀念和體系，而且是「終生學習」的社區。如果可以做到這一點，那麼這就是人和社會的再造工程了。有這樣的環境，每一個成員必然會珍惜自己的社區資源，會願意，而且有能力參與地方的建設，營造自己的新社區和新社會。

地方社會應該建立「學習社區共同體」的觀念和體系，讓每一個成員學會珍惜自己的社區資源，而且願意參與地方建設，營造自己的新社區和新社會。地方學習體系的建立，也是教育民主化和地方自治化必須走的路。透過社區學習體系，整合學校資源、社區社會、文化生活與產業活動，振興地方，恢復生機與活力。讓中小學、文化活動中心、和社區的環境空間，及其社群成員彼此之間形成一個互相開放、交流、整合的體系，學校學生可以在文化設施和社區環境中，享受成長和發現之旅的喜悅，而社區老人、退休者、婦女、兒童，也都能充分得到各種軟硬體資源，充實自己的學習內容和環境。

台灣的社區學習內容應特別加強和重視群體生活體驗、公民社會觀念、環境保育、公務員之再學習、市鎮和鄉村地區之學習活動、社區寺廟之社教功能、做好家庭和親職教育的學習課程、國民生活習慣和生活美學之素養等，其目的在於重建人民的生活價值觀，提昇和維持生活品質品味，以建立一個更爲人性化的社會。

另類鄉土史建構的嘗試
——以芝山岩文化史蹟公園為例

芝山岩文化史蹟公園調查小組*

壹、序　論

一、前　言

芝山岩文化史蹟公園的資源調查工作，原先並非爲了纂修芝山岩鄉土史，而只是爲了提供芝山岩文化史蹟公園之規劃、設計以及未來的展示、學習有更充分的參考資料。因此當本次研討會的主辦單位要資源調查小組將調查經過與結果，在研討會中做一報告，以爲座談的議題時，誠感不安。然而在整個資源調查進行的過程中，不論是調查小組成員彼此之間，或是在參與調查的民衆之間，都存有調查工作就像是爲芝山岩撰寫一部歷史的感覺與認知。雖然整個資源調查的作業並非依照地方志、鄉土史等史學修史的方法、形式進行，但其結果卻也把芝山岩從二千一百萬年前開始的地質、動植物等自然生態的變遷，以及自七千年前的史前時代至今天，在此地

* 陳亮全、劉聰桂、郭城孟、袁孝維、劉益昌、陳儀深、詹素娟

的人的活動歷程、遺跡，予以掌握、整理、撰寫。因此大膽地將本小組有關文化史蹟公園的基本觀點、調查作業的操作過程與結果等，提出向各位報告，做爲探討另類鄉土史建構方法的討論材料。

方志是傳統史學中修史方式的一種，向來爲官方所主導；因此有其歷史的傳承，無論體例、纂述方法、資料採集、內容涵蓋以及寫作形式等都有一定的規範。雖然二次大戰之後台灣各地的方志纂修已有相當的創新與突破，除了由歷史學者擔任纂修人員之外，亦聘請不同專業領域的人士參與，或是在既有文獻史料的蒐集、考證、排比、纂述之外，亦強化田野調查與實地觀察，甚至對於方志的基本觀點亦有不同的看法，但是，方志的撰寫、纂修仍是相當嚴謹。

相對於嚴謹的方志，鄉土史就較具彈性，未有固定的形式；其不像方志以行政轄境爲對象，而常是以特定地區或撰寫人爲核心的時空做爲敘述範圍。因此其重視地方特殊性，對時間的描述以當代爲主，或其時間流向，不同於方志的由遠而近，而具有較強的上溯性。另外，鄉土史不同於方志必須涵蓋各種部門項目，其經常是針對單一或特定的主題，且多以生活或生長周遭的事、物及其變遷爲撰述的內容，同時其方法、流程也未如方志訂有嚴謹的規範。

如果基於前述的觀點，芝山岩文化史蹟公園的資源調查及其報告的撰寫，絕非一部方志的纂修，而較接近鄉土史。然而在對文化史蹟公園的基本看法、時空範圍的界定、調查的方法，以及報告的彙整、討論及其編寫上，卻又不太同於一般鄉土史的撰寫過程與呈現；以下，本文乃針對這些不同於一般的芝山岩（文化史蹟公園）鄉土史的建構過程，予以說明。

二、芝山岩文化史蹟公園資源調查的緣起

本調查之緣起乃在於台北市有意將芝山岩規劃設計成「文化史蹟公園」，更精確的說乃是台北市政府民政局委託進行了「芝山岩文化史蹟公園規劃研究」方案，於民國八十二年六月完成研究，提出規劃報告。然而關心芝山岩、常在芝山岩對其自然與人文資源進行觀察、解說，甚至調查活動的附近居民、民間團體（如主婦聯盟的綠人），認為此一規劃報告存有⑴僅以古蹟維護的觀點出發，以較近代的人文歷史、古蹟為規劃的中心議題，缺乏對自然資源與生態地景的重視。⑵前述近代的人文歷史、史蹟為偏重近代漢人文化，而忽視曾在此文化史蹟公園上，發生過的其他人文歷史。⑶其規劃依據乃是現存的文獻與資料，對於芝山岩的自然與人文整體的資源，未進行較完整與深入的調查等問題；因而此等民間團體與居民們向市政府提出規劃內容有待修正與補強的聲明。

基於這樣的背景，包括地質、植物、動物、史前文化、人文歷史、景觀等六個領域構成的本資源調查小組終被籌組起來，並由市府重新委託進行為期一年的調查工作。

三、文化史蹟公園之基本理念與總體環境的鄉土史

文化史蹟公園並非一般的公園，但也非只是將「古蹟」或「古物」加以靜態保存的一個空間。文化史蹟公園必須立足於對史蹟的認知，而本調查所指稱的史蹟是過去某一時期，在某一地區裡生活的先民們所遺留下來，具有文化性的各種遺跡，其包括居住空間、建築構件、生活道具、服飾文物、植栽殘留物或動物遺骸等等。也

就是說，史蹟可以訴說某一歷史過程中，某一特定族群在其土地上汲汲營生，並形成之文化的一些面貌。

若要進一步瞭解史蹟，除了其本體之外，促使史蹟本體生成的當時環境，諸如氣候、地形、地貌、動植物生態等自然環境，以及文明的程度、家庭與社會組成、生產與生活方式等社會環境，也就是當時生活所在場所的實存狀況，亦即影響史蹟形成與存滅的要素，都必須被掌握。

因此，「文化史蹟公園」不但要把史蹟本體加以展示，而且更重要的是，要把已經消失、屬於史蹟形成當時的自然與社會之整體大環境重新呈現出來。它是以文化史蹟爲核心，配合其地質、地景、動物、植物等的說明，來呈現人與自然、文化與環境互動之整體性關係的場所。

綜合以上的理念，本調查所認知之芝山岩（文化史蹟公園）的鄉土史，可以說不是特定主題，或是片面、片段的歷史，而是立基於總體環境之鄉土史。

四、芝山岩鄉土史建構的特色

除了有關文化史蹟公園之基本理念之外，基於此一理念在建構芝山岩之總體環境鄉土史，亦即芝山岩文化史蹟公園的資源調查與其報告的撰寫過程中，乃具有以下幾點特色：

㈠個別領域進行調查，但相互討論、交差比對與總體的整合

㈡調查方法的多樣性

㈢時空範疇界定的長遠與寬廣

㈣採用民眾參與的資源調查方法

貳、民眾參與的資源調查

基於上述三個理由，本資源調查除了一般由專業者進行的調查方式之外，尙採用了民眾參與的調查方法，在調查過程的一年左右期間，民眾與調查小組的成員們在人與人的溝通互動、調查作業的操作，以及調查內容的整理上都有了學習與成長，也達到上述理由所提調查內容一定程度的成果，以下分就推動原則、推動方式與內容以及推動過後的心得予以說明。

一、推動原則

㈠不影響或破壞文化史蹟

㈡劃分專業與民眾參與的調查內容

㈢學習與調查併行

二、推動方式與內容

㈠推動方式

爲了使民眾參與的調查能夠有效進行，確實落實前述的推動目的（亦即理由），本調查作業採以下方式進行：

1.由民眾的自主性組織（關懷小組）協助推動

2.舉辦活動（含學習活動）動員民眾，推動調查作業

3.積極透過資訊的傳遞與流通，帶動調查活動持續進行

㈡進行內容

透過上述的推動方式，芝山岩文化史蹟關懷小組，以及各小組之資源調查的參與內容如下所列：

1.關懷小組

分爲進入資源調查之前與之後兩個階段，前者較屬民衆動員與認知學習的活動，後者則屬協助或推動調查的事項，其內容分別爲：

(1)調查之前

·舉辦「疼惜芝山岩遊園會」

·舉辦「認識芝山岩講座」（由小組成員當講師）

·出版「芝山岩之友」

·製作「認識芝山岩」看板，在國中國小巡迴展出

·舉辦芝山岩解說導覽

·成立芝山岩「公園榮譽管理員」，巡查芝山岩

(2)調查中

·舉辦「芝山岩調查研習營」

·發動居民參與調查

·發行「芝山岩通訊」月刊

·維護芝山岩行動

2.各調查小組

六個調查小組中，地質組因調查內容過於專業，民衆不易加入，而未採民衆參與方式外，其餘五個小組皆有民衆參與資源調查，其過程扼要說明如下：

(1)植物組與動物組兩組一方面約一月一次舉辦講座、現地觀察、調查結果研討等活動，提供居民學習的機會，同時由參與調查之民衆以個人或小組的方式，負責各項的調查，其中植物組包括大樹調查、物候調查、現生植種調查等三項，而動物組則分爲鳥類、哺乳類、昆蟲類等三項調查。

(2)考古組由於考古挖掘與調查分析的工作，須有專業的訓練及經驗累積，且受現行法令規定非專業人員不得參與，因此本組之民眾參與包括講座的舉辦、地表調查、遺物標本整理及試掘探坑的參觀等項。

(3)人文歷史組主要參與之項目爲口述歷史的採訪與採訪結果的撰寫，除此之外，尙邀請專業人士講課、與社區所在的學術單位聯繫共同活動，以及約每月舉辦聚會一次發表訪談經過與成果、交換經驗等活動。

(4)景觀組之民眾參與內容爲協助景觀元素與景觀意象兩項問卷調查，具體上乃一方面透過講座與討論的方式，學習景觀調查方法，另一方面則分別針對居民及遊客進行上述兩項的問卷調查工作。

四、推動心得

綜合上述民眾參與資源調查之經過與結果，可以整理以下幾項心得：

1. 民眾願意參加調查工作的原因很多，有爲了興趣、好奇、學習調查技巧，及想多瞭解芝山岩等動機，但也有更多參與者是基於對社區、鄉土及環境的熱愛。
2. 大部分的參與者，除了對參與組別的工作內容、相關知識，以及對芝山岩有了更多的認知之外，更重要的是體認了芝山岩的豐富資源與地位，進而對芝山岩產生了更深的感情。
3. 參與者多肯定民眾參與的必要性，也體認到民眾的力量是可以非常強大的，但也因爲部份調查內容過於專業性或部份民眾耐心不足，而造成參與不踴躍或冷卻的情形。

4.透過參與資源調查的活動，認識到許多志同道合的熱心朋友，進而更加熱愛、珍惜芝山岩。

5.政府應更積極地扮演此類參與活動推動者的角色，一方面提供機會，另方面則在經費、人力、物力及場地方面提供較多的協助，並建立制度、加強宣傳，使今後類似的計畫能夠進行。

6.調查小組爲了能擴大民衆參與的層面，並持續民衆參與的熱度，在日後舉辦類似活動時，應注意下列事項：

(1)對整個活動的進行情形及階段性調查成果應廣爲宣傳，以吸引外界更多的關心及共鳴。

(2)應針對調查項目及內容，以最簡易、清楚且完整的方式呈現，同時提供各組義工相互交流的機會，使參與者能很容易、很快的進入情況，減少參與意願降低的情形發生。

7.爲落實永續經營的理念，應協助芝山岩關懷小組成立正式組織，以持續舉辦系列活動，使民衆的關心、熱愛芝山岩的力量能持續下去。

參、資源調查成果

一、地質組：地質景觀與台北盆地的滄海桑田（劉聰桂）

㈠成果小結

1.芝山岩本體：大寮層

·台北盆地基盤之一

·台灣北部山地主要地層之一

2.觀察台北盆地、台灣北部，乃至台灣島滄海桑田(地質史)的窗口。

3.豐富而且特殊的地景

・海洋生物化石：海膽、有孔虫、貝類

・造山運動：岩石裂理（節理）

・風化作用：風化窗、球狀結核、大石象、太陽石

(二)台北盆地滄海桑田的見証

・歷史文化時期。

・距今6700年前開始(史前文化時期)，大台北鹹水湖逐漸淤積，海水逐漸退出盆地；芝山岩成爲陸中之島。

・9000年前：海進，大台北鹹水湖形成，芝山岩成爲湖中之島。

・2萬年前：末次世界大冰河時期。

・20-2萬年前：淡水湖淤滿成陸，盆地內河川縱橫。

・30-20萬年前：斷層陷落、火山噴發堰塞、台北盆地及大台北淡水湖形成。

・250-20萬年前：大屯火山、觀音火山，陸續噴發。

・5-6百萬年前：造山運動開始活躍；大寮層褶皺，節理生成，台灣島逐漸隆起成高山。

・2千2百萬年前：大寮層在海底堆積。

二、植物組：植物生態與環境變遷（郭城孟）

(一)報告內容

・芝山岩與台北環境的變遷

- 海岸林植物——皮孫木
- 已消失的濕地植物——穗花棋盤腳
- 仍然保留數百年前台北的部份環境
- 芝山岩是八芝蘭竹的原產地
- 糙葉樹的環境意義
- 三百年歷史的大樟樹
- 熱帶生態現象：纏勒及絞殺
- 先民的植物文化
- 生態教育的重要據點

㈡生態環境的訊息

1.環境所顯示的訊息

- 海岸生態
- 濕地生態
- 山地生態
- 人文生態
- 各種生態教育概念的展示場所
- 稀有植物的環境意義

2.物種來源所顯示的訊息

- 熱帶生態
- 變色葉現象(溫帶生態)
- 亞熱帶的各種環境——山頂、山坡、山谷

㈢意　義

1.台北自然史的展示窗

2.忠實記錄台北的環境變遷

㈣建　議

1.日據時代三百多種原生植物，其中一百多種已經消失。

・芝山岩的古蹟，應包含生態環境。

2.芝山岩基因的保育

・土壤種子庫的保育(土地銀行)

・芝山岩生態的擴張

3.展現台北2000萬年來土地、生態、文化的窗口。

・台北本土化教育的聖地。

・台北成爲國際都市的文化指標。

三、動物組：動物相的生態意義（袁孝維）

㈠結　果

1.考古化石：

水鹿、梅花鹿、山豬及山羌4種中大型哺乳動物，同時亦發現狗骨化石。另外，並有魚類、蟹類、扇貝、文蛤、二枚貝、螺、牡蠣、寶螺及珊瑚等海洋生物化石。

2.鳥類：共15科、19種。

白頭翁、綠繡眼、麻雀、五色鳥、樹鵲、台灣藍鵲、大捲尾、紅尾伯勞、小彎嘴畫眉等。

3.哺乳類：共4科、5種。

赤腹松鼠、台灣灰鼩鼱、白鼻心等。

4.兩生爬虫：共5科、8種。

盤古蟾蜍、黑眶蟾蜍、澤蛙、箕作氏攀木蜥蜴等。

5.昆虫：共62科、210種。

稻蝗、金龜子、花潛金龜、鍬形虫、寬青帶鳳蝶、端紅蝶等。

6.日據時代：共15科、34種鳥類。

共5科、8種爬虫類。

1種昆虫及2種蜘蛛。

虎鶇、灰喉山椒、翠鳥等。

㈡**意　義**

1.由動物化石窺見過去環境變遷與人文歷史。

2.動物在灰色水泥叢林播遷及棲息之綠廊。

3.豐富的野生動物資源，可以做爲自然生態教室。

4.適當的規劃，以永續保存野生動物及其棲地。

⑴減少人爲干擾。

⑵保留邊坡森林及多樣棲地。

⑶補植食餌植物。

四、史前文化組：古老台北人的歲月痕跡（劉益昌）

芝山岩位於台北盆地東北側邊緣山麓線中段一塊翠綠的小山，是台灣地區重要的考古遺址，從民國82年5月起經內政部公告爲二級古蹟。在日據初期發現遺址時，小山仍是林木茂盛，四周水田漠漠，其間點綴著幾戶農家。這個蕞爾小山現在不僅是水泥森林中一座綠色島嶼，同時也飽含豐富的自然資源與人類文化的訊息。

根據調查的結果，這個遺址具有以下幾項特點：

㈠台灣最早發現的考古遺址

㈡多文化層重疊遺址

㈢芝山岩文化唯一發現地點

㈣罕見於台灣的柱洞群

㈤出土罕見於台灣的玉器

㈥出土豐富有機遺物

參加這一次的調查工作，個人才算粗略了解，芝山岩這個古台北湖邊小島自然與人文的資源是多麼豐富，變化的過程是多麼複雜。更新世晚期台北盆地陷落形成，緊接著的冰河時代最末期氣候變暖海水面上升的變化，寫在芝山岩上的台北湖與台北盆地的一頁滄桑變化，不只是地質、動物、植物學者的研究，也應是台北市民心中的故事；在台北盆地這個舞臺上，人類最初的腳步從芝山岩開始，從此產生了人與土地之間長久的對話，從新石器時代第一批移民開始，台北盆地就是人類樂於居住的場所，大坌坑文化／繩紋紅陶文化／芝山岩文化／圓山文化／植物園文化／十三行文化這些史前時代的人類，都在這個地方落腳居住與活動。這些史前文化，雖然沒有文字記載，但過去人類活動，都包含在層層堆積的地層中，藉由考古學研究過去人類的方法，我們得以翻閱這本埋藏在地層中無言的史書，敘述數萬年以來人們在台北地區生活的足跡，進一步找尋土地與人們不同的對話角度。

歷史雖然是一個過去，但是從未消失，芝山岩所顯示的長時限人類活動歷史是台北地區的縮影，就像台北盆地歷史的一扇窗子，使我們可以從這個小區域瀏覽過去台北地區人類活動的歷史。清晰的展現過去歷史與現代人的對話。

五、人文歷史組：近代台北人的歷史縮影（陳儀深、詹素娟）

㈠芝山岩的人文歷史景觀

㈡調查結果—芝山岩人文歷史特色的歸納

1.歷史脈絡清楚

2.文獻資料豐富

3.古蹟的指定

4.有各式各樣的碑

5.民間信仰集中

6.地景與傳說

㈢歷史脈絡的建構

1.清代士林地區漳人社會的建立

2.日治時代「國語教育淵源地」的崇拜中心

3.國府時代統治中樞的保衛地

㈣意　義

1.透過歷史連續性的建構與解讀，使芝山岩上的人文設施，不僅具備古蹟、古物的價值，其保存、毀棄或改變，更顯現政權更迭、世代交替時價值觀的變遷，歷史的瞭解與歷史感的體會，油然而生。

2.台灣近現代史的展示窗。

(1)民間信仰與人群組織的關係。

(2)「國(日)語經驗」與近代民族國家意識的關係。

(3)當代台灣軍情單位與統治歷史的切入點。

3.讓台北人的歷史記憶，回歸歷史。

4.豐富的歷史訊息，配合古蹟、古物，成爲最具臨場感的歷史教室。

六、景觀資源組：民衆的景觀認知與景觀資源分析（陳亮全）

(一)報告內容

1.周邊居民與一般遊客所認知之重要景觀點。

2.周邊居民與一般遊客所感受之景觀意象。

3.分析可以代表芝山岩之景觀資源構成，以及有礙芝山岩景觀之問題點。

(二)景觀點之調查分析

1.居民與遊客印象最深刻之十個景觀點

(1)糾結的樹根及千年食樹大王

(2)西隘門

(3)百二崁大階梯

(4)惠濟宮、廟埕及其活動

(5)北隘門

(6)蛇蛙石

(7)岩頂的大石頭

(8)大樟樹

(9)太陽石、蝙蝠洞

(10)大石象

2.被認爲最值得保存的景觀點，都是較具特色的自然景觀，以及具有歷史淵源或意義的人文景觀。

3.被認爲不適合保存者，爲影響植被等自然生態、破壞視覺景觀的人工建築物或設施。

㈢景觀意象之調查分析

芝山岩各景觀點，大致可用「歷史、古樸的」、「優美、幽靜的」、「雄壯、厚實的」、「原始、自然的」、「獨特、有趣的」、「視野佳、空曠的」，以及「人工的、不協調的」等七種意象類型，予以含括。而其中「歷史、古樸的」、「原始、自然的」與「優美、幽靜的」等三種意象顯示出受調者所感受最高的強度，似乎足以代表芝山岩之整體意象。

㈣景觀資源構成與影響景觀問題點之分析

1.景觀點／景觀路徑／景觀區

2.影響景觀之問題：界面、失落空間、舖面、園俱設施、色彩。

㈤意　義

芝山岩是：

1.自然生態與人文歷史共生的景觀

2.展示二千一百萬年長久歲月及其變遷的景觀

3.民衆對於景觀的認知，已可以相當程度呈現景觀的特質

國民小學鄉土教學的取材與教材編寫

李聰超*

前　言

民國八十二年九月公布的國民小學課程標準，自三年級開始增設「鄉土教學活動」一科。第二年，教育部隨著公布了「鄉土教學活動課程標準」，爲國民小學鄉土教學，立下了法定的依據。

在此時此刻，國民小學課程中，增列了鄉土教育課程，應該有四方面的意義：

一、重申對鄉土教育的重視，宣示全面推動的決心。

二、因應課程本土化的趨勢，順應世界發展的潮流。

三、提供學校彈性化的運作，落實學校課程的理想。

四、給予教師自主性的空間，發揮教育專業的知能。

鄉土教學的重要，從國民小學鄉土教學活動設科目標，可以略見端倪。國民小學鄉土教學的目標，在於：

一、增進對鄉土的認識。

二、培養對鄉土活動的興趣以及欣賞的能力。

三、養成對鄉土問題主動觀察、探究、思考及解決的能力。

---

* 台北市金華國小校長

四、激發兒童愛鄉的情操。

五、培養對各族群文化尊重的胸襟。

六、拓展兒童視野，促進社會的和諧。

因此，國民小學鄉土教學活動課程的實施，有著一個期望，那就是：期望一個人，隨著成長—「認識鄉土、研究鄉土、愛護鄉土、建設鄉土」。

然而「鄉土」的意涵是什麼？在談「鄉土教學」之前，應該先予釐清，以便其他問題的探討：

石再添（民60）指出：「鄉土有兩種意義：⑴人們出生的故鄉，或少年時代生活的地方，……。⑵長期居住的地方，已對其有特別深厚的感情，並受其影響者。」

鄧天德（民82）認爲：「鄉土是個人出生或長期居住和生活的地方；是與生活有密切關係之自然及社會；是指屬於吾人所居住之本鄉本地的一切人爲和自然環境。」鄧天德（民82）又有下面的詮釋：「鄉土是人們出生或長期居住和生活的地方，也是一個人們深受其影響，對其具有深厚感情，並負有維護責任的地方。」

熊召弟（民84）認爲：「鄉土是人居住的本鄉本土，包括風俗、習慣、歷史文化、自然環境人們的一切生活。」

耿志華（民84）更完整的提出：「鄉土是人們生長的地方，或長久居住而產生深厚感情的地方，……可以說是一個區域的生活共同體。」

夏黎明（民84）更進一步指出：「在高度流動性的現代社會中，一個人的生活空間，就是鄉土。只要是曾經居住過一段時間，帶有熟悉和親切感，對自己的生命具有意義的地方，就是自己的鄉土。」

從這些說法，應可以歸納爲：「鄉土」是一個人曾經居住，深受影響、具有感情，對自己的生命具有意義的生活環境。

而這樣的界定，在空間範圍上的陳述，似乎還有不足的地方。下面的說法，正可以補這點不足：

石再添（民60）指出：「因爲各人的生活圈子大小不一，所感受到的鄉土範圍各有不同。小自鄉村，大至縣、省，甚至於國家，都可依其地方的民性、語言、風俗習慣等文化特色，而構成共同的鄉土意識。」

鄧天德（民82）更進一步指出：「鄉土是一個人長期居住生活的地方，其範圍大小因年齡、生活經驗而異。」

綜合以上的說法，吾人以爲，鄉土是：

一、一個人生長或曾經居住的地方。

二、受其影響、並產生了深厚的感情。

三、對象是當地時、空下的人、事、物。

四、鄉土的範圍，隨著年齡、生活經驗而有不同。

五、「鄉土」是對自己的生命具有意義的地方。

六、每個人的鄉土觀念，是由其與生活環境的互動下，建構形成的，因此是有差別的。

面對日受重視的鄉土教學，在小學教師來看，其所扮演的角色，可以從三方面來說明：

一、教師是學習的引導者：學童學習的自主性，較諸其他階段欠缺，過程中更需求教師良好的引導，鄉土教學活動中亦然。然而由於教師鄉土知識的欠缺，仰仗於教學資源者，更甚於其他學科。

二、教師是教材的提供者：由於鄉土教材出版的局限性，教材的提供，幾乎依賴教師，坊間難以尋覓適用的教材。因此素材的取得與教材的選編，乃是教師不可或缺的能力。

三、教師是活動的設計者：國民小學的鄉土教學，刻意的以「活動」命名，用意就在強調這是透過「活動」，來達成教學目標的學科。而一方面由於鄉土教學的特性，教師設計教學活動，乃是責無旁貸的。

從以上三個角色，可以發現一個事實：對一位國民小學教育工作者而言，爲克盡鄉土教學中所應盡的職責，熟悉鄉土教材的取材與教材編寫，乃是當務之急。

由於國民小學實施鄉土教學，面對著以下的景況，鄉土教材的取材與教材編寫，就格外的重要了，這些問題是：

其一：鄉土教學活動，在國民小學課程中，是個新設的科目，其實施，不如其他科目已有固定的模式。必賴國民小學教育工作者，把握課程精神，從教學設施上預爲籌備，以因應課程正式實施的須求。

其二：國民小學鄉土教學活動的內涵，依課程標準的規定，包括了五大部份：一、鄉土語言；二、鄉土歷史；三、鄉土地理；四、鄉土自然；五、鄉土藝術。內容相當的豐富，基本的學識，非一蹴可及。因此教師本身相關的知能和素養，攸關教學實施的成敗。

其三：鄉土教學活動設科目標，立基於一個期望，亦即期望經由設科教學，使學童能「認識鄉土」之外，從而「研究鄉土」，產生「愛家、愛鄉」情懷，而在成長以後，能「回饋鄉土、建設鄉土」。這目標的達成，單靠知識的傳授，是不足的，實有賴全面的投入，多方面的啓發，始竟其功。

基於以上的討論，本文擬先就臺北市國民小學鄉土教材予以檢視，再探討國民小學鄉土教學的取材，進而討論教材的編寫，期能爲國民小學鄉土教學的實施，提供部分具體可行的建議。

壹、國民小學鄉土教材的回顧

臺北市政府教育局自民國七十一年開始，加強鄉土教學的推展，在國民小學成立鄉土教學中心，並指定學校研究、編輯鄉土教學參考資料，已爲鄉土教學奠立根基。近年更在臺北市政府的全力支持下，編輯臺北市鄉土教學叢書，做爲鄉土教學的課外讀物或補充教材，讓鄉土教學更爲具體、更爲落實。而各國民小學也因實際的需要，編印鄉土補充教材、鄉土教學學習單，拍攝教學錄影帶及幻燈片。鄉土教學的實施，一片蓬勃的發展開來。

而，在經過十餘年的推展，面對成堆的出版品，我們不禁要問：這些出版品的宗旨何在？是不是能引起國民小學學童對鄉土的興趣？是不是對國民小學的鄉土教學有所助益？所面臨的又有哪些問題？面對這些疑問，應該是重新檢視、釐清觀念，以爲繼續發展的依循的時候了！

本文試著將縣有的國民小學鄉土教材，歸納爲三種類型，並加以檢視、討論：

一、鄉土教學參考資料：

以提供教師教學參考或學童學習查考爲目的，內容豐富、資料完整的書籍爲主。依照出版的階段，又可分爲早期編印資料與配合課程實施編印之資料兩部分。

㈠早期編印資料：

民國七十年以後，在臺北市政府教育局大力推展鄉土教學下，臺北市各國民小學，逐次的、有計畫的編輯了許多的鄉土教材參考資料，以內容涵蓋地區區分，可別爲：

1.以臺北市爲範圍的，有：臺北市政府教育局編印的「鄉土教材參考資料」；光復國小編印的「我愛臺北」；木柵國小編印的「我愛臺北」；金華國小編印的「我愛臺北」。

2.以地區爲範圍的，有：士林國小編印的「士林鄉土教材專輯」；劍潭國小編印的「鄉土教材專輯」；光復國小編印的「松山地區專輯」；舊莊國小編印的「我生長在南港」；龍山國小編印的「我家在艋舺」。

3.以學校社區爲範圍的，有：新和國小編印的「國小鄉土補充教材——南機場專輯」。

這些鄉土教材資料，基本上有幾個共同點：

1.大都以教師爲編輯對象，供鄉土教學的參考書籍。

2.編寫人由同校教師負責，極少有專家學者或外校老師參與。

3.文字敘述爲主，少用圖片，未經美工處理。

4.資料豐富，內容可觀；而陳述過去者多，展望將來者少。

5.發行到學校，教師未必知道、利用，多束諸書架。

若進一步檢視這些早期的鄉土教材，有著明顯的有一些缺失存在：

1.只編而未選：往往爲了求詳盡，而忽略了教育意義，忽略了教學目標。例如：「鄉賢士紳」，將割肉療親列入孝友忠義；「風俗與民情」，列了茶葉占卜，佔全書十分之一的篇幅；介紹拾荒老人王貫英先生，卻花太多的篇幅轉載了「私立貫英圖書館贈書表」。

2.資料雜蕪：部分鄉土教材資料，未能去蕪存菁，贅文處處。究其原因，或取捨困難，只好全部照錄；或爲增加篇幅，就把無關的資料也收錄。例如：以地區爲範圍的鄉土教材，卻抄錄全臺北市的新舊地名對照；以臺北市區爲範圍的鄉土教材，收錄市民手冊內容的各行政機關地址電話、所有的公車行駛路線。

3.編印簡樸：由於資料來源有限、更由於編印經費的不足，往往捨棄圖片資料；少數使用照片資料的，也未能配合文字資料呈現。版面美工設計往往忽略、印刷紙質、裝裱等也難講究。

㈡配合課程實施編印之資料：

民國八十四年起，臺北市政府教育局爲因應鄉土教學活動課程之實施，著手編印鄉土教學補充教材，計：八十四學年度編印「鄉土歷史」；八十五學年度編印「鄉土地理」；已完成發行。繼續編印的有：八十六學年度編印「鄉土自然」；八十七學年度編印「鄉土藝術」。就已編成之「鄉土歷史」、「鄉土地理」，探討如下：

1.就整體架構來看：依照課程標準的分類分冊編寫，區分爲「鄉土歷史」、「鄉土地理」……，未能考量鄉土經驗的統整性；同時易造成內容的重疊：如鄉土歷史的「故鄉的發展」，與鄉土地理的「區域發展」，會有重疊；又如鄉土地理和鄉土自然，難免諸多重覆。

2.就資料呈現來看：內容鉅細彌遺的將有關資料，都加以敘述呈現，模糊了編輯的目的；雖以「鄉土補充教材」爲意，由於資料太多、用字較深，只能算是「參考資料」。

3.就美工插圖來看：由於圖片取得的困難、文字敘寫與插圖之間協調溝通的不足、現場拍照受客觀條件影響等因素，美工插圖雖然力求完善，但與理想尚有差距，實屬美中不足。

二、鄉土教學課外讀物：

民國七十九年，臺北市政府教育局指定萬華區雙園國民小學，進行臺北鄉情叢書國小篇的編輯，以提供學童鄉土課外補充讀物為宗旨，分三年完成了編印工作，計分：

第一冊「我家在台北」著重台北的現況，以「政商中心大都市」為主題，介紹臺北市的環境、社會和生活。

第二冊「台北的故事」著重台北的過去，以「緬懷先民話從前」為主題，敘寫臺北的發展、古蹟和先賢。

第三冊「飛躍的臺北」著重台北的未來，以「都會建設望將來」為主題，探討都市問題、臺北建設、發展展望。

檢視這一套書的編印，就過程、內容及目的等方面探討，應該有以下的幾點特別的地方：

1.有計畫、有組織的編寫：在臺北市政府教育局的主導下，成立編輯委員會，決定編輯計畫；再遴選編撰人員、成立編輯小組，進行編寫，經審查後付印。

2.持續性、長期性的發行：依照既訂計畫，每年編列預算，編寫、修訂、印行，使鄉土教材的供應，持續不斷，便於學校和教師的運用。

3.以學童為對象，直接的接觸：這套書的發行對象，是國民小學四、五、六年級學童，人手一冊；編輯中注意學童經驗、能力和興趣，讓學童直接閱讀、理解與參與作業活動。

4.兼及過去、現在、未來的內涵：除了著眼於過去，還描述鄉土遠景，以實現鄉土教材的應有的功能，三方面的內容兼顧。

三、教學教材的編輯：

民國八十五年，臺北市政府教育局爲提供各國小教學資源，帶動教師編寫教材風氣，指定信義區永吉國民小學負責，編印「鄉土教學活動學習單」，其他學校先後發展類似教學資料，其對外發行者計有：

大同區延平國民小學編印的「台北市大同區鄉土情」；大同區日新國民小學編印的「大同區鄉土教材參考資料」；文山區景興國民小學編印的「鄉土教學研究專輯」；文山區萬芳等四所國小編印「臺北市文山區鄉土教材彙編」；士林區雨農國民小學編印的「芝山岩學習手冊」；萬華區華江國民小學編印的「萬華區鄉土教材學習單」；內湖區東湖國民小學編印的「走過從前—內湖區鄉土教材」；內湖區文湖國民小學編印「國民小學鄉土教學課程研究——以內湖區爲例」等之。

茲就其編印情況，加以檢視如下：

(一)教育局主編「鄉土教學活動學習單」：

1.以景點爲編寫主體：本學習單編輯用意，在提供國民小學中年級鄉土教學的教材，採景點式的敘寫，較能因應學童的學習能力，也結合其經驗背景。

2.當地教師執筆編寫：由任教當地學校的教師編寫，大多教師能取得有力的素材，也能掌握地方的特色，這應是本學習單編寫過程中，值得肯定的做法。

3.自行發展體例不一：由於各區自行徵求教師編寫，有由十多位教師各寫一景點的，也有小組分工完成的，還有一人獨力承擔的，溝通的不足，編寫的體例不一，而各自呈現。

4.格式化的學習指引：爲了方便教師的複印運用，本項學習單以表格成方式統一格式，將必有的內容，包括：學習目標、背景資料、參考書目、活動設計、攜帶器材等等，都臚列表格中。講求使用的方便，編寫時爲篇幅所限，難免削足適履。

㈡各校自行編印之鄉土教學學習單：

1.以行政區的鄉土事物爲範圍：鄉土教材經過一段時間的發展，由學校編印行政區範圍的鄉土教材，以成爲各國小之間的共識，能化爲實際行動編印教材，是相當可喜的現象。但同一區各校自行發展，就有浪費人力、物力之虞。

2.著眼於教學活動進行的運用：各校編寫鄉土教材，除了著眼於鄉土認識相關資料的提供外，大都能結合教學的需要，編寫活動設計或學習單，這應該是一種踏實的做法。

3.教學者自編教材能切合需要：編寫者以現職學校的教師爲主，由於實際從事教學工作，對學童的身心背景有深入的了解，對教材呈現的方式也較能有切確的掌握，所編寫的教材必然更爲實用。

4.群策群力共同研究發展教材：學校在主導編寫過程中，多採用分工合作的方式進行，同時透過研討來取得共識、交換心得，一方面是教師本身深入鄉土的好方法，一方面也促進學校鄉土研究的風氣。

5.多樣的呈現方式各具有特色：在各校編寫過程中，由於學校環境的差異、可運用的資源多寡的不同、教師鄉土教學素養的程度等因素，在呈現方式上相當的多樣化。這在鄉土教材發展過程中，是不可免的現象。將來透過觀摩、討論，去蕪存菁，才有理想的面貌呈現。

6.局限行政區劃不及於生活圈：鄉土教材選材應有鄉土性，更應該結合學童的生活經驗，然而「行政區劃」和「生活圈」往往是有差異的，居住在「區界」的學童尤然。教材的編寫若不能考慮到「生活圈」，是有所不足的。

總而言之，臺北市各國民小學的鄉土教材，從早期質樸的呈現，到今天多樣化的發展，可見的是：

一、對鄉土教材越來越重視，積極的編寫、發展。

二、學校和教師都熱心投入，品質也越來越好，並且切合實用。

三、在多樣的呈現方式下，透過試用的程序，進一步觀摩、討論，將會有更理想的呈現。

貳、國民小學鄉土教學的取材

鄉土教學該教些什麼？是教師們在從事鄉土教學時，所急需了解的問題，因為對內容有切確的認識，在教材的選擇上，才能正確的取捨。

民國八十三年十二月，教育部公布了「國民小學鄉土教學活動」課程標準，將鄉土教學的內容，歸類為：一、鄉土語言，二、鄉土地理，三、鄉土歷史，四、鄉土自然，五、鄉土藝術。這種分類方式，直覺上有遷就國民小學課程的「科目」的意味，而其所列的細目，相當瑣碎繁複，似難爲一般教師所理解、接受。因而產生的疑義，就有以下的三點：

一、內容如此的豐富，教學中如何取適合的主題？

二、每週只有一節課（四十分鐘），如何教這麼豐富的內容？

三、教師的鄉土知識有限，難以負擔各類教材的教學。

爲了解決以上的疑惑，對「鄉土教學的取材」的探討，以提供教師教學取材的參考，就相當的重要。國內專家學者，在國民小學未正式規定「鄉土教學」課程內容之前曾經提出了許多的見解，足供探討鄉土教學內容的依循：

陳朝平（民65）認爲：鄉土教材的範圍可以大別爲：

一、鄉土自然：包括地形、地質、氣候、山川、物產等。

二、鄉土社會環境與生活情形：包括政治、經濟、教育、衛生、宗教、行業及社會事業機構，名勝、古蹟及遊樂場所，各種社會組織中的活動，各行各業生活情形等。

三、鄉土歷史：包括名人史略、家鄉經濟發展、社會制度及人民生活狀況之演進等。

鄧天德（民82）認爲，鄉土教學的內容是：

一、鄉土環境：自然環境、人文環境、社會環境。

二、鄉土文化：鄉土語言、鄉土音樂、美術、體育、民俗。

鄧天德（民82又）認爲，鄉土教材應包含下列的內容：

一、地理的：包括自然環境要素，如地形、氣候、水文、土壤、生物；及人文環境要素，如人口、交通、經濟發展、聚落、政治等。

二、歷史的：主要包括鄉土的歷史發展、古蹟、文物、風俗習慣、鄉賢事蹟等。

三、政治的：指行政機關、地方首長、政治制度等。

四、社會的：包括社會制度、社會教育機構、民間團體、社會福利措施等。

五、生態的：指特殊動植物或生態系統。

六、文學的：指鄉土文學，或以文學體裁來描述鄉土環境的特徵。

鍾喜亭（民82）認爲：社會科鄉土教材的範圍：

一、公民：㈠本地民主法治與民權運用情形。
㈡本地風俗習慣的改進。
㈢本地社會建設的設計和改進。
㈣本地地方自治的組織和職權。

二、歷史：㈠鄉土沿革。
㈡本地名人傳記。
㈢本地名勝古蹟和紀念物。
㈣本地重要紀聞。

三、地理：㈠鄉土地形、方位、區域、面積、山川。
㈡鄉土物產、交通。
㈢鄉土人口、職業。
㈣本鄉在鄉、鎮、省的地位。

鍾喜亭（民82）認爲：社會科鄉土教材的內容分爲下列數種：

一、鄉土自然：地形、地質、氣候、土壤、植物、動物等。

二、鄉土經濟：花園、農業、工商、農產品集散市場等。

三、鄉土衛生：空氣、飲水、醫院、公害問題、環境衛生等。

四、鄉土娛樂：歌謠、戲曲、運動、旅遊等。

五、鄉土交通：街道、公路、鐵路、航空、海運、郵電等。

六、鄉土風景：建築景觀、橋樑景物、祠堂廟宇、森林遊樂區、觀光風景區等。

七、鄉土政治：政府機關、政黨機關、各種社團、社會福利事業等。

八、鄉土慈善：養老院、孤兒院、慈善安養中心、教會救濟、施捨之醫療院所、獎助學金之設置貸與單位。

九、鄉土教育：托兒所、幼稚園、小學、中學、高中、大專、圖書館、社教館、文教機構等。

十、鄉土歷史：鄉土名人、經濟發展史、社會制度、古蹟文物等。

十一、鄉土保育：鄉土生態、鄉土環保、鄉土未來發展。

十二、其他鄉土事項：傳統節令風俗人情、民間技藝、鄉土紀聞紀事等。

洪若烈（民84）分析臺灣地區各縣市鄉土教材的內容，歸納爲四大類：

一、歷史類：㈠歷史源流。
㈡地名探源。
㈢史蹟古蹟。
㈣鄉賢人物。
㈤教育發展。

二、地理類：㈠自然環境。
㈡物產與資源。

㈢建設。

㈣名勝。

㈤生活問題。

三、自然類：㈠特種作物。

㈡動物飼養。

㈢地質與地形、岩石、礦產。

四、藝術類：㈠風土民情。

㈡鄉土技藝。（戲曲藝術）

㈢宗教信仰。

㈣節慶節令。

從陳朝平、鄧天德、鍾喜亭的界定中，以及洪若烈的歸納結果，明顯的都忽略了「鄉土語言」，究其因素，應在於渠等將鄉土教學附屬於「社會科」所致。然據劉春榮（民84）更指出：「鄉土語言教學是鄉土教學的主要項目之一。」董忠司（民84）也指出：「鄉土語言教學，一方面可以提高學生的語言能力，一方面可因此保存鄉土文化。」因而，「鄉土語言」應爲鄉土教學的內容之一，應無可置疑。

而依據教育部訂頒的「國民小學鄉土教學活動課程標準」規定，將教學內容分爲五大部分：

一、鄉土語言：說話—聆聽練習、說話練習

讀書—格言、寓言、童話、故事、詩文、散文、民歌、歇後語、繞口令。

二、鄉土歷史：家鄉地名沿革。

家鄉的族群。

家鄉的經營和發展。

家鄉的民間信仰。

家鄉的歲時節令。

家鄉的先賢。

家鄉的古蹟。

家鄉的建設和現代化。

三、鄉土地理：家鄉的地理位置和行政區域。

家鄉的地質、地形和土壤。

家鄉的氣候。

家鄉的水文—河川、湖泊和水庫、地下水、水患。

家鄉的礦產和能源。

家鄉的人口和產業。

家鄉的交通與聚落。

家鄉的土地利用與區域發展。

四、鄉土自然：家鄉的植物景觀與常見植物。

家鄉的民間藥草與節慶植物。

家鄉的特產作物。

家鄉的動物。

家鄉的自然生態與保育。

五、鄉土藝術：家鄉的傳統戲曲。

家鄉的傳統音樂—原住民音樂、民歌、民間器樂、宗教音樂、南管音樂、北管音樂。

家鄉的傳統舞蹈—原住民歌舞、陣頭小戲舞蹈、戲曲舞蹈、民族舞蹈。

家鄉的傳統美術—繪畫、書法、篆刻、工藝、建築、原住民藝術。

在鄉土教學活動課程標準，活動內容綱要的說明固然言明：「本綱要供各校依據實際情況彈性選擇」，然而這樣的分類方式，明顯的產生了兩個問題：

一是妥當性問題：為了區分起見，將許多相關的內容，歸在不同的類別中，產生了內容的重疊。例如鄉土歷史中的「家鄉的民間信仰」和鄉土藝術中的「陣頭小戲舞蹈」，關係相當的密切；鄉土歷史中「家鄉的古蹟」和鄉土藝術中「家鄉的傳統美術」，一樣的密不可分。

一是適合性的問題：內容細目多達百餘項，是否都適於在小學來教學，頗値探討。在課程標準公布之後，引起教師疑惑的，例如：鄉土語言列「古典詩文」；鄉土藝術列有「師公戲」、「牽亡陣」等。

因此，如何在課程標準的架構下，整理出讓國民小學教師能接受的、簡要的教材綱要，以便於教材的蒐集，及教學活動的進行，應該是協助教師教學進行，落實鄉土教學活動的首要工作。

本文綜合以上說法，試就鄉土教學的內容，歸納為六個範圍：

一、鄉土地理：自然景觀、山川氣候、風景名勝、作物特產、交通經濟概況等。

二、鄉土歷史：本地開發沿革、文物古蹟、鄉賢名人等。

三、鄉土藝術與建築：民間技藝、傳統音樂與代表人文特色的建築物等。

四、重要機構與文教活動。

五、歲時節慶與風俗、信仰。

六、鄉土語言與鄉土文學。

然而，不管是課程標準的規定，或者是專家學者的歸類，基本上都脫離不開以歸類的模式，來探討鄉土教學的內涵，這樣的分類模式，能不能適應鄉土的「獨特性」，是個值得探討的問題。

夏黎明（民84）指出：「鄉土的獨特性，使我們無法建立一套普遍適用的共同模式，用以有效地描述地表的每一個地區。」

耿志華（民84）在探究「鄉土教學活動」課程標準後，對內容綱要做了這樣的評述：「這種太偏於知識性，鉅細靡遺的分類是否適當，有無偏頗，應有值得檢討的地方。」

夏黎明（民84）更進一步指出：「鄉土風貌的掌握或鄉土具體內容的描述，必須由對當地有深刻生活體驗的"在地人"或對當地有深入研究的人，依據不同的目的與需要，特別是依據鄉土自身的獨特性，發展出一套適合於鄉土特色的描述方式和內容。」

耿志華（民84）也引述德國人保羅伯克曼的說法，認為：「鄉土教育應以社會倫理教導為主要目的，其他地理、歷史、自然等實科居次。」同時又指出：「從鄉土教學強調親知著眼，戶外學習自然居首要地位，此外體能訓練、生活教育等，也應是鄉土教學活動的重要內容。」

因此，鄉土教學的內容，再完備的區分，都不是很適合「鄉土的獨特性」；就教學實施來看，再完備的課程，也難將所有的內容涵蓋。而鄉土教學的內容，不離本鄉本土的人、事與物，就課程設計的角度，以及學習理論的觀點來看，內容的取捨在教學者，但至少應該兼顧到下面的三個領域的教材：

一、鄉土認識：正確的認識本鄉本土的人、事與物，並具有探究的興趣。

二、鄉土情感：由於和鄉土的人、物、事，朝夕的相處、互動，對鄉土文物和風貌，所產生密切的鄉土情懷。

三、學習技能：從鄉土的探討中，培養學習、研究的基本能力。

在這一前題之下，以下試將鄉土教學的內容，分爲三方面：

一、與認識鄉土有關的教材：以本鄉本土有關的鄉土歷史、鄉土地理、鄉土自然等素材，從其中可增進對本鄉本土風貌認識的相關資料。

二、培養鄉土情感有關的教材：如鄉土語言與文學的涵詠、鄉土藝術的欣賞、鄉土文化活動的參與等相關教材。

三、訓練學習技能相關的教材：培養資料蒐集能力、野外考查能力、讀圖能力、生態觀察能力、攝影技巧等的活動。

這樣的分法或許不合分類的原則，用意卻在提醒教師們，在從事鄉土教學的資料蒐集，以及活動的進行，都應該注意兼及這三方面的教材。也唯有如此，鄉土教學活動的實施，才不致被譏爲僅重知識的記憶。

至於如何取材的問題，似宜衡量：國民小學鄉土教學目標、範圍和當地的實際情形，做蒐集和整理的工作，以便編寫教材及進行教學活動的運用。取材的途徑可分爲以下幾個：

一、訪問地方仕紳耆老：鄉土教學是具有地域性的，當地人的資源應是最方便的取材途徑，包括學校的資深老師、地方的知名人士，由於長期的居住或服務當地，或者由於對地方的公共事務的參與，對當地的發展認識最多，應可多加運用。但應注意資料的整理與對照，以求資料的客觀。

二、請教現場執事人員：廟宇的廟祝、住持，文教機構的管理人員，私人行號的負責人，對本身工作認識應該相當的清楚。教師在從事鄉土教學資料的搜集時，可以就相關問題與工作人員詳加討論，或索取資料，或透過其協助找尋相關資料，往往能得到意想不到的收穫。

三、參考相關圖書資料：近年來有關鄉土研究或認識鄉土的書籍，大量的編輯印行，爲鄉土教學提供了豐富的資料。文獻會編印的地方誌、政府及文教機關的出版品、坊間出版的鄉土讀物，都是教師編寫教材很好的參考資料。

四、運用報章雜誌傳單：受到重視鄉土教育以及旅遊興盛的影響，各報章雜誌紛紛開闢專欄，介紹鄉土風貌、指引認識鄉土，這些文字資料固然是報導性質，但對當地的認識應有指引的價值，在鄉土教學中，教師可以運用參考，解決資料來源問題外，對鄉土特色的掌握也有助益。

五、親自調查探勘紀錄：鄉土教材並非全部有現成資料作爲依循，尤其是區域越小，資料來源越困難，資料的取得就有賴教師親自調查，將探勘的結果作成紀錄，在透過討論修正，也是鄉土教材的來源之一。當然，教師如有研究方法的素養，操作將更爲容易，取得的材料也將更爲確切。

六、敦聘專家學者指導：鄉土教學活動內容廣泛，加上教師學科素養難以全盤顧及，所蒐集資料是否周詳正確？如何加以詮釋？都有賴專家學者的指正。學校或教師在從事鄉土教學取材時，可以敦聘專家學者指導，以求取材正確，有利教學目標的達成。

由以上鄉土教材取材範圍，以及取材途徑的探討，應該可以了解到：

一、鄉土教學的取材，幾乎包括了學生生活經驗所及的人、事、物，應該有許多的素材可以運用。

二、取材的途徑是多方面的，教師如能善加運用，將可得到豐富的、符合教學需要的素材。

三、取材應儘量兼及認識鄉土、培養鄉土情感、訓練學習技能三方面的教育功能。

參、國民小學鄉土教材的編寫

前面提過在鄉土教學中，教師應負起教材提供與活動設計的任務，因此如何將取得的素材，轉變成教學使用的教材，就成爲教師必備的知能。以下將就鄉土教材的編寫，分編寫原則和步驟兩部分，分別加以討論：

一、鄉土教材的編寫原則：

許雪姬（民79）認爲：鄉土教材的編排，有幾個大原則：

㈠以鄉土的特性、風格爲主。

㈡就各個時間中不同的主題探討：著重能代表社會進化或退化的事件或主題，做融會貫通式的表現。

㈢著重民俗：如由民間信仰和宗教現象，來了解先民的社會現象；或以通俗的諺語來解釋臺灣的特殊現象。

㈣有階段性、區域性不同的需求。

尹章義（民82）認爲：「鄉土教材在理論上包含了自然與人文環境的全部，由於時間、機會的關係，不宜做百科全書式的敘述，而應著重於鄉土特色與學生需求，因而也是選擇性高的教材。」

鍾喜亭（民82）認爲：社會科鄉土教材的選擇，能以下列標準選擇資料爲宜：

㈠適合我國教育目標者。

㈡側重生產勞動知能者。

㈢能對社會現狀有改進作用者。

㈣能激發民族精神增強愛國情操者。

而在國民小學鄉土教學活動課程標準中，第四「實施方法」提示的鄉土教材選編原則，歸納爲：

㈠由近及遠、就地取材，與學生生活息息相關。

㈡與地方鄉土文化相結合，根據地方特色。。

㈢引用材料應加實地調查、驗證。

㈣注意統整性、多樣性、廣泛性、趣味性、特殊性、實用性及均衡性。

㈤能啓發學生關心和愛護鄉土的情懷。

㈥應提供學生有實作的機會。

㈦應使學生獲得統整的概念與系統的訊息。

綜合這些意見，國民小學鄉土教材的選編，似應考慮：

㈠符合教育目標與學科課程標準：各級學校有其功能，有其教育目標，以中小學學童爲對象的鄉土教材，自應與中小學教育目標相結合；而，課程標準，又是國小實施鄉土教學主要的依據，選編鄉土教材，自應符合課程標準的精神。

㈡符合學科的特質與教學需求：鄉土教學，最怕的是爲鄉土而鄉土，把一些與教材不相關的，或與學科內涵不相符的，堆砌起來，教給學生。各科教學，首應研究哪些是符合學科特質與內涵的素材，再加以選編，提供學生最精萃的文化材，才不致本末倒置，只求表面的交待了事。

㈢能激發愛鄉、愛國與愛民族的情感：實施鄉土教學，主要的目的，就在培養愛家情感與愛鄉情操，增進愛民族的情感；選編鄉土教材，自應優先考量這一目標，使教材運用，能把握方向。

㈣能適合社會的發展並激發改善社會的意願：社會是逐漸發展的，選編鄉土教材，除了著眼於往昔的光榮，也應掌握當前的脈動，同時展望將來理想的遠景，以激發改善社會的意願。

㈤）具有眞、善、美的內容：教育的功能，在啓發善性、提升人性；在中小學階段，意志力不堅、判斷力不足；因此，選編鄉土教材，以眞、善、美的內容爲度，應是適合學生心理的；也是提供美化學生心靈的最佳素材。

㈥適合兒童興趣、經驗和能力：兒童的學習，以經驗爲背景，以生活所及的範圍，最爲有趣；同時，因個別的能力而有所差異。選編鄉土教材，應該注意這些因素，才能讓學生樂於接受、玩味。

㈦呈現方式，應依素材性質、內容考量：例如，以文字敘寫出版書刊，美工設計簡潔、生動、引人；鄉土歌謠、語言，輔以錄音帶、錄影帶之發行，更有效果。

筆者曾就鄉土教材的選編問題，以問卷方式調查臺北市國民小學社會科教師之意見，歸納出下面的建議，應可供選編鄉土教材之參考：

㈠編輯對象，以學童為宜，直接提供兒童閱讀運用。

㈡編寫內容，時間上兼及過去、現在、未來；空間方面，視編印目的，以「臺灣地區」「全臺北市」為範圍為佳。並把握地具區域性、時具隨概性、事具積極性等特性。

㈢編輯取材，以鄉土自然、鄉土歷史、鄉土保育、鄉土風景為優先；其次鄉土交通與鄉土教育，再其次則為：鄉土娛樂、鄉土慈善、鄉土衛生、鄉土政治。視篇幅與學生需要、編輯目的取捨。

㈣呈現方式，圖文並茂比例適中，插圖美工配合內容並能吸引閱讀，文字敘述以故事體並應注意趣味性，力求符合兒童文學要求。

㈤內容編排，以自成體系，提供閱讀者整體概念為宜。至於社會科課程配合問題，可以列表對照加註解決。

二、鄉土教材的編寫步驟：

如何編寫出教學運用的鄉土教材？以編寫者的角度來看，可以就㈠準備工作與㈡進行步驟來看：

㈠準備工作：從事鄉土教材的編寫，教師應有充分的、周延的準備工作，始能符合教學目標、把握鄉土特色、傳達鄉土之情。

1.資料蒐集和整理：將相關的資料充分蒐集、整理，並詳加閱讀參照，歸納整理要點以備運用。

2.鄉土環境的認識：實地考察當地的自然和人文環境，了解實情並與資料參照，以便取捨。

3.鄉土情懷的涵養：教師應有「我鄉我土」的體認，用心於鄉土，有著踏實的鄉土情懷，才能編出感情豐富的鄉土教材。

㈡進行步驟：

1.確認編輯目的：編寫目的何在？教師應該有明確的認識。是提供參考資料或者補充教材？應先予釐清。

2.決定呈現方式：教材如何呈現？篇幅限制如何？編寫者應先了解。平述方式、故事體裁或卡通漫畫都可使用，但應依實際需要決定。

3.編擬內容大綱：將編寫內容歸納成幾個主題，依照設想的順序擬出內容大綱，以爲編寫的依循。主題的擬定，文字以生動引人爲要。

4.撰寫文字內容：由編寫者參照資料，依據編寫目標、呈現方式等既定前題，編寫文字資料。編寫中宜注意材料的取捨，以及各主題篇幅與體例的一致。

5.準備插圖資料：編寫過程即應決定插圖內容，安排插圖位置，並提供相關資料，以供插圖者參照。

6.增修完成初稿：文字稿完成後，略加插圖，應有專人審閱、潤飾、修訂，完成初稿後準備試用。

7.試用徵求意見：教材是發展出來的，編寫出來的鄉土教材，試用的程序是必要的，如此才能發展出合宜的鄉土教材。

8.定稿美工設計：國小學童使用的鄉土教材，應是圖文並茂才能吸引閱讀，並增進學習效果。因此美工設計實有必要，考量印刷方式適當配合，將可增加可讀性。

以上就鄉土教材編寫的理論與實務，加以討論，歸納爲以下的三點：

一、鄉土教材的編寫，應有基本原則可循，把握原則編寫，所呈現出來的教材，可讀性應該較高，進行也將更爲順當。

二、編寫鄉土教材，教師本身應該著力於鄉土的認識，並涵養鄉土情懷，這是編寫其他教材較欠缺的，編寫鄉土教材卻不可免的。

三、依造編寫步驟編寫鄉土教材，可以有事半功倍的效果；但應注意細節的處理，應有自己合理的見解，作爲取捨素材、敘寫編輯的依據。

結　語

本文就國民小學鄉土教學教材的現況加以檢視，並就鄉土教學的取材與教材編寫加以探討，其所持的基本觀點在於：

一、學童的鄉土認識，應該透過活動，以「親知」的方式，和所生長的環境不斷的互動，而後建構自己的「鄉土概念」。

二、教師在鄉土教學中，既是學習的引導者，又是教材的提供者，更是活動的設計者，因此教材的編寫責無旁貸。

三、近年來在教育行政機關的重視，與學校的努力下，鄉土教材的編寫與提供，已奠立下良好的基礎。難能可貴的是：內容的把握與編寫的品質，都不斷的在進步。

四、對鄉土的認識以及鄉土情懷的涵養，是教師編寫鄉土教材必有的素養，這與編寫其他的教科書有著很大的差別。教師應有這樣的體察，編出來的鄉土教材才具有鄉土「生命」，才具有引導學童「建構」鄉土概念的功能。

五、鄉土教材的編寫過程，資料的蒐集和運用、編寫原則的掌握，以及注意編寫步驟等等，都是呈現理想的鄉土教材的重要因素。這些因素環環相扣，同爲教師編寫時所應著力的。

除了上述的基本觀點，本文在最後爲國民小學鄉土教材的編寫和充實，提出以下的建議：

一、在鄉土教材的編印上：

㈠增加鄉土教學素材的提供：鄉土教學有關的材料，固然已出版相當的數量，但小區域的相關素材，取得仍感困難，有賴地方政府與專家學者的協力，提供更多的資料供編寫的參考運用。

㈡增進教師認識鄉土的知能：由於鄉土教材內容的廣泛，教師難以全盤精通以便於教學運用，因此研究方法的增進，應是促進教師探究鄉土事物的最佳途徑。例如方志學方法的訓練，對教師認識鄉土的知能的增進，應該很有幫助。

㈢建立專家學者諮詢的管道：有專業知識爲背景，對鄉土中自然環境或人文現象的詮釋，才能正確而深入，要達到這樣的理想，非賴專家學者的指引，難竟其功。因此建立專家學者諮詢的管道，提供諮詢服務，應能有效提升鄉土教材水準。

㈣明確的分工與責任的交付：宜由教育主管機關，就鄉土教材的使用對象，分類分工進行編寫，以避免重複而浪費人力、物力。其可行的分工方式，似可以：

1.學校自行發展學校本身以及所在社區的鄉土教材，並有效結合社會科教學進行學習。

2.分區指定學校負責編寫該區的鄉土教材，其他學校協助完成，提供該區鄉土教學之運用。

3.由教育局組成小組，專責編印全市性的鄉土教材，提供全市個國民小學參考。

㈤進行試用及觀摩檢討工作：依據「教材由發展而來」的原則，就已編寫之鄉土教材試用結果，加以討論；並安排觀摩探討機會，交換意見和心得，共謀理想的鄉土教材的出現。

二、在鄉土教材的充實方面，試做以下的建議：

㈠學校編印社區範圍的教材：學校自編鄉土教材，而以學校社區爲範圍，最具草根性，也最適合國小學童的經驗和能力，應該是最具有鄉土教育功能的鄉土教材。同時，由於篇幅不多、發行量不大，最適合人手一本，隨時對照學習。但編寫時，應注意範圍、愼選素材、合乎兒童文學的要求。

㈡改編地區性的鄉土教材，以兒童讀物的面貌發行：臺北市政府教育局推展鄉土教學初期，指定各校編寫的地區性的鄉土教材，內容豐富足供參考。如能仿照臺北鄉情叢書的編輯出版方式，以學童爲對象發行，加以改編印行，必使鄉土教學更落實。

㈢編印專題探討的書刊，提供更深入的鄉土讀物：現有鄉土教材，都屬全面性的、概要的介紹，廣而未深入。將來應可針對特有主題，專刊編印發行；如能配合兒童喜歡閱讀的漫畫方式，展現鄉土教材新面貌，將成爲鄉土性、知識性、趣味性兼具的兒童讀物。

㈣教師宜發展學習活動單，以爲教學活動運用：國民小學的鄉土教學課程，冠以「活動」兩字，用意應在強調課程的實施，應以動態的學習活動爲主。爲便於學習活動的進行，編寫學習活動單以爲教學進行的依循，教師宜有這種體認，配合教學的進行，發展鄉土教學學習活動單，以利運用。

參考文獻

1.王雲五（民60）：雲五社會科學大辭典—第十一冊（地理學）。臺北市，商務印書館。

2.尹章義（民82）：鄉土教材之涵義及其重要性。載於臺北市政府教育局編印：臺北市八十二學年度中小學鄉土教學學術研討會手冊。臺北市，頁6。

3.耿志華（民84）：國民小學鄉土教學活動課程標準的觀察和討論。載於國立臺北師範學院出版：國民教育第三十六卷第一期「鄉土教育專輯」。頁22至30。

4.夏黎明（民84）　鄉土的範圍、內容與教育意涵。載於黃政傑、李隆盛主編：鄉土教育。頁3至9。

5.許雪姬（民）：國民小學鄉土教材之檢討。載於教育部人文及社會學科教育指導委員會主編：人文及社會學科教學通訊雙月刊第一卷第一期。臺北市。頁121至129。

6.陳忠照（民84）：談鄉土教學活動的施力點。載於國立臺北師範學院出版：國民教育第三十六卷第一期「鄉土教育專輯」。頁48至52。

7.陳朝平（民65）：行爲目標在國民小學社會科教學之應用。臺灣省，臺灣省政府教育廳。

8.陳震東（民68）：鄉土教材與地理教學。臺灣省，臺灣省政府教育廳。

9.董忠司（民84）：國民中小學鄉土語言輔助教材大綱專案研究報告。臺北市，教育部。

10.熊召弟（民84）：鄉土教育之理念與實務。載於國立臺北師範學院出版：國民教育第三十六卷第一期「鄉土教育專輯」。頁12至21。

11.歐用生（民84）　鄉土教育的理念與設計。載於黃政傑、李隆盛主編：鄉土教育。頁3至9。

12.歐用生（民84）：國民中小學鄉土輔助教材大綱專案研究報告。臺北市，教育部。

13.劉春榮（民84）：國小兒童閩南語教學型態實驗研究—初步報告。臺北市立師範學院，國小課程發展與鄉土教學研討會資料。

14.鄭英敏（民82）：臺北市鄉土教學活動的回顧與展望。載於臺北市教師研習中心編印：鄉土教材教法。頁137至151。

15.鄧天德（民82）：怎樣培養學生喜歡鄉土教學。載於臺北市教師研習中心編印：鄉土教材教法。臺北市。頁152至160。

16.鄧天德（民82），鄉土環境教育。臺北市立師範學院國教月刊，第四〇卷第三、四期，頁2至9。

17.鍾喜亭（民82）：如何選編鄉土教材。載於臺北市政府教育局編印，臺北市八十二學年度中小學鄉土教學學術研討會手冊，頁7至10。

18.教育部（民83）：國民小學鄉土教學活動課程標準。

評　論

蔡淵絜*

一、作者於負擔行政工作之餘，尚投注如此龐大心力於鄉土教學研究，足見其對鄉土教育關注甚深，實在令人感佩。

二、作者於文中就過去台北市對國小鄉土教材之編寫、國小鄉土教學的取材和教材之編寫，廣泛搜集資料，博採衆議，進行深入而具體之分析，並提出切實可行之建議，實爲難能可貴。就中，對現有教材弊病的條分縷析；有關教材除以行政區劃爲範圍之外，尚應考慮跨地區的生活圈問題；鄉土教材中語言、歷史、地理、自然和藝術必須統整等問題，尤屬精闢之見。

三、現有教材最大弊病，在於教材內容或各部份之片斷零碎，缺乏系統化。改進之道如下：⑴個別事物應置於知識大脈絡來看。⑵鄉土語言、歷史、地理、自然和藝術等教材，應視情況而作跨領域的統整。⑶鄉土教材內容應與其他相關科目配合。⑷社區、區、市、全台不同空間範圍之鄉土教材，應互相配合，並有合理關係。作者如能再從以上各方面來討論鄉土教學和教材編寫，立論當會更完備。

---

* 台灣師範大學歷史系副教授

四、鄉土教育事實上包含教鄉土和藉鄉土施教兩個層次。作者似乎僅重前者，而忽略後者。是否教材編寫需兼顧兩者，實亦值得考慮。

五、如能挑選一區針對文中所提問題，以實際教材討論之，當更能凸顯問題之所在。

臺灣鄉土史教育實施現況及面臨課題——建構以臺灣為主體的鄉土史教育

葉庭宇*

壹、前　言

民國七十六年（1987年）政府宣布廢除戒嚴法，政治的民主化及社會的急速變遷，衝擊著臺灣沈寂已久的教育環境，教育改革的呼聲漸起。國民中、小學課程內容的本土化及鄉土教學活動課程的增設，為長期被忽視的本土教育注入一股新的生命力。教科書開放實施「統編本」（國定本）與「審定本」（民間本）教科書並行制，由各校教師自行選用教科書版本。這一連串風起雲湧的改變，意味著教育正朝著本土化、多元化的新紀元邁進。

然而，以臺灣為主體的歷史教育長期被忽視，如何根據歷史的實證資料，去除其它非歷史事實的情感因素以及意識形態問題，給予臺灣歷史客觀的定位；如何以更宏觀的視點，來看待臺灣歷史；更重要的是：在臺灣的歷史教育中，怎樣教育我們的下一代，認識

＊　台北市永吉國小教師

臺灣的歷史…。

面對這一波波迅雷不及掩耳的教育改革浪潮，最令筆者擔心是：在學校教育中，有關臺灣鄉土史教育的實施。如何在小學社會科及中學歷史科和鄉土教學活動，以至於高中歷史科當中，展開長期被冷落的臺灣鄉土史教育；又如何提昇中小學教育工作者鄉土史教學知能，並提供良好的教學資源，以期有成功的教學，這些問題成爲當前最迫切需要解決的課題。

爲確實落實新課程教學精神理想的教科書和教學指引的編寫，以及教師所具有的專業知能之培訓，成爲最重要的工作。這一連串風起雲湧的改變，也使得站在基層工作崗位上的教育工作者，不得不停下來，重新做一番思考，不禁捫心自問：「對於自己所從事的工作，對於臺灣鄉土，我們到底有多少認識？」

貳、本　文

一、臺灣鄉土歷史課程安排及實施現況

由新修訂公布的課程標準中，有關臺灣鄉土課程安排，可見目前臺灣鄉土史教育中，「鄉土史」一詞，事實上包含兩個不同含義。一爲臺灣整體之歷史，即通稱之臺灣史；一爲臺灣以下的各行政區：縣、市、鄉、鎮等不同層次的鄉土歷史，指地方史。基於課程規劃中「鄉土歷史」一詞指涉此二範疇，因此本文將臺灣地方史及臺灣史合稱爲臺灣鄉土史。

因此雖然鄉土教育改革的腳步止於中、小學階段，本文擬延伸

至高中（職）階段之歷史教育，以究明臺灣鄉土歷史課程安排之整體性規劃情形。現行臺灣的高中（職）、國民中、小學教材內容是利用「課程標準」的設計進行；而課程標準是編纂教科書的依據，教科書則是教師教學的基本材料。因此通盤檢討課程標準，有助於瞭解目前施行國小、國中、高中有關臺灣鄉土史課程實施之現況。

現行臺灣的高中（職）、國民中、小學歷史課程結構，三個不同階段的歷史歷史課程基本上遵循：「地方史→臺灣史→中國史→世界史」的順序進行。地方史、臺灣史、中國史、世界史各自獨立學習。基於茲簡介臺灣鄉土歷史課程安排及實施現況如下：

㈠國民小學階段

教育部於民國八十二年（1993年）九月二十日，正式修訂公布國民小學課程標準，其中特別增加本土化之課程內容，並且重視鄉土教育之實施，從八十五學年度（1996年）起，小學已經正式根據新課程標準逐年實施教學。

國民小學三至六年級，每週增設一節（40分鐘）的「鄉土教學活動」乙科課程，將於八十七學年度（1998年）正式實施教學，直到正式實施之前的這一段時間，是實施新課程標準實施前的準備階段。「鄉土教學活動」課程，內容包括母語和鄉土教材，如鄉土藝術、民俗、戲劇、雕刻、地方歷史、地理、語言和自然環境等，輔佐強化社會科課程內原有的鄉土教學。

依據教育部在新修訂的課程標準中，規定「鄉土教學活動課程」分五大類：鄉土語言、鄉土歷史、鄉土地理、鄉土自然及鄉土藝術。「國民小學鄉土教學活動課程標準」中，有關鄉土歷史教材內容如下：

一、家鄉地名沿革 ㈠小地號：臺灣開發早期階段先人對某地地名的稱呼。（中年級） ㈡村里名（中年級） ㈢鄉鎮名（中年級） ㈣縣市名（高年級）
二、家鄉的族群 ㈠名稱：原住民、閩南人、客家人、其他各省人（中、高年級） ㈡分布（中、高年級） ㈢文化特色（含祭典活動）（高年級）
三、家鄉在臺灣開發各期中的經營和發展 ㈠明代以前（中、高年級） ㈡荷西時期（中、高年級） ㈢明鄭時期（中、高年級） ㈣清代（中、高年級） ㈤日據時期（中、高年級） ㈥臺灣光復以後（中、高年級）

臺北市教育局於民國85年（1996年）編輯完成的國民小學鄉土教學補充教材—歷史篇《故鄉臺北》，基本上是依照此一課程標準架構編寫補充教材之內容。

國小社會科爲合科課程，鄉土教材實際上是社會科教材的一部份，歷史爲新課程教材六大學科領域（歷史、地理、政治、經濟、社會、心理）之一環。三年級時，學生開始認識到縣、市、鄉、鎮等不同層次的鄉土教材。

至於臺灣整體之鄉土課程，一如既往爲四年級第一學期社會科教學內容，預計於八十八學年度（1999年）正式使用依照新課程標準編寫之各種版本教科書實施教學。目前已經編輯完成之國小新社會科實驗課程「統編本」教科書，一如往常，將臺灣鄉土安排在第七冊，分成三個單元，臺灣歷史教材爲第三單元「臺灣的開發」。單元教學設計如下：

單元目標：
1.了解臺灣開發的簡史 2.激發對開發臺灣先民的崇敬之情 3.發展學習歷史的能力
內容重點： 1.臺灣開發史的重要時期 2.每個時期的重要人物和重大事件

㈡國民中學階段

依照教育部於民國八十三年（1994年）十月修訂公布之國民中學課程標準，國中一年級課程中，增設「認識臺灣」及「鄉土藝術活動」兩科必修課。「認識臺灣」課程，內容分爲歷史、地理、社會三篇，每週各一節課，共三節課；「鄉土藝術活動」，內容包括本土美術、音樂及其他藝術，每週上一節課。

國中階段，歷史爲獨立學科。「認識臺灣」歷史課程，已於八十六學年度（1997年）正式使用「統編本」教科書實施教學，教材內容重點如下：

歷史篇	從考古遺址與原住民部落社會，到荷蘭、西班牙、清領時代、日本佔領臺灣，並有「中華民國在臺灣」單獨綱要，戒嚴體制下的政經社會、解嚴後的多云社會發展、中共威脅下的國防與外交。

㈢高級中學階段

依照教育部於民國八十四年（1995年）十月份修訂發布之「高級中學課程標準實施要點」，高級中學課程內容規劃大致不變。自八十八學年度（1999年）起，依照修訂課程標準新編高中教科書，從一年級逐年實施。依照新修訂之高級中學歷史課程標準，有關臺灣歷史課程的教材重點如下：

拾貳、臺灣的開發經營 一、移懇與開發　二、政治演變　三、社會生活
拾參、外力衝擊與晚清變局 一、不平等修約與領土喪失　二、內部動亂 三、自強變法與革命
拾肆、臺灣建省與乙未割讓 一、建省前後的建設　二、乙未割臺與臺民抵抗 三、對日本統治的抗拒與調適
拾伍、民國初年的內憂外患與政治演變 一、 中華民國的建制　二、內憂外患 三、政治演變
拾陸、民國初年的經濟社會與文化 一、 經濟建設　二、社會變遷　三、文化發展
拾柒、抗日戰爭與中共政權的建立 一、 抗日戰爭　二、國共勢力的消長 三、中共政權的演變
拾捌、「臺灣經驗」的建立 一、臺灣光復與政府遷臺　二、民主憲政的發展 三、經濟的成就
拾玖、臺灣社會文化的變遷 一、教育的推展　二、社會的轉變　三、文化的演進 四、未來的展望

雖然已經新修訂之高級中學歷史課程標準如此規定，但是實際上高級中學歷史課程仍然在規劃之中。依照新組成的高級中學歷史科教科用書編審委員會所達成之共識，未來高一上學期歷史課程大綱擬定爲「臺灣及其周邊」，章節大綱初步訂爲臺灣史前文化、東南亞文化圈、政權政治（荷蘭東印度公司）及明鄭時代、社會與經濟（漢人拓墾）、族群關係、文化史（教育、文化、美術）、婦女史和自然與生態。由此課程大綱，隱約可見未來高中課程規劃的新動向。

㈣教科書開放民間編印與地方編寫鄉土教材

跟隨著高中（職）、國民中、小學課程內容的逐步改革，教科書也逐步開放，許多民間團體紛紛參與編寫教科書的工作，教科書不再是只有全國統一的國立編譯館的統編本一種。國民小學部分，已經從八十五學年度（1996年）起，正式根據新課程標準逐年開放實施「統編本」（國定本）教科書與「審定本」（民間本）教科書並行制。

國民中學部分，目前雖然仍舊使用「統編本」教科書。但是國民中學教科書也將逐步開放民間編印，預定八十六年（1997年）四月至八十七年九月研議課程綱要，將於八十八年（1999年）五月研議完成並公布教材綱要及作業要點，並受理申請送審「審定本」（民間本）教科書。高級中學，同樣也將自八十八學年度（1999年）起，依照修訂課程標準新編高中教科書，從一年級全面實施逐年開放採用「審定本」教科書。教科書開放，教科書市場呈現百花齊放之勢，多元化思考的教育爲未來教育的新趨勢。

除了全臺灣通用的教科書開放採用「審定本」以外，鄉土教學活動目前尚在規劃中。目前各縣市之鄉土相關教材編寫，由各主管教育行政機關或學校教師針對地方特色，自行編寫符合地方需要的教材，以配合接踵而至的新課程教學。計畫在民國八十四年（1995年）至九十年（2001年），完成鄉土教學資源的蒐集和建檔工作，以提供國民中小學各校實施鄉土課程時之實際需求，使教學得以順利進行。

二、臺灣鄉土史課程之新展望與新議題

有關臺灣鄉土史教科書之內容，除了透過實際閱讀教科書及各縣市之鄉土補充教材之外，各界亦多有討論及整理，本文不擬細談。以下，僅針對臺灣鄉土史課程未來之走向及所面對的問題，提出個人尚不成熟的看法。

(一)以臺灣為鄉土史教育之主體

解嚴後，隨著政治改革的民主化，臺灣走出經濟、政治、文化、國際的邊緣地位，與國際緊密相扣，臺灣鄉土教育成爲體制內的教育改革重點。儘管兩岸問題懸而未決，成爲敏感的政治話題，但是「立足臺灣」、「胸懷大陸」、「放眼天下」的政治口號，成爲臺灣教育的新指標。

臺灣本土歷史、地理與鄉土教育，首度於中小學課程中單獨設立科目。臺灣鄉土意識，逐漸走出被包裹在中國意識之下的陰影，以臺灣做爲思考主體。在整體歷史教育課程結構中，改變過去附屬於中國歷史課程之地位，以臺灣鄉土課程爲臺灣歷史教育的開端與主軸，是臺灣歷史課程之發展趨勢。

中央研究院歷史語言研究所所長杜正勝教授所提出的「歷史教

育同心圓」構想，以臺灣為歷史教育的基點，以鄉土史做為學習歷史的入門途徑。改變過去中國史、西洋史從古到今一路講下來的平行線架構。採用同心圓的規劃，由內而外，由近及遠，第一圈是臺灣及其周邊史，第二圈中國史，第三圈亞洲史，第四圈世界史，每圈一個單位，按時間序列講下來，為目前歷史學界的共識，也是現行的國小、國中、高中課程規劃的新趨勢。

(二)兼顧中央與地方之鄉土史教育

臺灣海島與邊陲的位置，在東亞史、世界史的歷史進程中，是一個個別的政治、經濟、社會、文化區域，已是不可改變的事實。同時，臺灣各地其實是屬於同一個命運共同體，共同經歷不同政權的更迭。尤其是近現代臺灣各地歷史發展，基本上是循著同一歷史軌跡前進，因此，不論就臺灣整體之歷史或各縣、市、鄉、鎮等不同層次的鄉土歷史而言，基本上可說是一體兩面，不可偏廢。

過去歷史教育以中央為中心，著重中央政治史，地方、民眾、社會之等多元觀點鮮少被注意。對於歷史的重建，除了由上而下（政府對人民）的觀點之外，由下而上（人民對政府）以及由點而面（地方對政府）的觀點，更是具有重大的意義。除了探究單一事件的來龍去脈以外，瞭解社會生活的全貌，從現實生活中去獲取生動的歷史實像，瞭解大眾對歷史事件的感受與該事件對社會生活的影響，更是建構鄉土史應有的視點。如何透過地方史、民眾史、社會史等多元歷史觀點，藉由不同視點切入歷史，理解多族群的臺灣社會，重新建構多元化的歷史思考，也是當前臺灣史學界及教育界正在努力的方向。

㈢具世界觀之臺灣鄉土史教育

從臺灣歷史進程來看，不管臺灣的前途是維持現狀、獨立或成爲中國的一省。臺灣在自然稟賦與歷史淵源下加以發展，有其獨特的歷史發展過程，但是臺灣並非單獨地在臺灣島上發展，不能自外於兩岸、東亞史、世界史體系。

十六世紀初，西方海上強權開始界入東南亞世界。從葡萄牙人入據滿剌加 (Malacca)開始，葡萄牙、荷蘭、西班牙、英國、法國、美國陸續成爲東南亞地區的殖民主。就近四百年來說，臺灣與東南亞的大部份地區有相似的遭受外來政權統治的歷史經驗，先後或長期、或短期地，淪爲歐、美強權及日本的殖民地。在世界體系之下，在不同時代裡，受外力影響，臺灣有其獨特的歷史命運。

因此以臺灣爲主體本位，從東亞史、世界史的觀點了解臺灣史，進而思考各時代外來勢力對臺灣所產生之影響，以及同時代與臺灣相關的其他地區之歷史是新的思考線索。如何透過鄉土史教育，打破一條線歷史觀念及狹隘的地域觀念，以臺灣及臺灣住民爲主體，突破局限於地域時空之歷史思考，重新建構具世界觀的臺灣歷史觀，爲當前臺灣史學界及臺灣教育界正在努力的方向。

㈣環環相扣之鄉土歷史教育

過去的課程標準，是以中國爲中心，以世界其他國家爲另一中心，彼此缺乏關連。現行的課程標準則傾向地區史、臺灣史、中國史、世界史各自獨立學習，如此之歷史課程安排，仍待商酌。凸顯臺灣鄉土地域課程，或許是因應時勢所趨，卻不是長久之計。

如何使不同區域範圍之歷史課程環環相扣，相輔相成，讓鄉土歷史教育擺脫孤立無依、單一偏狹的角色，扣緊外界整體之歷史脈動。在目前歷史教育課程中，考量學生之能力及要學得知識層次，在國小、國中、高中歷史課程當中，在臺灣鄉土歷史研究成果的基礎之上透過歷史教育（鄉土教育）教學活動，隨時將不同層次鄉土歷史學習之教育內容，規劃入地區史、臺灣史、中國史、世界史當中，隨時能與其他區域範圍之歷史課程進行對照與比較，建構穩固之歷史時空網路，以奠定學生學習歷史之基礎知識與能力。

㈤回歸歷史教育本質之鄉土史教育

臺灣的歷史教育一直兼具人文教育與「民族精神教育」的雙重功能。先有脫離日本殖民地的民族精神教育，後有反共抗俄的民族精神教育，雖然前後的民族精神教育不同，但在課程的安排及教材的編訂中，都特別強調國家民族的觀念。根據黃俊傑教授，1983-1984針對183位國中歷史教師調查結果，顯現96.04%國中歷史教師同意「中學歷史教育以培養民族精神爲目的」（《戰後臺灣的教育與思想》，東大圖書，1993，〈五、國中教師對歷史教育的看法〉）。

然而回歸歷史教育本質，史家胡昌智在〈歷史教育目標的理論與實際一從實踐理性(Praktische Vernunft)的觀點論歷史教育〉一文中，曾經提出「人文教育必須使受教者避免成爲任何目標及道德條目的工具」之論點，強而有力地指出做爲人文教育之一環的歷史教育之眞義。以多族群、多元發展豐富的臺灣文化爲內容的鄉土教育，做爲人文教育教育之一環，如何擺脫政治束縛，跳脫「民族精神教育」的意識形態之控制，對歷史教育重新定位，回歸歷史事實與歷史教育的本質，也是亟待深入探討的議題。

㈥以歷史事實為起點之鄉土教育

臺灣特殊的歷史發展過程，使得臺灣歷史教育，不時受到政治之干涉，甚而影響歷史教育內容之客觀性以及眞實性，這已是不爭的事實。良莠不齊的歷史著作，甚至攙雜個人強烈的主觀意識，使得臺灣歷史事實模糊不清，是非難辨。因若一味只陷於政治意識形態之爭，臺灣歷史教育將走進另一條死胡同之路。

透過臺灣鄉土歷史教育，以歷史事實及實證之歷史資料爲起點，重新建構具備時間感與空間感的臺灣歷史，一一爬梳臺灣歷史眞實面貌，是當務之急。透過鄉土歷史事實的蒐集及整理，學生得以建立清楚的歷史影像、歷史意識，並學會學習歷史的方法，是歷史教育的基礎。

至於歷史事實的蒐集及整理，牽涉到臺灣歷史之史學方法論。如何將學習臺灣歷史之史學方法，如：歷史資料（一手資料、二手資料）之蒐集、辨別、利用；歷史遺跡之考察方法、口述歷史之進行方式、資料蒐集之相關機構的利用…等等，轉化到歷史學習活動當中，以加強學生學習歷史的能力。

同時，若是眞的落實鄉土歷史之學習活動，與政府及民間各界人士及各單位（如：地方圖書館、資料館、地方研究團體、地方耆老……等等）關係密切，「走出校園的學習活動」，更是須要政府各單位及社會大衆的各種支援。這也是臺灣歷史學界、教育界與政府及民間各界人士必須共同商議合作之處。

㈦以學習（學生）及教學（教師）為主體之鄉土教育

鄉土教育課程，除了關於編輯歷史（包含鄉土史）教科書、教學指引、以及修訂相關課程標準，對於教材內容進行革新之外。課程能力指標「什麼年級學什麼東西」、「什麼年級有什麼樣的能力」，以及教學活動之進行方式，也是教育改革的重點。臺灣鄉土歷史教育的改革，是臺灣歷史教育改革的第一步。除卻教科書、教材內容的革新，在教科書編寫中，也應隨著這波改革浪潮，逐步進行調整、修正，適時加入學習歷史的方法之內容設計，以及歷史教學之理念。

課程改革但是若僅止於知識及記憶之內容改革，對於當今為因應聯考制度，仍然將教科書奉為金科玉律的學校教師和學生而言，迫於現實之要求，僅能以填鴨式教學方式，偏重記憶之學習活動，無非只是增加一本應付考試用的教科書，徒增教師和學生負擔。同時，儘管目前歷史課程之結構規劃，大致依學生身心發展設計，符合由近及遠之原則，唯仍欠缺以學生為本位，從現代的局勢切入歷史以及對歷史進一步思考訓練之課程活動設計。

因此回歸歷史教育之本質，以學生為主體，減少知識及記憶之內容，規劃教學活動、教學方法，設法將歷史思考之教育理念融入課程設計之中，讓鄉土史教材融入現行各階段之歷史課程學習當中，配合不同階段之學生之學習力，給與深淺度不同之鄉土歷史教材。學生透過鄉土歷史教育教學活動，逐步擴展歷史時空觀念，得以理解當前臺灣之過去，以及現在所處之局勢，進而能夠判斷及決定臺灣未來要繼續前進之方向。

參、結　論

對於臺灣鄉土史教育課程，零散地提出個人的觀察點，每一部分都可能成爲一個議題繼續深入討論。未能更加具體細談，實因如今雖然已經跨出歷史教育改革的第一步，唯臺灣歷史的研究及教育改革，事實上仍尙處於起步的階段，接下來要走的路還很長遠。

尤其是在臺灣歷史特殊的發展過程，再加上國內政治（統獨問題之爭）及國際情勢（特別是敏感的兩岸問題）的影響，使得重建臺灣歷史的的研究及教育改革工作倍感艱辛。如何避免政治干涉教育，甚而影響教育內容之客觀性；如何跳脫過去大中國歷史主體，回歸臺灣的主體性思考；又如何重新整理長期被忽視、冷落，甚至曲解的臺灣歷史；最重要的是如何透過各種實證史料的重整，給予臺灣一個新的歷史定位，重新建構以臺灣爲主體的歷史觀點，是臺灣史學界與臺灣教育界共同面臨之課題。處身於波濤洶湧的現代國際社會，教育是不可輕忽百年大計的工作。現在的孩子要面對的是不可預知的二十一世紀國際社會，如何讓未來主人翁認清過去，站穩腳步健步前進，歷史教育可說是責無旁貸。

除卻歷史教育課程內容的修正，站在教育前線的高、中、小學教師之師資培訓，成爲歷史教育改革最重要的工作。由於臺灣鄉土史教育乃一新的課程，教師在教學活動過程中扮演著重要的角色，除了具臺灣主體性的鄉土史教材之外，五十年來，臺灣人民普遍接受大中國之歷史教育內容，普遍缺乏臺灣史意識。因此教師專業能力培訓除了鄉土史教育理念的釐清，更重要的是是建立臺灣主體意識。至於教師所具有之臺灣史專業知識及學習臺灣史所應用之史學方法，只能在實際執行臺灣鄉土史教育之際，從做中學習及修正。

對於站在教育前線的教師而言，歷史教育的風雲變色，的確是「難以承受之輕」，對於自己土生土長的土地，竟要費這樣大的勁去瞭解、釐清歷史進程之脈絡，可說是令人匪夷所思，也是時代的無奈所造成之結果。但是「教學相長」一直是教育之銘言，透過實際執行臺灣鄉土史教學，教師也得以建構自己所失落的臺灣鄉土史教育，可謂是一舉兩得的絕佳契機。

除了「專業能力」之外，鄉土史教育實施時，教師可能會遭遇到的困難與問題，諸如：「參考資料」、「教具設備」之不足，教師「工作負荷量」加重、以及「鄉土教學活動」配合「學校及社區活動」實施時，可能遭遇的種種問題，甚至「聯考制度」的檢討…等等周邊問題，已非本文所能論及，也是在這劃時代的革新之中，必須接著努力及檢討的地方。

※承蒙　大會厚愛邀稿，不顧自己才疏學淺，對歷史教育的思考，也尚處於成形階段，貿然地提交本報告，深感不安。本文只是對鄉土史教育的問題，提出在迷惘中的一點淺見，未能詳細說明之處，事實上是個人對該問題仍存有許多盲點，尚未釐清，必須透過實證觀察及更加嚴密之思考，才能知道明確與具體的做法。本文尚不足以登上大雅之堂，懇請多予以包涵指正。執教國小已邁入第十個年頭，回首過往點滴在心頭。站在最基層工作崗位上，常存誠惶戒懼之心，欣見教育走向改革之路，願與大家分享自己粗淺的看法，一起爲我們的下一代努力。

參考書目

1.黃俊傑，《戰後臺灣的教育與思想》，東大圖書，1993，〈五、國中教師對歷史教育的看法〉，另收於《國際歷史教育研討會論文集》p.319-334，師大歷史系，1986。

2.胡昌智〈歷史教育目標的理論與實際—從實踐理性（Praktische Vernunft）的觀點論歷史教育〉，收於《國際歷史教育研討會論文集》p.61-78，師大歷史系，1986。

3.黃秀政〈試論現階段中華民國國中歷史教科書的編纂—以新編國中歷史第一冊爲例〉，收於《國際歷史教育研討會論文集》，師大歷史系，1986。

4.張明雄，〈四十年來臺灣地區高中歷史教育的回顧〉，收於《國際歷史教育研討會論文集》，師大歷史系，1986。

5.杜正勝，《歷史的再生》，社會大學出版社，1989。

6.杜正勝〈鄉土史與歷史意識的建立〉《中央日報》，民國86年5月1日，中央研究院歷史語言研究所所長，應「鄉土史教育學術研討會」之邀而發表的意見。

7.Carr, Edward H.[1968],〈第一章 歷史家與事實〉，收於：《歷史論集／What is History?》,王任光 譯，臺北:幼獅文化，p.p. 1-23。

8.〈亞瑟.馬威克的《歷史之本質》（《The nature of history by Arthur Marwick》）〉，收於：《歷史主義與歷史理論》pp. 255-260。

9.〈歷史是科學嗎？〉，伯麟(Isaiah Berlin)著、錢永祥譯，收於：《歷史學與社會科學》，康樂、黃進興主編，臺北：華世出版社，1981。
10.余英時，《歷史與思想》，聯經，1990。
11.《人文社會科學教育改進計畫「本土社會研究與臺灣社會史」核心課程規劃成果報告》，東吳大學社會學系，1995。
12.劉美慧，〈美國社會科課程標準之評介〉，《花蓮師院學報》第六期，1996，p.p.129-145。
13.張玉法，〈國民中學中外歷史教材混和編制之研究〉，收於：《教育專題研究第一輯》p.p.73－98，李緒武等著，臺北：三民，1988。
14.劉德美，〈國小國中歷史教材修訂趨勢之商榷〉，《教師天地》1991.12。
15.〈區域研究為一爭議性學科〉，林淑慧摘譯自Benjamin I. Schwartz，《China and Other Matters》，Harvard University，1996。刊登於《東南亞區域研究通訊》第二期，1997.04。
16.教育部書函，中華民國民國八十三年十月二十日，臺（八三）國字第〇五六七〇七號，〈國民中學課程標準〉。
17.教育部書函，中華民國八十六年六月十八日，臺(86)中(一)字第八六〇六六一七一號，〈高級中學課程標準實施要點〉。
18.《高級中學歷史課程標準》，教育部，1996。
19.《國民小學課程標準教育部》，教育部，1993。
20.《國民小學鄉土教學活動課程標準》，教育部，1994。
21.丁依，〈九年一貫課程明年出爐〉，《康軒教育雜誌》第28期，

1997.06。

22.徐雪霞〈試評國小新社會科實驗課程鄉土史教材——歷史不留白〉《鄉土教育專輯》第540期，民國85年4月31日發行。

23.林月娥〈國小鄉土文化教學的實施方式〉《教育資料與研究》第五期，教育資料館，民國84年7月1日發行。

評　論

吳密察*

主席、各位先生、各位女士。這個會議裡面，我想這一場是非常有特色，也很有意義的安排。之所以這樣說，是因爲平常我們都是由大學教授寫教科書，也由大學教授來討論歷史教育要怎麼辦。其實，我們應該聽聽在第一線的教育現場裡面的老師們有什麼樣的經驗、什麼樣的看法、什麼樣的要求。所以，今天安排李校長和葉庭宇老師來發表他們的論文，我覺得有非常大的意義。尤其，葉老師說她自己十年來點滴在心頭，在教學過程中不斷地反省自己在做些什麼，應該怎麼做。鄉土史或鄉土教育這個科目，在臺灣的教育當中是個新東西，大家都還在摸索，包括在第一現場的老師們也都還在摸索。

葉老師在這篇文章當中，把高中、國中、小學一起談，但我覺得高中的歷史教育與小學的歷史教育應該分開來談，一方面是因爲高中與小學的歷史教育目的應該不同，另一方面是高中生與小學生的理解能力也不同，舉例來說，小學生所能感受到的時間是怎麼樣的時間，即他所能感覺時間的相對性和絕對性是如何呢？歷史

---

*　台灣大學歷史系副教授

這個學科，很重要的特色是它是一門離不開時間的學門，這樣的一個時間的學門，不論我們要教給學生什麼具體的史實，都必須教給他時間的觀念。但是，時間的觀念如何教呢？這顯然又有很多問題需要討論。

歷史一般都是從古代一直教下來，因此低年級一開始要讀的是好久以前的舊石器時代，這和我們平常所說的由近及遠正好背道而馳。如果我在鄉土教育的想法中考慮歷史的話，那麼鄉土史教育中的時間要如何安排呢？鄉土教育基本上是一種生活環境的學習。學習生活環境，便應該讓學生可以簡單地感知得到、觸摸得到。要讓他可以觸摸得到、感知得到的話，像舊石器時代這種題材除非有遺址的現場可以成爲學習的具體材料，否則只是像一般的歷史科教育，從舊石器時代開始讀起一直講到近現代，這其中便有矛盾了。

葉庭宇老師也談到希望把教學的方法也改變，學習的方法也改變，尤其是她也提到要「在做中學」。「在做中學」，讓我們想到鄉土史教育可以從當下的時代開始學起。另外一個問題是鄉土史談的區域範圍往往很小（因爲是生活環境的範圍），因此常苦於「沒有材料」，譬如說在台北市大安區教書的老師們，要把大安區的歷史教出來其實是很難的，因爲「材料的限制」往往會變成是行政區畫的沿革史，那便是非常枯燥無味的，學生感覺不到的。學生感覺得到的是，眼睛看得到，觸摸得到，或者在家居生活當中聽得到的。考量了以上的各種情況之後，我想鄉土史教育是不是可以用採訪、調查的方式，或者參觀的方式進行呢！也就是說，一反歷史教育由遠古到近代的時間順序，鄉土史的教學從當代開始，讓學生透過訪問、調查，譬如說訪問他的祖父、祖母，甚至訪問他的爸爸，這樣的溯上去，讓這個歷史教育是從當代開始學習起，而不是從古代而下。

這樣的話，我想，教科書的傳統固定想法也會改變。因爲碰到什麼樣的人，便可能有什麼樣的題材。例如我有一個叔公在日本時代去南洋當兵，而他沒有一個叔公可去南洋當兵，所以內容就有可能不一樣了。這麼一來的話，我們便不須要去寫一部封閉性的教科書，而是我們讓學生、讓老師在做中學，在做中成長，甚至使教材是開放性的，今天我碰到這樣的素材、這樣的題目，我就去做一個小小的探索，形成一個小小的鄉土史參考資料。這麼樣累積起來，累積個五年、十年的話，就不得了，它就可能有三百種、五百種鄉土史參考資料，有了三百種、五百種這種鄉土教學參考資料之後，我們才能用這些基礎去寫一個章節、內容比較balance的教科書。要不然的話，我們現在如何去寫一個比較balance而且全面照顧到的大安區的鄉土史教科書呢？

當然，要做這樣的工作的時候，應該有一些制度和資源的配合——我希望有教育行政人員在場，趁這個時機幫中小學的老師們請命。第一，中小學的老師們去做這種教材的時候，應該給他們減輕教學時數的負擔，甚至還要有積極的獎勵，譬如說至少也要有一筆經費來把這些成果出版，讓它變成一個系列。再者，每一個學校應該有一個蒐羅有基礎圖書的圖書室。在臺北可能還好，鄉下的小學，它如果要像我們上面說的去做的話，它怎麼辦呢？學校裡面只有二、三本書而已，怎麼做呢？這些配合性的措施，教育行政人員應該幫他們想到。

因爲時間到了，我就講到這裡。謝謝。

國家圖書館出版品預行編目資料

方志學與社區鄉土史學術研討會論文集

東吳大學歷史學系主編. – 初版. – 臺北市：臺灣學生，1998
面；公分

ISBN 978-957-15-0880-1(平裝)

1. 方志學 – 論文，講詞等
2. 鄉土教育 – 論文，講詞等

670.7 87004339

方志學與社區鄉土史學術研討會論文集

主編者 東吳大學歷史學系
出版者 臺灣學生書局有限公司
發行人 楊雲龍
發行所 臺灣學生書局有限公司
地址 臺北市和平東路一段 75 巷 11 號
劃撥帳號 00024668
電話 (02)23928185
傳真 (02)23928105
E-mail student.book@msa.hinet.net
網址 www.studentbook.com.tw
登記證字號 行政院新聞局局版北市業字第玖捌壹號
定價 新臺幣四五〇元

一九九八年五月初版
二〇二三年三月初版二刷

67323

ISBN 978-957-15-0880-1 (平裝)